决胜数字化转型

Shailesh Kumar Shivakumar
[印] 沙利什·库马尔·希瓦库马尔 著
刘言午 童亚斋 译

ELEMENTS OF
DIGITAL TRANSFORMATION

中国科学技术出版社
·北京·

Elements of Digital Transformation 1st Edition / by Shailesh Kumar Shivakumar / ISBN: 978-1032488103 Copyright©2023 by CRC Press.

Authorized translation from English language edition published by CRC Press, part of Taylor & Francis Group LLC; All rights reserved; 本书原版由 Taylor & Francis 出版集团旗下，CRC 出版公司出版，并经其授权翻译出版。版权所有，侵权必究。

China Science and Technology Press Co., Ltd. is authorized to publish and distribute exclusively the Chinese (Simplified Characters) language edition. This edition is authorized for sale throughout Mainland of China. No part of the publication may be reproduced or distributed by any means, or stored in a database or retrieval system, without the prior written permission of the publisher. 本书中文简体翻译版授权由中国科学技术出版社独家出版并在限在中国大陆地区销售。未经出版者书面许可，不得以任何方式复制或发行本书的任何部分。

Copies of this book sold without a Taylor & Francis sticker on the cover are unauthorized and illegal. 本书封面贴有 Taylor & Francis 公司防伪标签，无标签者不得销售。

北京市版权局著作权合同登记　图字：01-2024-4436

图书在版编目（CIP）数据

决胜数字化转型 / (印) 沙利什·库马尔·希瓦库马尔 (Shailesh Kumar Shivakumar) 著 ; 刘言午 , 童亚斋译 . -- 北京 : 中国科学技术出版社 , 2025.2. -- ISBN 978-7-5236-1170-8

Ⅰ . F272.7

中国国家版本馆 CIP 数据核字第 2024WS4293 号

策划编辑	李清云	责任编辑	褚福祎
封面设计	创研设	版式设计	蚂蚁设计
责任校对	焦　宁	责任印制	李晓霖

出　　版	中国科学技术出版社
发　　行	中国科学技术出版社有限公司
地　　址	北京市海淀区中关村南大街 16 号
邮　　编	100081
发行电话	010-62173865
传　　真	010-62173081
网　　址	http://www.cspbooks.com.cn

开　本	710mm×1000mm　1/16
字　数	340 千字
印　张	23.25
版　次	2025 年 2 月第 1 版
印　次	2025 年 2 月第 1 次印刷
印　刷	大厂回族自治县彩虹印刷有限公司
书　号	ISBN 978-7-5236-1170-8 / F·1339
定　价	69.00 元

（凡购买本社图书，如有缺页、倒页、脱页者，本社销售中心负责调换）

译者序

在当今这个日新月异的数字化时代，企业要想在激烈的市场竞争中立于不败之地，就必须把握住数字化转型这一关键机遇。随着大数据、云计算、人工智能等技术的飞速发展，传统行业的运营模式、管理模式乃至思维方式都在经历着前所未有的变革。在这样的背景下，本书的问世，无疑为那些正在或即将踏上数字化转型征途的企业提供了一份宝贵的实践指南。

本书作者凭借其在企业 Java 技术、性能工程、企业门户技术、用户界面组件以及性能优化等领域的深厚积淀和 20 多年的行业经验，为我们系统而全面地剖析了数字化转型过程中的战略决策、业务转型以及技术实现等核心要素。这不仅是一部理论与实践相结合的佳作，更是一部充满智慧与洞见的宝典，它能够帮助企业更好地理解数字化转型的本质，明确转型的方向和目标，制定切实可行的转型策略，并有效地实施和执行。

作为本书的译者，我们深感荣幸，也倍感责任重大。在翻译过程中，我们力求保持原著的准确性和完整性，同时结合中国企业的实际情况和读者的阅读习惯，对部分内容进行了适当的调整和优化。本书的两位译者也是在企业数字化领域中拥有近 20 年经验的专家。刘言午负责了本书第一、二、三部分的翻译工作，他以扎实的专业基础和严谨的翻译态度，确保了这部分内容的准确性和流畅性。童亚斋承担了本书第四、五、六部分的翻译任务，他凭借自己在该领域的丰富经验和敏锐的洞察力，确保了这部分内容深度和广度的到位再现。

我们相信，通过我们的共同努力，本书一定能够为中国企业数字化转型提供有力的支持和指导。它不仅能够帮助企业高管和决策者更好地把握数字化转型的大局和方向，还能够为信息技术人员、业务人员以及所有关心数字化转型的人士提供丰富的实践经验和案例参考。

感谢本书作者辛勤付出为我们带来了这部宝贵的作品。同时，我们也要感谢所有在翻译过程中给予我们帮助和支持的朋友和同事，是他们的默默付出使本书的中文版得以顺利出版。

希望本书能够成为每一位关心数字化转型人士的好朋友和好帮手，陪伴大家在数字化转型的道路上不断前行，共同迎接更加美好的未来！

前言

本书是为身处数字化转型过程中的实践者提供的指南。现代企业正在加快数字化转型进程,实现核心技术能力和流程的现代化,本书可以作为现代企业数字化转型指南。

本书的关键差异化因素

本书涵盖了各个维度的数字化转型,并详细阐述了数字化转型过程、方法,数字化转型框架、原则,数字化转型的最佳实践。由于云迁移是数字化转型之旅的主要任务之一,因此专门的一章定义了云迁移框架以及云迁移方法、云迁移选择、云迁移阶段、云迁移路线图和云迁移原则。读者将了解各种遗留系统的现代化战略和现代化路径。本书讨论了通过微服务进行用户体验转换、数字平台性能优化和现代化的方法和最佳实践。本书还讨论了有助于数字化转型的开发运营一体(DevOps)、自动化和敏捷交付模型。

本书介绍了新颖的概念,如"首次成功"框架和数字工厂。"首次成功"框架提供了涵盖所有软件开发生命周期阶段的方法、工具和过程,以确保第一次正确的交付。数字工厂定义了一套标准的流程和自动化工具,以可靠地开发高质量的软件。

读者还将了解各种自动化措施,通过智能工单管理、智能问题管理、主动维护、工单回避架构等,有效地管理数字操作和优化工单管理流程。

读者还可以通过经过验证的转换方法和最佳实践了解现实世界的数字转换案例研究。本书讨论了应用程序接口(API)优先的设计方法和开发支持API的业务的原则。

书中还讨论了新颖的数字工厂方法自动化的软件开发过程。

本书的结构

本书分为六个部分。第一部分介绍了数字化转型的概念，提出了数字化转型框架。第二部分通过阐述遗留系统的现代化和云迁移方法来介绍迁移和现代化。第三部分讨论了技术的数字化转型，并讨论了微服务、数字化工厂、"首次成功"方法论、体验转型、性能优化和人工智能（AI），以及人工智能和生成式人工智能的最新数字化转型趋势及其对数字化转型的影响。第四部分讨论了流程的数字化转型，包括敏捷交付和事件管理的数字化转型。第五部分讨论了优化数字化运营的数字化转型方法，其中讨论了基于 DevSeCops 的自动化和数字化运营转型。最后一部分讨论了数字化转型的案例研究。

本书对首席体验官（CXO）、数字布道者、信息技术（IT）架构师和开发人员都很有用。

目录

第一部分　数字化转型介绍 …………………………………… 1

第一章　数字化转型导论 ……………………………… 3
第二章　数字化转型框架 ……………………………… 27

第二部分　迁移和现代化 ……………………………………… 37

第三章　遗留资产现代化 ……………………………… 39
第四章　云迁移 ………………………………………… 63

第三部分　技术数字化转型 …………………………………… 83

第五章　服务转型 ……………………………………… 85
第六章　数字工厂数字化转型 ………………………… 113
第七章　数字化转型运用"首次成功"方法论 …… 123
第八章　体验转型升级 ………………………………… 149
第九章　提升平台性能 ………………………………… 167
第十章　人工智能与数字化转型 ……………………… 183

第四部分 流程数字化转型 …………………………… 209

第十一章 数字化转型中的敏捷交付 ………… 211
第十二章 事件管理流程的数字化转型 ………… 239

第五部分 运营的数字化转型 …………………………… 259

第十三章 运营中的数字化转型 ………………… 261
第十四章 通过 DevSecOps 实现自动化 ……… 281

第六部分 数字化转型实战 ……………………………… 305

第十五章 数字化转型案例研究 ………………… 307
第十六章 内网平台的数字化转型 ……………… 337

附录 数字化转型操作手册 …………………………… 353

参考文献 ……………………………………………… 357

第一部分
数字化转型介绍

第一章

数字化转型导论

决胜数字化转型

简介

　　数字化转型，是一场深刻的变革，其核心在于数字技术的广泛运用。它旨在重塑关键业务运营、产品、流程、组织结构和管理理念，为企业带来前所未有的机遇。在这场转型中，企业、商业模式、流程、关系和产品均受到深远影响，进而推动绩效和规模的显著提升。数字化转型不仅致力于通过适应新技术和强化业务流程，为客户创造更多价值，更借助颠覆性技术，加速组织效率、员工生产力的提升和创新步伐。这一变革渗透到业务和流程的每一个角落，彻底改变了组织的运作方式。

　　数字化转型，旨在深化客户理解、优化接触点、重塑客户体验；流程数字化、员工赋能与绩效精进，助力运营升级；业务数字化、引入尖端数字能力，重塑商业模式。这一过程，将陈旧技术革新为前沿科技，实现流程、客户体验、运营、工具、技术的全面革新。数字技术不仅为用户带来卓越体验，更通过高效工具提升员工生产力，以自助服务与分析赋能业务。数字化转型，让信息技术战略与业务战略并驾齐驱。众多企业顺应趋势，将传统产品转变为数字化产品及服务。

　　数字化转型绝非一蹴而就，而是一个不断前行的征程。我们持续迭代，精益求精，致力于优化业务流程、工具和产品，以创造更高的客户价值，并稳健迈向战略目标。

　　高德纳（Gartner）调研揭示，高达 42% 的首席执行官（CEO）将数字化转型视为业务的核心动力。这一转变的核心驱动力在于增强赢利能力、提升客户

第 一 部 分
数字化转型介绍

满意度和缩短上市时间。企业纷纷寻求重新定义客户体验，以实现收入增长、成本降低和差异化增强。现在，88%的企业领袖正致力于构建可扩展且敏捷的IT环境。数字化转型带来的显著优势包括焕然一新的客户体验、数据驱动的决策制定、更流畅的协作以及更广阔的市场渗透。这场变革已经深刻影响了基础设施（从数据中心到混合云）、应用程序（从单体到微服务）以及业务流程（从瀑布式到DevOps）。

定义

由于数字化转型涵盖了一系列广泛的技术，并产生了各种各样的影响，让我们来看看数字化转型的一些定义。

数字化转型即运用尖端数字技术，如社交媒体、移动设备、数据分析和嵌入式设备，以推动业务质的飞跃，包括但不限于提升客户体验、优化运营流程或开创颠覆性的商业模式。

"数字化转型是对人力和技术的投资，以推动企业在可预见的未来做好成长、适应、规模和变革的准备"。

"因此，数字化转型不仅是将资源数字化，而是从数字资产中创造价值和收入"。数字化转型是数字化过程和数字化创新过程的结合，其目的是提高现有产品的先进性。数字化转型是"对技术和商业模式的重新调整或新的投资，以便在客户体验生命周期的每个接触点上更有效地吸引数字客户"。

"数字化转型现在通常被解释为信息和通信技术的使用，并不是琐碎的自动化执行，而是从根本上在商业、公共政府以及人们和社会生活中创造了新的能力"。

"数字化转型被定义为利用技术，从根本上提高企业的绩效或影响力"。

"数字化转型是数字技术在人类生活的各个方面的影响或引起的变化"。

广义上，数字化转型的定义可以指向三大类：技术、社会和组织。技术方面包括颠覆性技术、数字框架和平台；社会方面包括数字化转型对整个社会的影响；组织方面包括对人员、文化、组织流程和治理的影响。

数字化转型的驱动因素

不断变化的商业环境，不断变化的消费者期望，用户和设备的加速连接，竞争压力和全球扩张的雄心，都迫使企业通过数字化转型重新定义业务流程。

组织利用数字化转型进行的主要数字化变革可分为替代、扩展和转型三类。**替代**是指现有的工具或过程被数字技术所取代；**扩展**是指现有的过程或工具被数字技术所改进；**转型**是指数字技术改造现有的过程和工具。客户期望的提高、创新的速度、业务转型、数据孤岛的解锁、智能工作流程、成本优化和效率的提高也是数字化转型背后的驱动因素。

数字化转型的目标可以分为两大类：社会目标和经济目标。**社会目标**包括在组织中培养更多的创新和协作文化，使技能和学习成为可能，确保有效的治理和服务质量，加强数据保护、透明度、自主权和信任，以及改善可访问性；**经济目标**包括实施新的商业模式，提高收入和生产力，改善监管和技术标准。

数字化转型的核心驱动因素如图 1.1 所示。

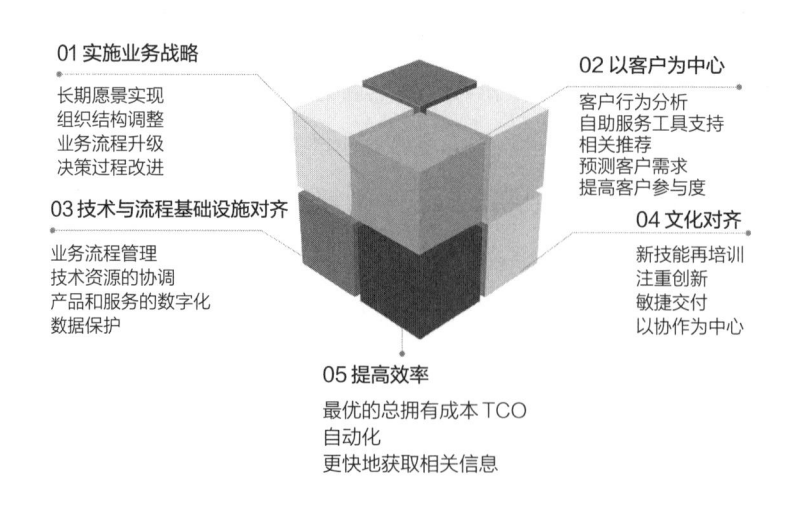

01 实施业务战略
长期愿景实现
组织结构调整
业务流程升级
决策过程改进

02 以客户为中心
客户行为分析
自助服务工具支持
相关推荐
预测客户需求
提高客户参与度

03 技术与流程基础设施对齐
业务流程管理
技术资源的协调
产品和服务的数字化
数据保护

04 文化对齐
新技能再培训
注重创新
敏捷交付
以协作为中心

05 提高效率
最优的总拥有成本 TCO
自动化
更快地获取相关信息

图 1.1 数字化转型的核心驱动因素

组织的主要驱动力是实现他们的**业务战略**。我们可以通过诸如清晰的总体

第 一 部 分
数字化转型介绍

战略、转型战略、可用性技术、领导者对数字技术使用的技能和管理支持力度等属性来评估组织的数字化成熟度。企业战略包括愿景、管理和领导力。数字化领导者喜欢利用适当的数字技术来实现他们的长期愿景。他们需要注重数字化转型的计划，并调整组织结构以实现这一愿景。商业模式亟待革新，需与数字技术及市场脉动同频共振。数字化转型之际，实施数字化战略对决策优化的需求尤为迫切。鲜有企业不将拓展地理版图、探索新市场作为商业战略的一环，进而踏上数字化转型的征途。同样，为免遭颠覆，鲜有企业不尝试在新兴技术用例中寻求突破。

现代组织矢志不渝地以**客户为核心**。众多企业踏上数字化转型之路，力求优化客户体验与参与度。以客户为中心的战略涵盖了对客户体验的细致监控、对需求的精准预测以及客户参与度的提升。组织善于借助数字技术，洞察客户行为，从而推出自助服务工具和个性化产品推荐。此外，利用分析与机器学习（ML）技术，组织能够预见客户需求与行为，进一步增强服务的精准性与前瞻性。数字化不仅提高了客户参与度，更为企业带来了前所未有的发展机遇。

数字化转型的第三个核心驱动力，源于**信息与通信技术（ICT）以及业务流程架构**的和谐统一（对齐）。这种统一不仅涵盖了管理业务流程变化的智慧，还强调了在优化基础设施方面展现出的敏捷性。在数字化转型的征途上，组织矢志不渝地推进产品和服务的数字化，同时不断推出基于数字化的革新之作。更进一步，组织亦将技术资源的优化纳入数字化转型的宏伟蓝图。此外，人工智能和工业 4.0 等前沿技术与创新的迅猛发展，更推动数字化转型计划不断向前。

文化对齐是数字化转型过程中的一个关键方面。组织需积极调整自身文化，以迎接变革，敢于冒险，快速学习并从失败中崛起，不断追求创新。人才、能力和能力强化（再培训）、创新文化和组织承诺，这些构成了文化融合的核心要素。敏捷性和协作性是真正数字化成熟组织的基石。数字化领导者还需要做好应对变革阻力的准备。

提高效率，这一宏伟目标，囊括了自动化与信息的迅捷获取。数字化领导者致力于通过加速信息流通，提升员工与最终用户的整体效能。其关键驱动力在于加快上市速度、降低成本、深化自动化以及完善流程。

数字化转型的障碍

数字化转型面临的主要障碍包括战略缺失、优先级繁杂、技术能力不足以及安全隐患，这些都是实现数字化成熟道路上的重要障碍。

数字化转型的维度

数字化转型的维度深刻揭示了其核心领域的转型路径。一般从六大维度论述数字化转型，包括商业模式（收入流）、结构（组织结构）、人员（员工、合作伙伴）、流程（业务流程）、产品（产品和服务）和参与模式（组织如何吸引员工、客户和合作伙伴）。用户体验、价值主张、数字进化扫描、技能和即兴创作被确定为关键维度。在另一种分类中，数字化转型的关键维度是技术的使用、价值创造的变化、结构变化和财务维度。本书将数字化转型的关键维度确定为营销和销售（包括产品和渠道）、参与（吸引客户、合作伙伴和员工）、运营（流程和信息技术能力）、组织（包括客户、合作伙伴、员工）和数字化敏捷性。

总而言之，数字化转型的关键维度是技术、终端用户参与、商业模式和收入流、用户体验、产品和服务、业务流程和治理。

数字化转型的支柱

在图1.1中，我们深入剖析了数字化转型的核心驱动力，这些力量构成了转型的坚实基石。为实现商业战略蓝图，我们必先树立远大愿景；为强化客户中心理念与文化转型，需重塑组织人员构成与文化氛围；为技术与流程基础设施的和谐统一，必须增强数字技术的核心竞争力；为提升效率，则要构建稳固的过程管理体系与进行高效治理实践。

我们现在将数字化转型的主要支柱确定为战略与愿景、人员与文化、技术

第 一 部 分
数字化转型介绍

与能力、流程与治理。我们在图1.2中描述了数字化转型的主要支柱。

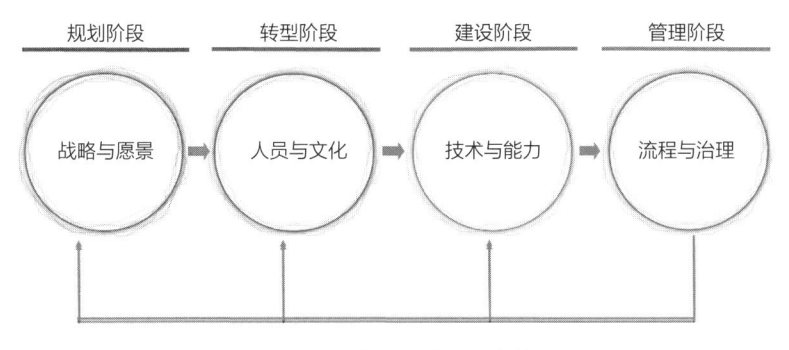

图 1.2　数字化转型的支柱

数字化转型之旅的启航，始于确立项目的宏伟战略与清晰愿景。数字转型领导者需鼎力支持转型投资，全力投身变革浪潮，并激发团队成员的无限潜能。在"人员与文化"维度，我们致力于促进员工与组织文化的深度融合，共同铸就转型的坚实基础。领导者需引领潮流，通过打造数字流畅环境、实施精心策划的培训与指导方案，为员工铺设成功之路。同时，创新与合作的精神应深深植根于组织文化的每一个角落。在技术与能力维度，组织应勇于拥抱并试验那些具有颠覆性的技术，同时灵活采用敏捷交付模式，以应对快速变化的市场环境。数字技术以其独特的魅力，通过提前交付价值、在新兴领域探索应用及融合不可预测的技术组合，不断打破传统界限。领导与员工须并肩学习，精通数字服务，洞悉技术潜能，携手构建强大的数字平台，并优化商业模式，以适应未来挑战。在"流程与治理"维度，我们注重实施高效的变更管理策略与治理机制，确保转型之路稳健前行。此外，本研究强调客户与生态系统作为数字化转型不可或缺的两翼，其中客户被纳入"战略与愿景"的宏伟蓝图之中，而生态系统则巧妙融入"流程与治理"的广阔框架之内，共同绘制数字化转型的宏伟图景。

在随后的部分中，我们将更仔细地研究这些支柱。

战略与愿景

数字化商业战略的转型，核心在于深度融合数字化技术、精准信息与高效执行力。此转型战略广泛渗透至企业的运营层面（产品、市场等）及职能领域（销售、营销等），形成全面覆盖。值得注意的是，商业战略的蓝图构筑，往往先于数字技术的甄选与应用。为充分挖掘数字化转型的无限潜能，需将战略蓝图、企业文化与卓越领导力三者紧密交织。战略制定中，不乏对客户与合作伙伴需求的敏锐洞察、权力下放的魄力、勇于探索的冒险精神、行动导向的偏好以及对协作共赢的深切关注。这一系列要素，共同构成了支撑转型成功的坚实支柱，它们不仅重塑商业模式与收入来源，还深刻影响着用户体验、产品与服务的提供方式，以及最终用户的深度参与和忠诚。

数字化转型战略和愿景的关键要素如图1.3所示。

数字化转型战略与愿景的核心要素，可精简为两大维度：**过程文化维度与技术维度**。其核心变革聚焦于客户体验的革新、流程的优化、颠覆性技术的引入，以及对整个价值链的深远影响。在此过程中，金融不仅是催化剂，更是数字化转型加速器的关键力量。财务压力作为转型的初始动因，迫使组织踏上这一变革之旅，而愈发紧迫的财务状况则进一步推动了数字化转型计划的快速落地。明确经营战略后，应紧随其后地锁定具体目标、量化指标及执行蓝图，以确保转型路径的清晰与高效。

流程与治理变更

流程变更是数字化转型战略的重要组成部分。作为流程变更的一部分，我们重新审视现有流程，并重新构想流程以增加数字化机会。我们可以通过流程数字化和自动化来改变运营流程。运营流程转型的另一个维度是通过协作工具和生产力改进工具使员工能够高效工作。绩效管理工具，如分析、报告和协作

第一部分

数字化转型介绍

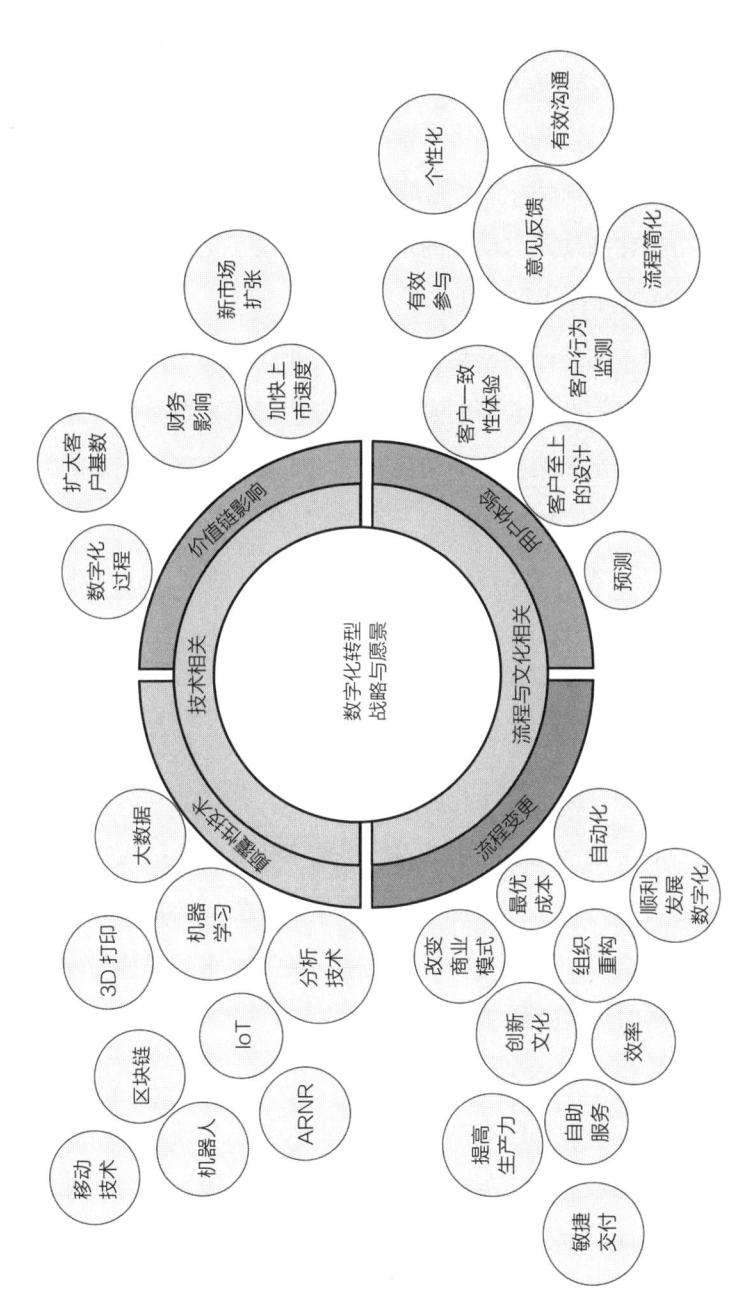

图 1.3 数字化转型战略与愿景

工具，在改进运营过程中发挥着至关重要的作用。商业模式转型需要业务全球化和业务流程数字化，创新的商业模式。工艺变化包括技术现代化、技术债务减少、技术标准化和灵活集成解决方案。

在定义业务策略时，我们应该重新审视现有的业务模式。我们可以探索现有业务流程的数字化接触点。自动化是提高生产力和优化成本的关键杠杆之一。本质上重复的结构化活动是自动化的理想选择。数字化领导者可以探索机器人过程自动化（RPA）等自动化工具。

组织架构亟须重构，以紧密契合转型中的业务模式。这一重组蓝图涵盖设立自主运作的专项部门及设立新的子公司，专注于驱动数字化转型的深化。数字化领导者需清晰界定新架构下的角色分工与职责，并确保充足的财务资源注入，为变革之路奠定坚实基础。

提高生产力是转型之旅的核心。简化流程、自助服务、自动化、更有效的工具和敏捷哲学是实现生产力改进的一些关键杠杆。数字化领导者应该规划生产效率提高所需的流程改进和工具。

数字化转型的核心驱动力在于达成组织整体的数字化流畅性。那些由数字化领导者引领，并深度渗透数字化影响力的组织，往往能在转型征途中斩获显著成就。因此，对于数字化领导者而言，将数字化流畅性融入整体战略规划之中至关重要。通过实施一系列赋能举措，如培训、指导会议、黑客马拉松、认证课程及实施研讨会等，可以有效促进员工对数字技术的掌握与应用，从而在整个组织内部构建出强大的数字流畅性基础。

持续的成本优化是数字化转型的关键驱动力之一。数字化领导者应该评估各种成本优化措施，并将这些成本优化措施纳入数字化转型战略。为了优化基础设施成本，云迁移是首选选项之一。为了降低许可成本，组织可以考虑使用开源平台，如 MySQL, Postegre SQL Database, Kubernetes 和 Docker 等。无服务器功能是一种新兴的范例，它允许开发人员主要关注业务逻辑，而基础设施完全由云平台管理。无服务器功能按每次使用收费，从而实现最优成本。

第 一 部 分
数字化转型介绍

创新文化是实现数字化转型参与成功的必要条件。开发团队必须更频繁地进行实验,并且应该采用最佳实践来提高流程的整体效率。领导者应该通过诸如黑客马拉松、创意中心(邀请和奖励创意)等活动来培养创新文化,并鼓励思想领导力活动(如专利、博客、网络研讨会、研讨会等)。

敏捷交付是数字化转型的关键部分。敏捷交付包括使用迭代版本开发最小可行产品(MVP),并在随后的迭代中合并用户反馈。敏捷发布通过两周的冲刺进行。为了制定健全的数字化转型战略,我们首先需要在团队中发展数字化能力,然后增加IT基础设施的灵活性,从而产生新的数字化产品和服务以及数字化增强的产品和服务。为了开发新的数字产品和服务,我们需要将想法孵化成概念,并建立MVP。为了将现有的产品和服务数字化,我们需要从客户的角度重新构想产品,并测试MVP。然后我们通过客户反馈可以持续地迭代改进产品。数字化转型战略主要涉及将数据紧密集成到业务流程和决策中。

客户体验

为了优化客户体验,组织秉持以客户为中心、生产力驱动的核心理念,设定了增强客户体验与效率增长的宏伟蓝图,并坚定不移地推进转型步伐。在数字化转型的浪潮中,我们聚焦于深度剖析客户行为,借助个性化信息与流程优化,实现客户互动的高效与精准。分析技术成为个性化推荐与服务的关键引擎,它精准捕捉客户使用习惯与交易模式,预测其未来行为,从而智能推送贴合需求的推荐、促销及优惠,让每一次互动都更加贴心与高效。

我们经常运用设计思维来实现顾客至上的设计。作为设计思维过程的一部分,我们力求了解客户当前面临的挑战,并设计出最能满足客户需求的界面。设计应该向客户提供上下文信息,客户应该能够快速获得相关信息。我们重视客户的反馈,并优化用户界面,使客户的旅程更加顺畅。我们确保在所有关键决策中都有客户代表,代表客户进行对话。

流程简化也增强了整体的客户体验。作为流程简化的一部分,我们可以引入自助服务工具和应用程序、自动化、减少流程步骤、自我审批、搜索驱动的知识库等。

通过多渠道参与和有效沟通，优化客户接触点，可以提升客户体验。数字领导者应该了解公司数字平台的使用模式，并根据使用情况为客户提供方便的访问。引入移动应用程序和可穿戴应用程序是提高数字平台覆盖面和更积极地吸引客户的一些方法。

数字化转型战略应侧重于提高客户参与度和有效沟通。组织可以通过接触点优化、客户旅程优化和提供高质量的服务（最佳性能/高可用性）来提高客户参与度。

颠覆性技术

技术的采纳彰显了组织积极拥抱创新，以技术为驱动力达成业务愿景的决心。在探索转型路径时，几项核心策略尤为关键：深入洞悉数据价值，强化数据分析能力；勇于采纳颠覆性商业模式，引领行业变革；无缝融合文化、技术与流程，构建高效协同的生态体系。

组织应该致力于试验颠覆性技术，如云计算、移动技术、数据分析、物联网技术、机器人技术等。我们将在单独的章节中讨论颠覆性技术的作用。

价值链影响

新技术的运用深刻重塑了"价值创造"过程及组织内部的价值链结构，催生了前所未有的高价值产出，包括但不限于新兴的货币化契机、业务版图的拓展、多元化的收入来源以及客户基数的显著扩张。

数字化领导者需要评估对组织端到端价值链的影响。例如，我们可以使用物联网和区块链技术获得运输产品的实时更新。在电子商务行业，我们可以利用数字技术积极吸引客户，从而以这种独特的价值主张赢得新客户。同样，在制造业中，我们可以有效地跟踪和安排产品，以缩短交货时间。

第一部分
数字化转型介绍

我们在表 1.1 中描述了数字化转型对各行业价值链的影响。

表 1.1 数字化转型对各行业/流程价值链的影响

行业/流程	受到影响的价值链过程	数字技术造成的影响
营销	更好的产品研究，改进定价策略，改进广告和营销活动	大数据和视频平台
产品开发	临时产品定价及产品制造，需求预测	物联网、区块链和大数据技术
销售	改善客户获取，改善售后支持	云技术、聊天机器人、移动应用
承销过程	自动化风险评估，应用程序处理，文档处理	物联网、区块链、人工智能、云计算技术
理赔管理流程	欺诈检测和索赔处理	人工智能和机器学习
信息技术	硬件采购，资源分配，支持，应用开发	人工智能、物联网、会话助手
制造业	供应链自动化，员工培训，设备监控，主动维护	机器人、人工智能、增强现实/虚拟现实、物联网

数字技术还影响了制造供应链的各个阶段，包括产品设计和创新、供应链管理、和营销、销售。第四次工业革命（通常被称为"工业4.0"）主要由云计算、机器人、移动设备、物联网、增强现实/虚拟现实（AR/VR）、大数据、分析、网络安全等数字技术实现。

数字技术正在重新定义供需匹配。数字技术在降低成本结构方面走在前列，在供应端实现自动化、虚拟化，在需求端为客户丰富产品和服务的价值。在这个过程中，数字技术发现了连接供需的新的、更便宜的方式，创造了新的市场。数字技术创造了超大规模的平台，可以快速地吸收新的能力和客户。

人员与文化

人员与组织文化的重塑，是数字化转型成功的核心驱动力。为全面解锁转型的潜能，需对组织架构、运作流程及文化内核进行深刻变革。组织内部的诸多障碍，诸如自满情绪、僵化文化及敏捷性的缺失，均是数字化转型路上的绊脚石。故而，构建一种与转型需求相契合的组织文化，成为组织不容忽视的战略要务。此核心支柱紧密关联着技能转型的维度，共同构成了数字化转型的基石。

图 1.4 直观呈现了人员与文化的关键特质。

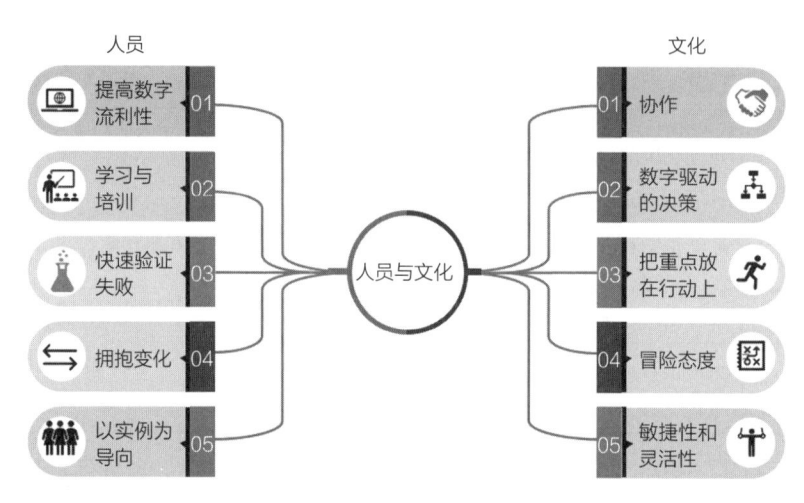

人员
- 01 提高数字流利性
- 02 学习与培训
- 03 快速验证失败
- 04 拥抱变化
- 05 以实例为导向

文化
- 01 协作
- 02 数字驱动的决策
- 03 把重点放在行动上
- 04 冒险态度
- 05 敏捷性和灵活性

图 1.4　人员与文化的关键属性

数字化转型更关乎人

大多数数字化转型更多的是关于人而不是技术。组织可以采用以人为本的政策，使员工能够接受数字化转型计划。组织应该投资于培训、提高技能和指导员工，以实现数字化转型的全部价值。组织还应该挑选那些对学习充满好奇心的人才，并将其技能与组织的需求相匹配。组织的领导团队应该自上而下地推动变革，而数字领导者应该通过实现数字流畅性来树立榜样。如果最高领导团队具有数字流畅性，员工更有可能信任数字化战略。

参与数字化转型的人需要有持续学习和成长的心态，才能在转型之旅中取得成功。人们应该自我激励，应该对变化持开放态度。

为了在数字化转型计划中取得成功，人们应该愿意分享知识，以实现全面

第 一 部 分
数字化转型介绍

的成功。他们必须愿意使用协作工具，并作为"一个团队"来实现目标。

现代组织必须灵活应对市场瞬息万变的需求，迅速捕捉机遇。为抢占竞争优势，它们亟须加速创新步伐。因此，拥抱敏捷文化与快速试错哲学至关重要。鼓励员工勇于担当，积极试验，勇于舍弃无效策略，持续探寻并锁定最优商业模式，才能在激烈竞争中脱颖而出。

在组织中率先采用数字技术的**数字传道者**应该站在数字化转型实施的最前沿。数字传道者应该领导项目的关键部分，建立**卓越中心**（CoE）实践，倡导、指导和帮助团队实现其目标。

推动数字化转型参与的数字化领导者应具备关键技能，如变革愿景、前瞻性视角、对技术的理解和倡导变革。

文化

文化铸就了组织的核心价值体系，激发员工追求卓越。它内化行为范式，驱使员工齐心向组织目标迈进。清晰界定的组织文化，确立了实现长远战略的行动纲领。文化不仅巩固了组织的核心价值观，还以最小摩擦激励员工积极参与。那些重视文化以驱动数字化转型的组织，其绩效表现比忽视文化因素的组织高达 5 倍之多。

数字化成熟组织（有效利用技术进行业务转型的组织）的文化包括领导者和员工之间的数字化流畅性、员工之间的协作精神和管理层对创新的支持。创新是一种创造性改变，因此员工需要具有高度的可学习性，才能在创新文化中接受并取得成功。

数字文化显著加速了成果的实现，其高效的层级结构和清晰的行为规范为快速决策与灵活应对瞬息万变的环境奠定了坚实基础。此外，这种文化还极具吸引力，成为吸纳并保留顶尖人才的强大磁石。

我们在图 1.5 中描述了实现组织文化的各种步骤。

决胜数字化转型

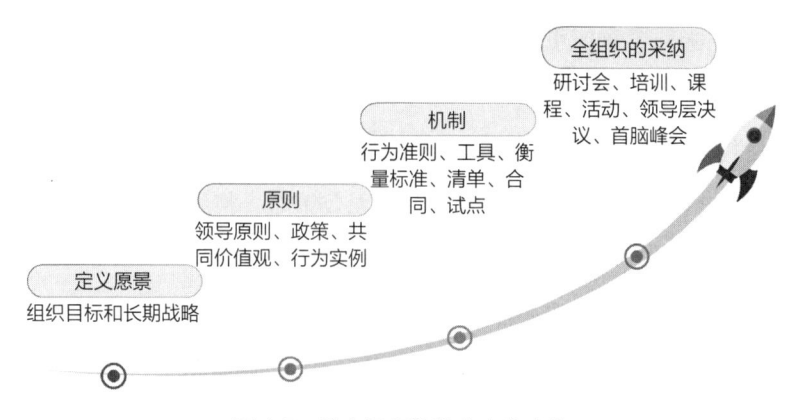

全组织的采纳
研讨会、培训、课程、活动、领导层决议、首脑峰会

机制
行为准则、工具、衡量标准、清单、合同、试点

原则
领导原则、政策、共同价值观、行为实例

定义愿景
组织目标和长期战略

图 1.5　整个组织的数字文化实施

数字化领导者需精准勾勒组织的长远愿景与战略蓝图，奠定组织的独特基因与文化基石。员工需对组织的战略意图及战术部署了如指掌。随后，领导者应确立与组织目标相契合的核心原则，明确界定并转化为员工在日常工作中可遵循的关键导向，如敏捷响应、人才战略、团队协作及创新思维等。针对信息安全、职业发展、绩效管理等各个环节，需制定详尽政策，辅以实例阐释，使员工深刻理解并融入组织的愿景与价值体系。进而，设计实施机制，如标准化操作流程、协作平台、原则性协议及工作手册等，为政策的落地执行提供有力支撑。为全面推广并内化数字文化，领导团队应策划系列活动，如研讨会、高管互动会、员工交流会及专业培训，旨在提升全员认知，激发采纳热情，共同推动组织向数字化时代迈进。

如果组织正在推动大的变化，建议通过试点运行来测试变化，并了解变化的影响。从试点项目中学到的知识可以用于在整个组织范围内扩展变革。

数字化转型的关键文化要素

在数字化转型的征途中，对于勇于采用颠覆性技术的组织而言，几个核心文化要素尤为关键，它们深刻影响着转型的成败。首先，组织应秉持开放心态，拥抱变革，积极吸纳新思维，勇于创新与尝试。这种对变化的渴望与接纳，是转型成功的先决条件。其次，客户导向的文化同样不可或缺。在产品和服务的构思与实施中，始终将客户置于首位，确保满足其需求与期望。这种以客户为

第 一 部 分
数字化转型介绍

中心的理念，是驱动转型创新的重要源泉。再者，创新能力是组织持续成长的引擎。通过不断探索与研发，推出新颖的产品和服务，组织能够在激烈的市场竞争中脱颖而出，实现稳健增长。敏捷性则是数字化转型项目的基石。组织需构建灵活多变的结构与流程，以快速响应市场变化，把握机遇。同时，可学习性文化也是不可或缺的。持续学习与技能提升，有助于组织在数字化转型的浪潮中保持竞争力，实现长远发展。此外，信任、企业家精神、对失败的包容、风险承受力、合作与参与等文化特质，同样对数字化转型的成功至关重要。它们共同构建了一个积极向上、勇于探索的组织氛围。最后，对工作的热爱、数据驱动的决策制定以及分布式领导结构等要素，也为数字化转型注入了新的活力与动力。这些要素相互交织，共同推动着组织向数字化转型的深处迈进。

数字化转型技术和能力

各种技术正在颠覆企业向客户提供价值的方式。其中的关键是云平台（通过互联网按需提供信息技术资源，采用现收现付模式）、可穿戴技术（包括智能手表等，提供实时健康监测）、物联网（将设备连接到互联网）、大数据（管理大量数据的一套技术）、自动驾驶汽车（具有自动驾驶技术的汽车）、机器人（管理机器人）、游戏技术、增强现实/混合现实、区块链（在共享账本中管理交易）和3D打印（从模型中创建物理对象）。移动技术、云计算技术、数据和分析、社交媒体和协作技术被数字化成熟的组织广泛使用。技术转型维度包含在这一支柱中。

让我们看看图1.6所示的数字化转型的核心颠覆性数字技术。

云计算

云计算是指在互联网上提供计算设备、存储设备、数据库等核心服务信息技术资源。通过计量计费，组织可以专注于创新，而云平台可以处理与基础设

大数据与分析

能力
- 商业智能
- 数据转换
- 数据湖
- 数据监控
- 弹性映射减少
- 数据治理

优点
- 对大量数据的管理
- 模式分析
- 预测性分析
- 开发潜在客户
- 日志分析
- 行为分析

人工智能

能力
- 自然语言处理
- 计算机视觉
- 深度学习
- 文本转语音
- 语音至文本
- 智能搜索

优点
- 对话界面
- 预测和建议
- 对你识别
- 预测
- 自动化
- 文本提取
- 人脸识别
- 欺诈检测
- 文档处理

云计算

能力
- 按需信息技术资源
- 平台即服务
- 基础设施即服务
- 软件即服务
- 现收现付模式
- 弹性、高可用性
- 弹性可扩展性

优点
- 成本优化
- 业务敏捷性
- 提高复原力
- 高可用性
- 提高安全性
- 敏捷交付
- 快捷实验
- 容错能力

物联网

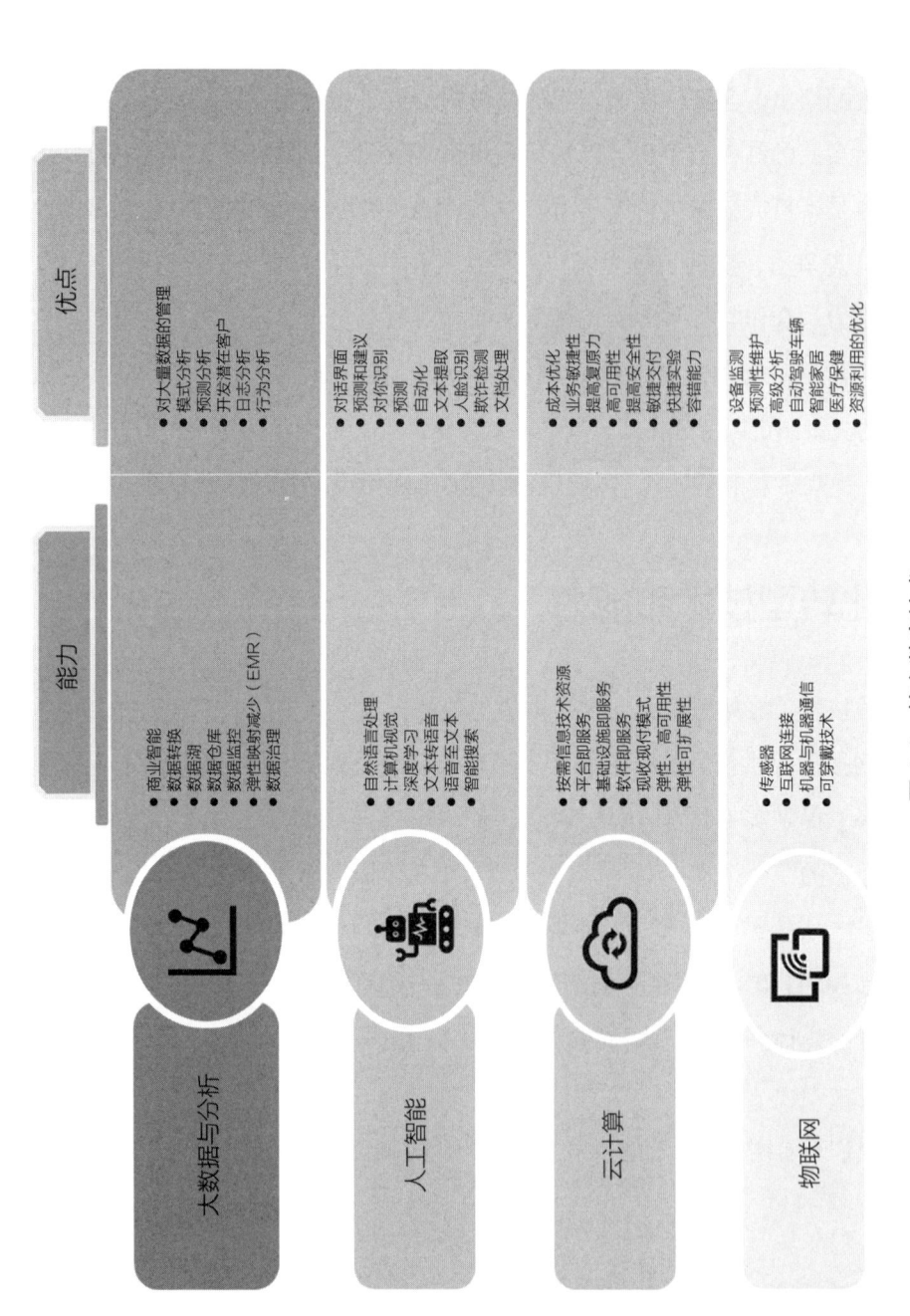

能力
- 传感器
- 互联网连接
- 机器与机器通信
- 可穿戴技术

优点
- 设备监测
- 预测性维护
- 高级分析
- 自动驾驶车辆
- 智能家居
- 医疗保健
- 资源利用的优化

图 1.6 核心数字技术

第 一 部 分
数字化转型介绍

施相关的繁重工作。云计算不仅优化了成本结构，还赋予了企业加速创新、灵活实验并迅速从失败中吸取教训的能力。借助云计算，组织能够展现更高的敏捷性与效率。

物联网

物联网是一个连接设备的网络，它提供了物理世界与数字空间的集成。物联网技术通过传感器连接车辆、建筑物和工厂，并使设备能够被监视和控制。支持物联网的设备连接到互联网，可以与其他设备交换数据并进行通信。物联网被用于许多场景，如自动驾驶汽车、设备监控、实时决策、流程优化等。

移动技术

移动应用程序、移动设备和5G网络等移动技术使用户能够轻松获取和使用信息。智能手机和平板电脑等移动设备是用户获取信息最常用的途径。组织可以通过移动技术提高用户的工作效率并扩大他们的覆盖面。

大数据与分析

大数据与分析技术旨在处理海量的结构化、半结构化和非结构化数据，如物联网传感器数据、社交媒体帖子、实时流数据等。数据湖、云数据库、数据仓库系统和商业智能系统通过并行处理和灵活的模式来处理pb级的数据。分析技术基于对大量数据的分析，提供实时的可操作的见解，组织可以使用这些见解提供相关的建议。大数据与分析技术处理许多关键业务场景，如客户360度视图、欺诈预测、商业智能报告、流失预测等。

人工智能

人工智能技术可以根据过往的数据帮助训练机器，这些数据可以用于各种场景，如趋势分析、产品推荐、预测、风险预测、自动化等。深度学习模型支持当今复杂的场景，如实时欺诈检测、客户流失预测、文本到语音、语音到文本、自主导航等。人工智能技术是组织自动化和效率提高的关键推动者。

增强现实 / 混合现实（AR/MR）

增强现实技术用虚拟物体覆盖物理世界，为用户提供丰富的体验。增强现实 / 混合现实用户可以获得与现实世界高度互动的体验。该技术用于虚拟培训、游戏、学习和娱乐行业。

区块链

区块链构建了一个去中心化的、无法篡改的分布式账本体系，确保了交易记录的完整性与安全性。区块链服务于许多场景，如加密货币、数字货币、供应链合同等。

会话接口

会话界面、社交媒体、视频通话平台是影响消费者社交生活的其他颠覆性数字技术。

组织可以通过将云等关键数字技术与人工智能和分析相结合来释放价值。

我们将在第三部分深入探讨技术的数字化转型。

流程和治理

敏捷方法，依托持续迭代策略快速推出最小可行产品，与**设计思维**这一以人为本、融合技术、设计与业务洞察的创新方法，共同驱动数字化转型的浪潮。在深化数字化转型的征途中，我们不仅坚守传统敏捷的精髓，更引入规模化敏捷框架与规模化 Scrum，以应对更复杂、更宏大的项目挑战。此举全面覆盖了业务流程的优化及治理维度的深化，为转型之路奠定了坚实的支柱。

第一部分
数字化转型介绍

数字化转型过程

踏上数字化转型的征途前，首要之务是清晰界定项目的宏伟愿景与精准战略。这不仅是单一领域的探索，还是一场跨学科的协作盛宴，汇聚了各具专长的团队力量，共同为转型之路铺设坚实的基石。

数字化转型过程（见图 1.7）提供了一个广泛的框架，涵盖了数字化转型计划的所有步骤。该流程作为使用数字转换实现整体战略的蓝图。

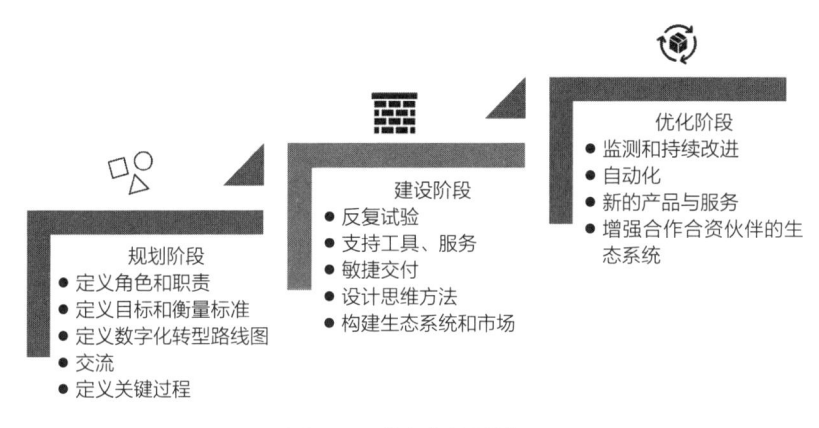

规划阶段
- 定义角色和职责
- 定义目标和衡量标准
- 定义数字化转型路线图
- 交流
- 定义关键过程

建设阶段
- 反复试验
- 支持工具、服务
- 敏捷交付
- 设计思维方法
- 构建生态系统和市场

优化阶段
- 监测和持续改进
- 自动化
- 新的产品与服务
- 增强合作合资伙伴的生态系统

图 1.7　数字化转型过程

在图 1.7 中，我们精练地概述了数字化转型的核心环节。在此阶段，我们定义了关键人员和主题专家的主要角色和职责。我们还规划了整个数字化转型所需的各种项目和举措，以及负责数字化转型的主要人员。我们设立了详尽的成功度量标准、关键绩效指标及目标，以确保转型之路清晰可循。通过制定数字化转型路线图，我们划分了转型的各个阶段与冲刺目标，为实施提供了坚实的蓝图。数字化转型的领导者不仅向组织内部传递了项目的宏伟愿景，更深刻阐述了其战略意义与广泛支持。此外，我们还优化了与数字化转型紧密相关的核心业务流程，如变革管理与事件管理流程，确保转型的顺畅推进。认识到生态系统和市场在现代数字平台中的核心地位，我们积极构建了一个开放协作的创新环境，携手合作伙伴、开发者、学者、研究人员、政府及各界热心群体，共同推动创新步伐。我们鼓励并支持社区力量参与市场，共同推动产品与服务的革新与发布。

步入构建阶段，我们秉持迭代精神，精心雕琢产品与服务。拥抱敏捷哲学，我们倾向于迅速推出最小可行性产品，以行动为导向，抢占市场先机。现代数字化项目深度融合设计思维，匠心独运地塑造产品与服务的未来。依托用户反馈与市场期许，我们持续迭代，让产品日益精进。组织应全力支持，为团队配备前沿工具与全方位服务，助力创新无界。优化之路，永无止境，我们紧盯成功指标，实施精准监控，确保每一步都稳健前行。同时，我们不断革新业务流程，引入自动化技术，效率倍增，引领行业变革。在数字浪潮中，我们更是勇立潮头，将传统产品与服务深度数字化，并持续探索，推出新颖的数字产品与服务，满足多元需求。此外，我们还致力于优化社区生态，为所有参与者创造更加繁荣、和谐的数字世界。

数字化转型中的治理

尽管敏捷方法在数字化转型计划中被广泛采用，但在缺乏适当治理的情况下，大规模数字化转型计划会失败。在大规模敏捷实施中，我们面临的最常见的挑战是对敏捷方法的误解，敏捷方法的定制性差，敏捷方法的应用领域不合适，与其他业务单元的协调问题，不合适的组织结构，缺乏高层管理参与等。

为了应对共同的挑战，我们需要使用定义良好的治理结构。一些基于最佳实践的治理结构可以降低风险，包括：集成敏捷方法、重点深入培训、建立独立的组织结构、建立跨职能同步、建立实践社区、启动敏捷试点。

我们将在第四部分和第五部分深入探讨流程和操作的数字化转型。

第一部分
数字化转型介绍

数字化转型最佳实践

　　数字化转型的成功部署离不开精心策划的技术蓝图、前瞻性的战略规划、一支高效协作的团队、周密的组织规划以及全员的坚定承诺。借助敏捷开发模式，我们能够迅速迭代产品版本，并即时汲取用户反馈，持续优化与升级。

　　数字化转型计划的核心胜券在于构建稳固的商业蓝图，依托精英团队的专业智慧，吸纳终端用户的见解以塑造卓越的客户体验，化解员工变革抵触，并培育出创业精神与敏捷工作风气。第一，确立清晰的战略愿景，并设定具体目标与衡量指标，作为业务转型的导航灯。随后，精准匹配技术工具，可确保其与目标愿景无缝对接。第二，汇聚精通业务领域的主题专家与领域精英，他们深厚的专业知识是优化工艺、提升效率与产品力的关键。他们的参与，可确保变革路径的科学性与可行性。第三，在构建终端用户体验的同时，终端用户的参与至关重要。最终用户可以提供挑战、目标、希望的功能列表等方面的输入。此外，终端用户也可以测试交付的 beta 版本并提供他们的反馈。用户至上的方法帮助我们迭代地构建引人入胜的用户体验。第四，我们可以积极地让员工参与数字化转型，以解决他们对变化的恐惧。通过培训、引导与激励机制，营造支持变革的良好氛围。领导者应该培养创新文化，并通过让所有员工都参与来管理变革。第五，在一个成功的数字化转型项目中，团队经常实验、快速创新和更快失败以转向的敏捷文化是必需的。数字化转型计划中涉及的许多技术都是利基技术，需要通过概念验证来评估，以了解其适用性。

　　该研究表明，大型数字化转型计划成功的关键要素在于构建推动数字化成熟的完善战略、界定精确的转型范畴、确保员工技能匹配、培育勇于冒险的文化氛围，并有效实施数字化措施。这些要素在高管层的全力支持与领导下方能实现。

　　高效的业务流程和运营也在数字化转型计划的成功中发挥着作用。

　　由于数字化转型计划的范围很广，首席数字官（CDO）是管理组织数字化转型计划的必要条件。CDO 负责实施战略，以成功开展数字化转型。

总结

  本章深入探讨数字化转型的多维度定义，其核心在于数字技术如何重塑组织架构、商业模式及社会领域。转型的驱动力可归结为商业战略的精准执行、客户中心化的深化、技术与流程基础设施的灵活适配、文化的积极调整及效率的大幅提升。四大支柱稳固支撑转型进程：**战略与愿景引领方向，人员与文化构筑基石，技术与能力驱动创新，流程与治理确保高效**。在人员维度上，数字化转型强调建立无缝数字交互体验，倡导持续学习与实践，鼓励实验精神与变革拥抱，同时强调领导者的率先垂范。文化层面，则倡导协作共赢、数据为王的决策模式、行动导向的执行力、勇于冒险的探索精神及快速响应的敏捷性。关于战略与愿景，数字化转型聚焦于颠覆性技术的应用、价值链的深度影响、流程的彻底变革及客户体验的全面升级。转型路径清晰可循，分为规划、建设与优化三阶段：规划阶段明确蓝图与标准，建设阶段迭代创新产品与服务，优化阶段则持续监控并精益求精。在此过程中，关键技术如大数据与分析、人工智能、云计算、物联网、区块链、移动技术、增强现实及会话接口等，均扮演着不可或缺的角色，共同推动数字化转型的深入发展。

第二章

数字化转型框架

简介

企业的数字化转型涵盖业务流程、运营、技术及文化等多个维度的深刻变革。为构建高效的转型蓝图，我们需精准把握各领域内的转型路径与卓越实践。

数字转型框架作为核心指南，明晰了转型过程中的关键重构要素。我们已界定出作为整体转型基石的主要转型领域及其具体实例，并在每个核心模块中深入探讨了转型期间普遍遵循的趋势、最佳实践策略与实施方法。

本章深入剖析了数字化转型的四大基石：业务流程转型、运营模式转型、技术转型及基础设施转型升级。各基石均设有专章，以便细致阐述其精髓与细节。

数字化转型框架的构建模块

构建模块是作为整体数字化转型的一部分进行转换的基本元素。我们在图 2.1 中描述了数字化转型的四个主要组成部分。

业务流程优化，旨在实现敏捷性与客户深度参与；基础设施革新，聚焦于构建高可用、可扩展、韧性强且成本效益显著的系统架构；运营模式重塑，力求治理与运营流程达到前所未有的敏捷与灵活性；技术革新，重点在于削减技术债务，焕发技术活力。这些举措共同构成了数字化转型的双轮驱动——加速创新步伐，并助力企业规模实现飞跃式增长。

让我们看一下数字化转型的一些用例，以及作为转型的一部分进行转型的核心构建块。表 2.1 提供了各种数字化转型的示例。

第一部分
数字化转型介绍

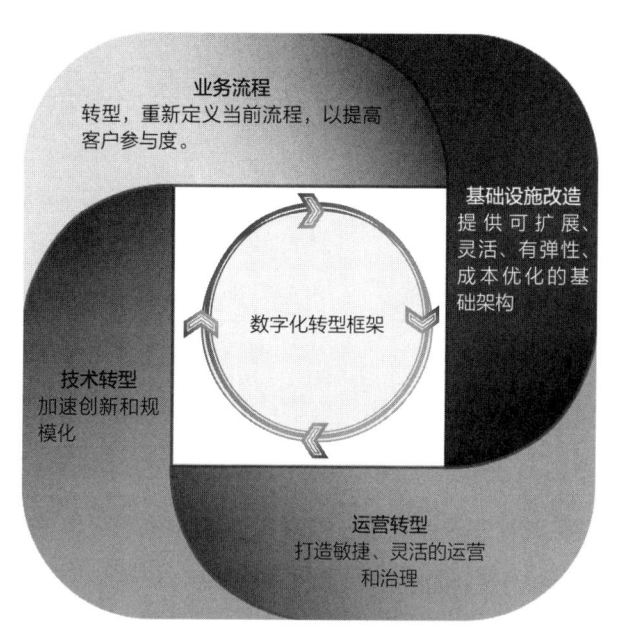

图 2.1 数字化转型的组成部分

表 2.1 数字化转型实例

用例	构建模块	数字化转型示例
学习与培训	技术转型，业务流程转型	通过游戏化将学习和培训过程从面对面的设置转变为数字学习
客户服务	技术转型，业务流程转型，运营转型	将以人为基础的客户服务转变为以聊天机器人及虚拟助理为基础的服务。提供上下文搜索和使用票务处理机器人自动票务处理。利用机器学习支持的客户流失预测来提高客户保留率
购物／电子商务	技术转型，业务流程转型，运营转型	将实体购物转变为数字购物体验，通过电子商务门户启用智能搜索和推荐
保险处理	技术转型，业务流程转型，运营转型	将亲自拜访转变为在线客户登记、在线报价、数字索赔处理和数字索赔结算
银行交易	技术转型，业务流程转型，运营转型	将实体网点转型为数字化网点，提供网上开户、网上 KYC、网上借贷等服务
员工体验	技术转型，业务流程转型	通过启用远程支持、虚拟桌面和数字学习体验，将物理工作场所转变为灵活的工作场所

续表

用例	构建模块	数字化转型示例
服务器维护	技术转型	通过云迁移将手动维护转换为自动化和托管维护
客户 新员工培训	技术转型，业务流程转型	改变物理访问过程，实现在线智能入职，智能文档表单验证
医疗用	技术转型，业务流程转型	将实际访问转变为医院虚拟会诊

业务流程的数字化转型

必须重新定义现有的业务流程，使其变得敏捷、响应迅速、灵活。业务流程转型主要是对现有业务进行改造。

流程更高效，最终提高客户参与度。以下是业务流程转型的关键数字化转型原则。

流程数字化：引领业务流程转型的首要步骤，即实现业务流程的全面数字化。这一过程的核心在于构建数字优先的平台，旨在革新或增强现有的非数字化流程体系。以银行业为例，传统"开户"流程往往要求客户亲临分支机构办理，而今，通过流程数字化，整个账户开设过程得以在线完成，彻底打破了地域限制。纸质申请表格全面转型为数字版本，客户只需轻点鼠标，即可在线轻松填写并提交，极大地提升了服务效率与客户体验。

流程数字化显著增强了客户参与，通过优化整体流程效能，实现了更高效的服务体验。同时，我们利用数字渠道汇聚宝贵见解，不断迭代升级，以深化客户满意度。以数字开户平台为例，它能精准捕捉客户偏好，如通信方式（电话、邮件或短信），并据此定制推送通知，实现个性化服务，让每一次互动都更加贴心。

流程数字化不仅实现了操作的智能化，还开辟了通过深度分析平台洞悉客户需求的新途径。这些宝贵的客户见解，可转化为精准推荐、高效交叉销售、

第 一 部 分
数字化转型介绍

增值追加销售以及丰富多样的客户互动策略，助力企业深化客户关系，提升业务成效。

流程自动化：重塑业务流程的精髓，精准自动化规则导向的每一步。业务流程自动化（BPA）技术，作为高效引擎，驱动着重复性步骤的智能化飞跃。设想贷款审批或信用评估，这些昔日烦琐的流程如今可依托预设规则无缝对接自动化处理，极大地提升了效率与准确性。同样，索赔处理与结算流程，也在预设规则的引领下，实现了流程的自动化蜕变，让每一步操作都更加精准高效。

自助服务：优化流程，减少等待，提升效率。我们倡导构建无缝的自助服务平台，让用户能够即时行动，无须长时间等待审批或依赖他人。通过集成搜索、自动审批等先进功能，我们让终端用户掌握自主权，快速解决需求。具体而言，自助服务门户、智能虚拟助手、聊天机器人、直观引导导航、高效智能搜索及个性化推荐等机制，共同编织成一张便捷的服务网络，助力用户迅速定位信息，享受前所未有的满意度体验。

更快的数据驱动决策：企业可以使用现有数据更快地驱动决策。预测贷款违约、计算贷款资格、预测下周的库存、预测客户流失是数据驱动决策的主要用例。

机器学习赋能的多领域应用：机器学习巧妙融合统计方法与海量数据，自主"学习"复杂任务，涵盖推理、预测与前瞻，精准契合预设目标集。其广泛应用领域璀璨夺目，涵盖销售与库存精准预测、计算机视觉驱动的自助结账、客户流失前瞻预警、欺诈行为智能识别、光学字符识别（OCR）赋能的文档数字化转型、风险评级个性化定制、个性化推荐引擎、呼叫中心深度分析、智能聊天机器人、高效智能文档处理及革新智能搜索体验等，全面重塑行业生态。

流程优化策略：针对现有业务流程，我们可实施多重高效机制以实现显著提升。这包括精简流程步骤至核心环节，实施流程简化策略，推动流程数字化转型，以及引入自我审批机制等。具体实践如一键结账功能的便捷化，用户注册流程的极简化，以及基于服务水平协议（SLA）的自动化审批流程，均为流程优化的典范之作。

业务流程转型中的步骤

启动业务流程转型之初，我们即确立了衡量转型成功的基准，精心构建了关键绩效指标（KPI）与量化标准。这些指标旨在精准捕捉转型成效，包括但不限于流程周期的缩短、年度成本节约的总额，以及工时生产率的显著提升，从而全面评估并驱动转型的卓越成果。

接下来，我们明确了可转化的业务环节，首要聚焦于那些直接影响客户体验与参与度的关键环节，诸如客户搜索、登录、结账及产品对比等流程。同时，我们也对关乎业务收益的订购与转化流程给予了高度重视。业务转型蓝图细致规划了各阶段需达成的业务流程目标。

最后，我们利用自动化和其他工具（如ML）来增强、补充或替换现有的业务流程。我们不断地寻找新的方法来重塑业务流程。

基础设施的数字化转型

基础设施的数字化转型，核心在于削减总体成本，并赋予其卓越的扩展性、高可用性及强大的韧性。作为转型的基石，物理服务器的虚拟化与应用程序的容器化技术，共同构筑了基础设施转型的首个关键层级。

数字化转型迈向新高地，核心在于高效驾驭云基础设施以优化运营流程。我们采纳了精妙的 5-R 迁移与现代化蓝图，引领应用无缝跃升至云端。这 5-R 策略精妙绝伦：**退役**旧废应用，轻装上阵；**保留**关键但不宜转型的应用，确保业务连续；**重新托管**，让本地应用云端绽放新光彩；**重构平台**，为技术架构注入现代化活力；**重构应用**，拥抱云原生服务，重塑应用未来。

云迁移之旅，我们精心规划三大里程碑：**评估**先行，深入剖析 TCO 成本与现有架构，为转型奠定坚实基础；**设计**阶段，明确迁移路径，通过 POC 验

第 一 部 分
数字化转型介绍

证策略可行性；**迁移与现代化**并行不悖，在迭代中稳步前行，确保每一步都精准无误。

关于云迁移的深度探讨，在第四章中将详尽阐述。

运营数字化转型

数字化运营核心聚焦于数字化平台基础架构的高效管理，涵盖服务器维护、补丁更新、系统升级、可用性严格测试、事件迅速响应、精准配置管理及变更流程优化等关键环节。企业旨在通过数字化转型，实现运营的敏捷化与灵活化。因此，数字业务的推进务必与这一战略愿景紧密契合，共同塑造数字化运营的新面貌。以下是转型过程中，我们必须着重转化的数字化运营核心特质。

自动化操作：执行日常业务（BAU）中的标准流程与清晰界定的操作全面自动化。诸如数据备份、同步、定期补丁更新等既定任务，应依托脚本编程、定时任务规划或云原生技术与管理服务实现自动化处理，以提升效率与准确性。

托管服务：云平台以服务形式提供全方位托管平台，涵盖数据库即服务等关键领域。该服务自动承担烦琐的数据库维护工作，如日常快照、定期备份、故障无缝转移、确保高可用性及强化安全性等，让开发团队从琐碎中解脱。如此，团队能更专注于核心业务逻辑的深化、模式创新的探索以及查询性能的优化，从而加速迭代，实现更高的业务敏捷性。

可观察性、持续监控与通知：为运营团队打造端到端服务的透视镜，赋能主动维护，确保事件响应迅捷无碍。实时、不间断的监控机制，细腻描绘出每一环节请求流的性能脉络，让数据洞察触手可及。凭借监控收集的深度见解，我们精准定位性能瓶颈，高效排除故障，确保服务流畅无阻。

基于指标追踪：明确量化指标与KPI，精准导航业务目标。界定涵盖敏捷性、性能、可用性、弹性及成本优化等维度的KPI体系后，实施即时追踪机制。遇异常情况，即时触发通知与提醒，确保系统管理员迅速响应，护航业务稳健前行。

高可用性：基础设施组件和服务应该设计为高可用性。高可用性设计包括冗余组件、多实例集群、自动故障转移和健康检查监控，以及自动处理组件故障。应该跨每个应用层测试高可用性（例如数据库的高可用性、服务的高可用性）。

高弹性：现代应用程序应该通过健壮的故障处理设计来设计为对故障具有弹性。应该对数字服务和应用程序进行最佳测试，以便从故障中恢复、处理故障和保证故障期间的性能。应该对现代应用程序进行测试，以处理复杂的场景，例如模拟的拒绝服务攻击、依赖服务的中断等。

弹性与可伸缩性：鉴于现代应用程序流量的不可预测性，实施按需可伸缩性测试至关重要。

持续改进：依托自动化、操作手册及最佳实践策略，不断优化操作流程，确保高效运行。

高效的事件管理：现代平台革新了事件管理流程，实现了多维度优化。这包括智能化自动分类、便捷的自助服务门户、前瞻性的事件预防架构，以及左移设计理念的融入，更辅以高效的事件管理机器人技术，全面提升事件处理效率与响应速度。

我们将在第十三章详细讨论业务的数字化转型。

技术的数字化转型

现代数字技术正引领企业迈向前所未有的敏捷性、创新速度、弹性与扩展性巅峰，其中服务转型作为数字化转型的核心驱动力之一，显得尤为重要。以往，企业的业务逻辑被深深植根于传统遗留平台中，与表示层及数据访问层紧密交织，这极大地限制了业务逻辑的灵活扩展与复用潜力。服务转型的精髓在于，它巧妙地将业务服务从庞大复杂的应用程序中抽离，重塑为一系列精细入

第 一 部 分
数字化转型介绍

微、独立可调的微服务。这一过程，我们借助了诸如 Strangler（绞杀者）模式、事件驱动架构，以及命令查询责任分离（CQRS）等先进设计模式，成功地将笨重的单体架构轻盈化身为灵活多变的微服务架构。不仅如此，企业还积极构建开放的 API 平台，如同铺设一条条数字高速公路，将内部服务公之于众，邀请各方伙伴加入这一生态系统，共同消费、共创、共享企业功能。这一举措不仅促进了内外部资源的无缝对接，更激发了无限的创新与合作可能。综上所述，服务转型不仅是技术层面的革新，更是企业战略视野的拓宽与深化。在第五章中，我们深入探讨了服务转型。

数字化转型的精髓在于重塑用户体验，这一过程不仅是技术层面的革新，更是深刻理解了用户需求后的精准布局。通过体验转型，我们致力于打造用户导向的设计哲学，实现跨渠道的流畅交付，为用户量身定制个性化体验，并加速信息的精准获取与高效利用。作为这场体验转换之旅的导航者，我们深入最终用户的内心世界，以他们的视角为镜，洞悉其需求、目标与所面临的挑战。我们精心构建用户角色与旅程地图，同时开展深入的竞争态势分析，为设计创新奠定坚实基础。依托扎实的用户研究成果，我们采取迭代策略，从低保真到高保真，层层递进地设计出模型与原型，确保每一步都紧密贴合用户的真实需求。这样的做法使我们能够迅速响应市场变化，加速实验与验证的进程。在第八章中，我们对用户体验转型的精髓进行了详尽探讨。

为了优化开发与交付流程，我们应确立架构蓝图、设计准则，并采纳经过验证的最佳实践，确保首次交付即达高品质标准。第七章深入探讨了"首次成功"框架（First Time Right，FTR），全面覆盖了技术、运营、成本、安全及客户体验等关键领域的指导原则与实践方法。此外，我们还详细讨论了该框架下的配套工具，旨在助力实现高效、精准的交付成果。

遗留资产（老旧资产）现代化作为数字化转型的重要一环，聚焦于将遗留的整体平台、数据库、大型机系统及其他老旧系统焕新升级。第三章详尽阐述了实现这一目标的策略与路径。

我们成功构建了一座数字工厂，旨在通过集成最佳实践的自动化策略，优化数字资源与流程的管理。这一创新平台为数字资源的整合与流程的自动化运作提供了强有力的支持。关于数字工厂的详细论述，将在第六章中深入展开。

总结

本章深入剖析了数字化转型的四大基石：业务流程、运营、技术及基础设施的转型升级。业务流程转型聚焦于流程的数字化重塑，涵盖自动化、自助化服务、数据驱动的即时决策、机器学习赋能的流程优化等核心要素。基础设施转型则致力于成本削减，同时赋予基础设施前所未有的可扩展性、高可用性与韧性。

运营数字转型聚焦于基础设施的高效管理，其精髓在于自动化运维、托管服务、实时可观察性与监控、基于指标的精准追踪、高可用性与弹性的深度融合，以及弹性可扩展性的不懈追求，加之持续改进与高效事件管理机制的构建。

技术转型层面，服务转型、用户体验的全面升级、"首次成功"框架的引入、遗留资产的现代化改造以及数字化工厂的兴起，共同构成了技术革新的亮丽风景线，引领企业迈向智能化、高效化的未来。

第二部分
迁移和现代化

第三章
遗留资产现代化

决胜数字化转型

简介

  大型企业，仍依赖于大型机、传统 ERP 系统及单体应用程序，常陷入发布周期冗长、维护成本高昂、人才稀缺及平台性能与可扩展性受限等困境。为顺应客户日益增长的需求，企业迫切需加速创新步伐，实现产品快速上市。于是，这些企业纷纷踏上老旧遗留系统现代化转型之路。

  现代化进程致力于持续革新，将陈旧的应用与数据无缝迁移至尖端平台，旨在削减成本、加速创新步伐，并精准达成战略业务愿景。其核心追求涵盖增强系统的可维护性、加速产品上市周期、减轻技术负担、拓宽系统可扩展边界、提升服务品质和融合前沿技术，并奠定坚实的 DevOps 基础。

  企业对其核心遗留平台进行现代化改造，以提高敏捷性、降低成本、改善整体安全状况并实现战略业务目标。满足客户期望，响应市场动态，提高赢利能力，提高弹性和性能是现代化改造的重要驱动因素。在现代化改造过程中，企业也减少了他们的技术债务。

  将传统融入现代元素，可加速组织的创新步伐，使其敏锐捕捉市场动态并迅速响应。这一现代化转型赋予组织前所未有的灵活性，助力其动态拓展业务版图，深化客户互动，同时开辟多元化的收入来源与数字互动平台，引领未来潮流。

  采用现代技术，如基于云原生应用程序、基于分析和机器学习的平台、基于 DevSeCops 的发布管理以及容器和无服务器技术，使组织能够加速创新。

第 二 部 分
迁移和现代化

现代化的策略

软件现代化将遗留系统转型为基于组件的模块化系统。该过程包括程序理解、业务规则提取、接口理解等。基于用例，我们需要使用适当的现代化模式、最佳实践和工具来实现现代化。主要有五种现代化策略（称为 5-R 策略）——退役、保留、重新托管、重构平台和重构应用。我们在图 3.1 中描述了 5-R 现代化战略。

现代化的第一阶段是淘汰不必要的应用程序。库存分析是在现代化进程开始时进行的。从库存分析中深入了解服务器、基础设施组件及其利用率指标，淘汰那些不被使用或没有什么商业价值的应用程序和解决方案组件。分析要退出的应用程序的依赖关系，并将决策传达给所有涉众。此外，还会淘汰未使用或已退役的应用程序、接近生命周期的遗留应用程序、由新应用程序解决的重复功能以及具有最小商业价值的应用程序。

在保留阶段，多数应用程序因缺乏现代化更新而维持现状。针对那些几乎或完全无须现代化改造的遗留打包软件及类似应用采取保留策略。这包括那些在目标环境（如云端）中技术不被支持的应用，或是迁移无显著优势、缺乏业务动因，以及迁移技能不足的情况。此外，保留决策还涉及满足高度安全及合规要求的应用、严重依赖内部部署系统的应用，以及对延迟极为敏感的应用。

在重新托管阶段，我们致力于将现有应用程序升级并迁移至全新主机环境，旨在降低成本、增强可伸缩性、提升可用性及优化系统性能。具体而言，我们采取了更新主机的策略，作为云迁移的首要步骤，将内部服务器无缝迁移至云端，借此享受规模经济效应，实现成本效益最大化。同时，进一步将物理服务器转化为虚拟服务器架构，此举不仅提升了系统的可伸缩性，也进一步推动了成本优化。整个迁移过程依托云平台的强大基础设施即服务（IaaS）与先进的自动迁移工具，确保了迁移的顺利与高效。

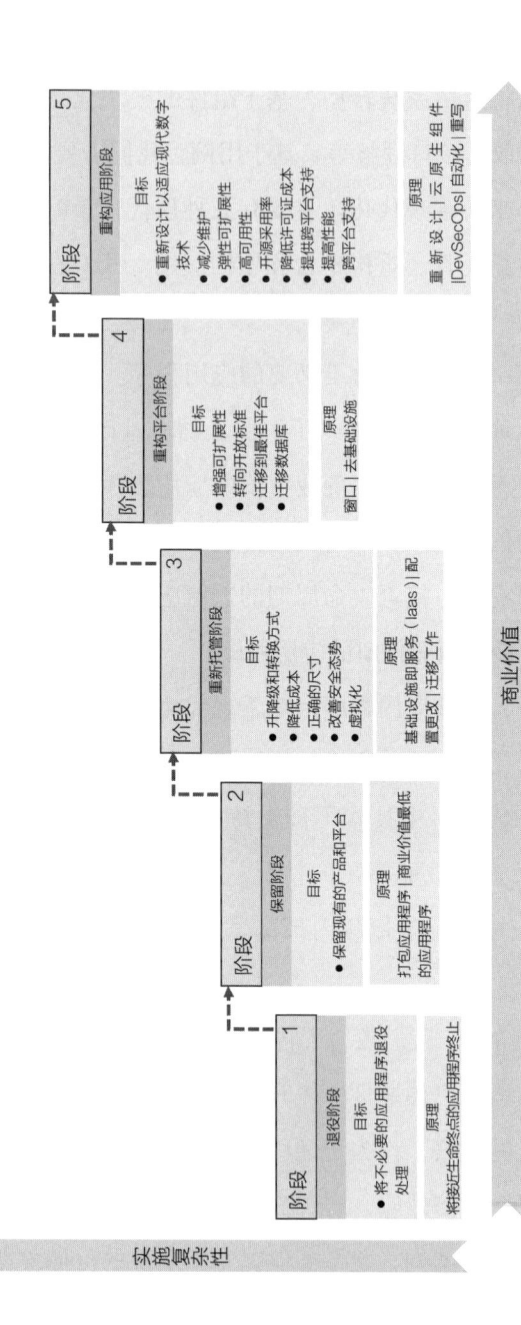

图 3.1 现代化战略

第 二 部 分
迁移和现代化

在重构平台阶段，我们将应用程序迁移到不同的平台，以提高可伸缩性、性能、可用性并降低成本。在重构平台的过程中改变底层的基础设施。重新搭建平台也是为了迁移到开源平台，并从专有标准迁移到开放标准。例如，将数据从专有数据库引擎迁移到开源数据库平台，如 MySQL 或 PostgreSQL。容器化现有的应用程序是重建平台实践的一个例子。

重构应用阶段聚焦于将旧有应用转型为前沿架构的宏伟蓝图。此过程堪称白盒现代化的典范，精髓在于洞悉并提炼代码，使之无缝融入现代技术生态。它不仅是编写新代码那么简单，更是对技术的深度革新与升级。重构旨在削减技术负担，赋予应用前所未有的扩展能力，并加固安全防线，实现成本与性能的双重飞跃。其中，将笨重的单体应用拆解为灵活的微服务架构，是重构实践的璀璨明珠，大大提升了系统的伸缩性。此外，将老旧应用迁移至云原生领域，如拥抱无服务器计算，或将传统会话安全机制革新为无状态会话模型，均属重构的经典案例。数据库层面，从 SQL 迈向 NoSQL，也是为适应更广泛的可扩展性而做出的明智抉择。同时，将构建流程全面云原生化，融入 DevSecOps 理念，更是重构战略中的关键一步。不仅如此，重构还是为软件注入新生命力的有效途径。无论是为既有系统增添全新功能，还是在云原生无服务器平台上重塑应用，都展现了重构在推动技术进步与业务创新方面的无限可能。

表 3.1 提供了 5-R 策略的主要用例。

表 3.1 5-R 策略用例

迁移策略	主要用例	例子
退役	未使用的应用程序、即将寿终正寝的遗留应用程序、由新应用程序处理的重复功能	退役未被团队使用的遗留报告应用程序，重复应用程序
保留	目标平台上不支持的技术，对于迁移没有优势或商业价值，没有技能及迁移的可用性	遗留打包应用程序

续表

迁移策略	主要用例	例子
重新托管	支持目标平台的应用，目标平台的成本优势	打包软件重新托管在新的合适大小的服务器上，将应用程序迁移到虚拟机、开发和非生产服务器上
重构平台	在目标平台上实现成本优势、可扩展性和高可用性	将应用容器化，将 SQL 数据库迁移到 NoSQL 数据库，将现有应用替换为 SaaS 平台，更改数据库或 COTS 平台，更改操作系统
重构应用	减少技术债务，优化成本，迁移到可扩展的现代技术堆栈，提高性能，提高安全性，添加额外的功能	将遗留应用程序迁移到无服务器，将单体应用程序迁移到微服务，将现有应用程序现代化到云原生技术，为现有软件添加新功能，应用程序接近生命周期，在云原生无服务器平台上重写应用程序

遗留资产现代化的最佳实践

在本节中，我们详细介绍了遗留资产现代化的常见最佳实践。

通过概念验证来验证迁移方法

为验证迁移策略的有效性，我们亟须实施概念验证（PoC）。在此过程中，选定一个复杂而典型的用例至关重要，随后运用精心挑选的迁移工具或策略来执行迁移作业。迁移策略大致可归结为三大类：提升与转移/重新托管策略，旨在将既有应用无缝迁移至全新平台；重构平台化策略，针对遗留应用进行平台迁移；重构策略，则是以现代技术为基石，对遗留应用进行全面重写。值得注意的是，对于已规划退出或维持现状的应用程序，将不在此次迁移范畴之内。

在 PoC 阶段，我们精心评估了迁移单一功能的耗时，以及其对业务层面的影响，并深入考量了安全性、性能、可用性和可伸缩性等非功能特性的表现。这一细致的评估过程，为我们锁定了最为适宜的迁移策略。随着 PoC 的圆满结束，我们随即转向探索自动化迁移步骤的可行性，以期进一步提升效率与精确度。

第二部分
迁移和现代化

迭代迁移

首轮迭代应聚焦于速战速决，聚焦于迁移非核心应用及低依赖模块，以迅速取得成果。我们将采用在 PoC 阶段验证成功的迁移策略，为后续更复杂应用的迁移奠定坚实基础。随着进程推进，我们将逐步挑战更复杂的应用迁移任务。

迁移计划

在迁移策略的执行中，我们精心编制了旧有应用程序的详尽清单。此清单详尽收录了硬件资源的细微之处，如处理器配置、网络设备详情与管理程序类型，同时涵盖了服务器的资源利用等关键遥测数据。此外，还详尽记录了运行库、操作系统版本、编程语言、中间件以及打包软件等核心要素。进一步地，深入分析了应用间的依赖关系，构建了依赖映射图，并据此巧妙划分出"迁移群组"——这些群组内的应用程序彼此紧密相依，且共享相似的软件栈需求。依托这些迁移群组，我们高效规划了逐步迁移的策略，确保过程有序且高效。

确定应用程序的业务优先级，并相应地计划迭代。我们使用在 PoC 中经过验证的迁移工具，并使用适当的迁移模式。

迁移自动化

利用工具自动化作为普遍推崇的策略，加速迁移进程并极力降低对业务的干扰。我们精心设计了迁移脚本，以实现数据迁移、应用迁移及所有结构化迁移流程的自动化执行。同时，构建了 DevSecOps 流水线，以自动化目标平台上的测试与发布管理流程，确保高效与顺畅。

对遗留数据存储进行现代化

将数据从遗留数据迁移到现代数据平台，如 SQL 和 NoSQL 数据库，以提高敏捷性和可伸缩性。

数据库现代化

遗留应用程序普遍依赖关系数据库处理各类数据需求，尤其擅长于维护如财务数据等需严格结构化的信息。然而，面对现代应用的海量数据处理需求及数百万用户的扩展挑战，数据的高速变化与多样性呼唤着更为灵活的数据管理方案。

以下是实现数据库现代化的核心策略概览。

迁移到托管的开源数据库

在迈向现代化的征途中，我们已从专属数据库迈向了托管的开源数据库架构。此举不仅优化了高昂的许可费用，还促使组织积极拥抱开源生态，有效规避了供应商依赖的风险。更进一步的是，受管理的开源平台注入了强劲的性能提升，助力业务发展。当今，先进的云平台已备好了一系列托管开源数据库解决方案，无缝对接你的既有数据库迁移需求。

最适合用例的数据库引擎

现代应用程序广泛采用多种数据形态，涵盖结构化、半结构化乃至非结构化数据（如文档、文本文件等）。针对结构化数据管理的核心需求，关系数据库引擎无疑是最佳选择。然而，在处理非结构化或半结构化数据时，NoSQL 或文档数据库以其卓越的可扩展性和高性能脱颖而出，成为不可或缺的技术支撑。

基于用例，我们选择最合适的数据库引擎。此策略有助于用例的高可伸缩性和最佳性能。表 3.2 提供了适合用例的数据库引擎列表。

表 3.2　数据库适配

举例	合适的数据库平台	数据库引擎举例
管理结构化的关系数据。模式性，强一致性和支持 ACID 事务。例如财务数据	关系数据库引擎	MySQL, Oracle, SQL Server, PostgreSQL, IBM DB2, MariaDB
管理文档及其元数据；根据其元数据搜索文档。例如内容管理和文档管理系统	文档存储	MongoDB, NoSQL Database, Amazon DocumentDB
建立数据之间的关系；使用关系进行推荐	图形数据库	Neptune, GraphQL, Neo4j

第二部分
迁移和现代化

续表

举例	合适的数据库平台	数据库引擎举例
持久化键值对；需要提供最终的一致性，需要快速读取、高吞吐量和高可扩展性，例如会话数据	NoSQL 数据库，缓存平台	Amazon DynamoDB Redis, Memcached
为数据开发超低延迟、高度可扩展的访问存储。例如应用程序缓存和实时分析	内存数据库	Redis, Memcached
管理时间序列数据，如物联网事件数据	时间流数据库	Amazon Timestream
遗留数据存储（如网络数据库、索引数据库、平面文件、索引数据库）	关系型数据库引擎或 NoSQL 数据库引擎	MySQL, Oracle, SQL Server, PostgreSQL, Amazon DynamoDB Redis

迁移到云原生数据库

公共云平台提供云原生数据库，可以很容易地与基于云的应用程序集成。迁移到云原生数据库为数据库开发人员提供了自由和灵活性，使他们能够专注于云处理的高价值活动，如核心业务逻辑、模式设计、查询调优和数据库可管理性（如备份、修补）。云数据库引擎根据其使用情况定价，也可以在无服务器模式下使用。

数据共存和数据同步

在现代化过程中，当前数据库与新数据库共存，直到所有应用程序和数据完全迁移到新的平台。在这种情况下，我们需要跨两个数据库进行数据的双向同步。表 3.3 提供了数据库间数据同步的各种方法。

表 3.3 数据同步方法

数据同步	简要介绍	适用的场景
同步数据复制	跨数据存储实时同步复制数据	强一致的事务场景，数据库双活复制、近容灾场景、低延迟事务

续表

数据同步	简要介绍	适用的场景
异步数据复制	数据异步复制	最终一致的场景，支持自动重试和自动故障处理场景、远容灾场景、高延迟事务；基于事件的架构
变更数据捕获（CDC）	对数据的更改作为事件捕获并发送到目标数据库	近乎实时的数据复制、分析和报告场景

服务现代化

服务现代化本质上涉及将遗留的单一应用程序转换为微服务。微服务采用的主要驱动因素是高可伸缩性和弹性、高可维护性、更短的上市时间、支持 DevOps，云适用性，多元编程和多元持久性。我们将在第五章中讨论服务现代化。

现代化的路径

企业实现现代化的途径多种多样。在本节中，我们详细介绍了流行的现代化路径。

转向开源

组织正积极转型，从依赖许可或专有软件转向拥抱开放源码解决方案，旨在摆脱供应商束缚并显著降低运营成本。此举措不仅旨在消除长期锁定风险，还促进了技术栈的标准化与无缝集成，为组织带来了前所未有的灵活性与创新空间。

Serverless 功能

无服务器功能可以通过安全端点访问。用户可以专注于开发业务逻辑，而所有其他问题，如服务器供应、服务器维护、安全性、可用性和可伸缩性，都由无服务器平台处理。许多公共云平台提供无服务器功能。用户可以通过无服务器功能更快地进行创新。

云原生托管服务

公共云平台为数据库、中间件系统、文档管理系统等核心平台提供托管服

第 二 部 分
迁移和现代化

务或平台即服务（PaaS）。云原生托管平台确保了高可用性和安全性，并减少了用户的系统维护负担，例如补丁、升级等。用户现在可以通过缩短产品上市时间和优化业务逻辑，专注于他们的核心产品和服务。

容器化

容器是打包主应用程序及其依赖项的单元。我们可以使用容器在各种环境中构建自动伸缩和自动修复的应用程序。遗留的单体应用程序被转换为微服务，并作为容器部署。

低代码与无代码平台

低代码与无代码平台通过直观的用户界面（UI），如拖放、点击操作等可视化工具，简化了应用程序的开发流程。实例涵盖报告构建器、公民应用程序平台及工作流建模器等，展现了其广泛的应用潜力。此外，这些平台还支持将传统遗留应用迁移其上，以显著提升用户接纳度与整体体验。

表 3.4 提供了各种迁移路径的详细用例。

表 3.4 各种迁移路径的用例

迁移路径	用例	例子
采用开源	标准化技术栈，降低许可成本，避免厂商依赖	专有数据库为 MySQL；Linux 专有操作系统
Serverless 函数	避免基础设施管理开销和维护，专注于业务逻辑	批处理作业，数据处理作业
云原生托管服务	避免无区别的平台维护活动，更快的上市速度	托管数据库，托管中间件
容器化	高可扩展性，弹性，高性能，高可用性，批处理	将遗留的单体迁移到运行在容器上的微服务
低代码与无代码	高用户体验，直观的界面，商业友好的平台，无须编码	报告系统，公民申请

现代化的场景

在本节中，我们将讨论各种现代化场景，如遗留 Java 现代化、大型机现代化、芯片架构变更、批处理作业现代化、操作系统现代化和打包软件现代化。

遗留 Java 现代化

企业已经为各种用例（如 Web 应用程序、服务器应用程序、批处理作业等）构建了基于遗留 Java 的单体。遗留的基于 Java 的单体的主要现代化途径是将应用程序容器化。Java 应用的容器化帮助组织提高了弹性（通过基于容器的自动扩展和自修复特性）、可伸缩性、可用性和敏捷性（容器可移植性和 DevOps 自动化减少了上市时间）。由于容器化各种各样的应用程序是可能的，组织可以使用开源技术来降低成本。

遗留的 Java 单体应用可通过如 Spring Boot 等框架优雅转型为微服务架构。我们深入探讨了从单体迈向微服务这一现代化转型路径。微服务作为独立自给的单元，集成了所有必要的依赖与库，实现了高度的封装性。通过将应用依赖全面打包至单一容器内，我们简化了部署流程。此后，依托容器化技术，我们能够以工厂化模式快速复制并部署更多应用与服务。部署完成后，借助多元化指标如性能、响应时间、可用性及资源利用率等，实现对容器的全面监控与优化。

遗留 Java 现代化示例

传统 Java 平台常伴随紧密集成的表示层、业务逻辑层与数据库层，形成一体化的应用架构。我们聚焦于用户体验优化、创新加速、无缝整合、智能融入及流程精炼等核心理念，对此类平台实施现代化转型，如图 3.2 所示。针对 Java Server Pages（JSP）构建的旧有表示层，我们引入现代 UX/UI 设计理念，以轻量化、高效能的界面组件重构，打造直观且跨渠道的无缝体验。更进一步，我们利用用户行为分析与交易数据洞察，实现个性化的用户体验定制，让每一次交互都更加贴心。

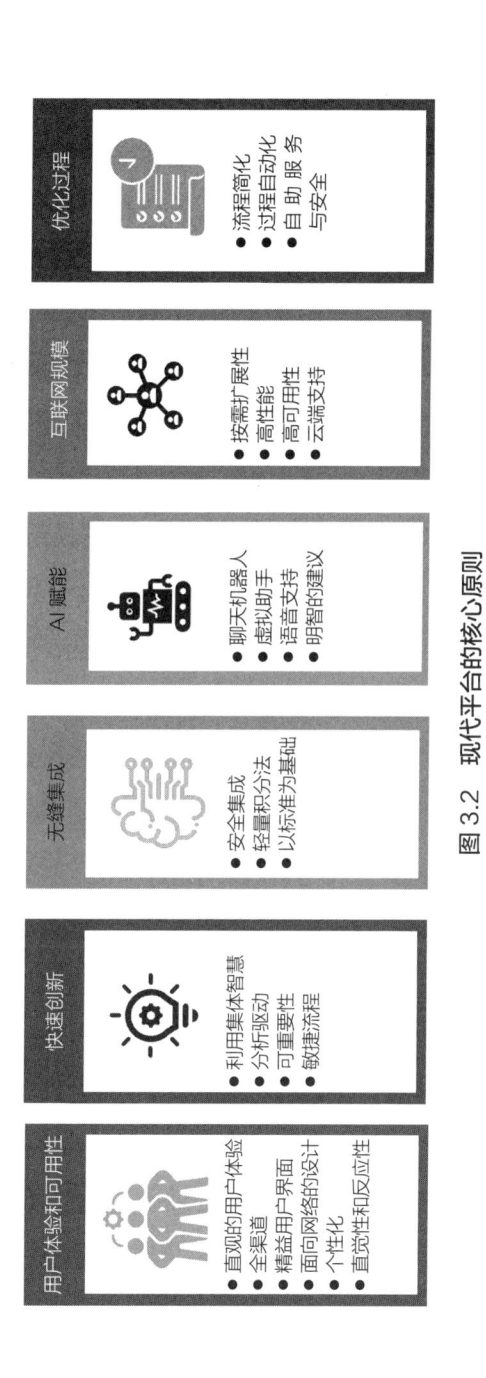

第二部分
迁移和现代化

优化过程	互联网规模	AI 赋能	无缝集成	快速创新	用户体验和可用性
• 流程简化 • 过程自动化 • 自助服务 与安全	• 按需扩展性 • 高性能 • 高可用性 • 云端支持	• 聊天机器人 • 虚拟助手 • 语音支持 • 明智的建议	• 安全集成 • 轻量积分法 • 以标准为基础	• 利用集体智慧 • 分析驱动 • 可重要性 • 敏捷流程	• 直观的用户体验 • 全渠道 • 精益用户界面 • 面向网络的设计 • 个性化 • 直觉性和反应性

图 3.2 现代平台的核心原则

我们践行敏捷理念，如迅速试错与即时学习，加速创新步伐。依托深度用户数据分析，我们洞察先机。秉持开放标准与轻量化集成原则，我们确保系统无缝对接。引入聊天机器人、虚拟助手、智能搜索与推荐功能，打造前沿应用体验。依托云技术，我们赋予现代应用按需扩展的灵活性与卓越性能，实现真正的 Web 级扩展。同时，通过流程精简、自动化与自助服务的融合，我们持续优化流程效率。

我们在图 3.3 中描述了基于五个转换主题的遗留 Java 应用程序的现代化路线图示例。

为了使用遗留 Java 技术使遗留 Web 平台现代化，我们首先确定转换主题。我们描述了五个主要的转变主题：体验、自动化和创新、优化流程、无缝集成、可扩展性和可用性。我们确定了每个转换主题的主要活动，并且实现是通过几个阶段完成的，例如评估、计划、开发、试验、推出和照常营业，如图 3.3 所示。

作为体验转型主题的一部分，我们进行用户研究，定义用户角色，设计个性化和移动友好的用户体验。这涉及使用响应式设计将 JSP 重构为现代 JavaScript 框架。其他活动包括创建直观的信息架构和设计视觉主题和风格。作为创新和自动化主题的一部分，我们利用各种人工智能工具，如聊天机器人、虚拟助手和分析工具，来增强自动化。作为优化流程转换主题的一部分，我们对流程进行优化、简化和自动化。作为无缝集成转换主题的一部分，我们将单体迁移到微服务，使用开放的 API 标准并构建 API 平台。作为可伸缩性和可用性转换主题的一部分，我们进行云迁移，在云上安装合适大小的服务器，并提供按需可伸缩性。

银行系统现代化

银行正积极推进数字平台的革新之旅，致力于打造个性化且极具吸引力的客户体验。我们深入探讨现代化银行解决方案。

核心银行系统现代化是银行数字化转型的关键举措。我们可以在遗留的核心银行系统之上构建数字接口。现代数字银行还使用双核心银行平台——云原

第 二 部 分
迁移和现代化

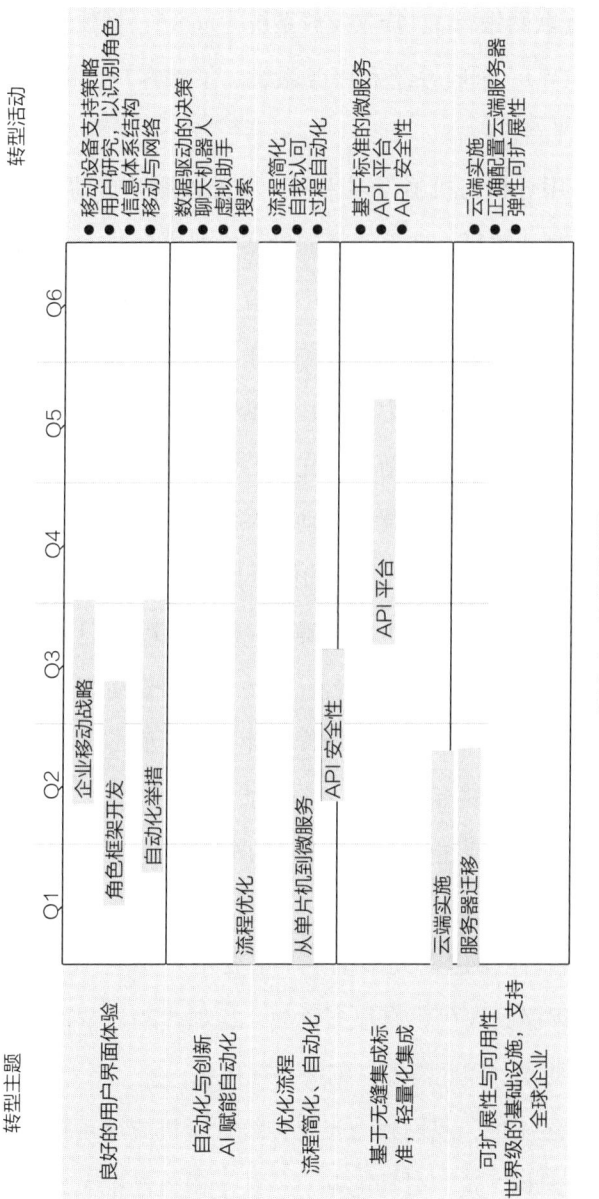

转型活动

- 移动设备支持策略
- 用户研究，以识别角色
- 信息体系结构
- 移动与网络
- 数据驱动的决策
- 聊天机器人
- 虚拟助手搜索
- 流程简化
- 自我认可
- 过程自动化
- 基于标准的微服务
- API 平台
- API 安全性
- 云端实施
- 正确配置云端服务器
- 弹性可扩展性

	Q1	Q2	Q3	Q4	Q5	Q6
		角色框架开发				
		自动化举措				
	流程优化					
	从单片机到微服务		API 安全性		API 平台	
	云端实施					
	服务器迁移					

转型主题

- 良好的用户界面体验
- 自动化与创新 AI 赋能自动化
- 优化流程 流程简化、自动化
- 基于无缝集成标准、轻量化集成
- 可扩展性与可用性 世界级的基础设施，支持全球企业

图 3.3 转换路线图

生核心处理来自数字渠道的大量交易，第二个主要核心处理核心银行交易。两个核心以批处理模式频繁同步。我们还可以将核心系统现代化，如数字银行（包括手机银行及互联网银行）、贷款发放系统（LOS）、贷款管理系统（LMS）、客户关系管理（CRM）、催收系统和库务系统、了解客户、视频银行等，将其构建为云原生数字平台。

银行正积极采用分析与机器学习平台，精准预测并自动化各项业务活动。众多银行已构建起交叉销售、向上销售的机器学习模型及多种预测模型，旨在显著提升赢利效能。此外，机器学习还广泛应用于信用评估、贷款审批、违约预测、文档自动化处理及个性化推荐等关键领域。客户服务方面，银行亦引入了人工智能与机器学习技术的强力支持，包括智能聊天机器人、语音助手、呼叫中心智能分析等功能，以及创新的"先享后付"服务。同时，通过数字银行分支机构、在线储蓄账户平台及营销自动化系统等数字化体验，银行正加速推进其现代化转型，为客户带来前所未有的便捷与高效。

开放银行平台是银行业的一个新兴趋势，通过 API 接口向外界公开和消费银行服务。银行纷纷建立 API 市场平台，携手金融科技组织，共同推进这一进程。该平台与支付平台紧密集成，为合作伙伴提供全面的保险与金融 API 即服务，构建起一个充满活力的银行生态系统。此外，现代银行还借助其他平台，安全地共享与使用数据，旨在为客户带来更加丰富与便捷的体验。

大型机现代化

遗留银行应用程序构建在大型机上（主要由 COBOL 代码和 CICS 屏幕组成）。大型机应用程序的现代化有很多挑战，比如代码复杂性、技能短缺、严格的安全性和存储要求，因此需要仔细规划现代化。

在大型机转型之旅中，我们致力于将传统大型机应用重塑为既可扩展又安全无虞的现代软件架构。这一过程的起点，在于深入剖析大型机应用的运作机理及其依赖体系。随后，我们精准定位目标技术栈，如微服务架构，并实施概念验证（PoC），全面考量其可行性、迁移成本、安全标准、性能表现等核心要

第 二 部 分
迁移和现代化

素。一旦 PoC 验证成功，我们便采用迭代策略，稳步将剩余功能迁移至新平台，确保转型之路既稳健又高效。

UI 现代化用于大型机系统，其中我们构建使用在大型机上运行的服务的新 UI。

大型机现代化的关键步骤如图 3.4 所示。

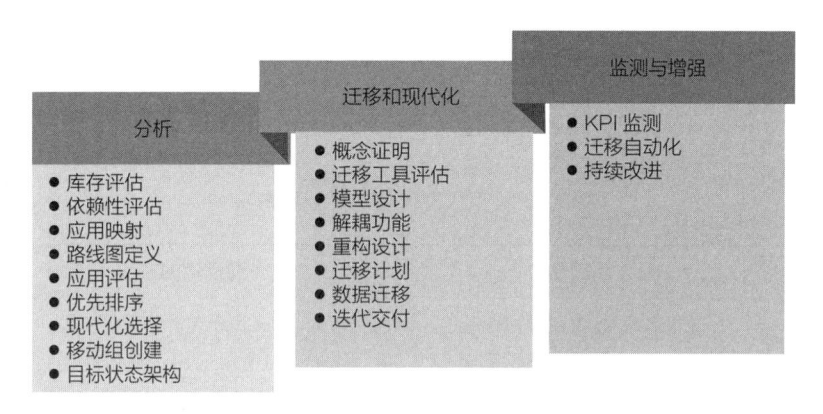

分析	迁移和现代化	监测与增强
• 库存评估 • 依赖性评估 • 应用映射 • 路线图定义 • 应用评估 • 优先排序 • 现代化选择 • 移动组创建 • 目标状态架构	• 概念证明 • 迁移工具评估 • 模型设计 • 解耦功能 • 重构设计 • 迁移计划 • 数据迁移 • 迭代交付	• KPI 监测 • 迁移自动化 • 持续改进

图 3.4　大型机现代化步骤

在分析阶段，我们精心编制应用程序与服务器清单，以实施深入的清单评估。借助定制的应用程序目录模板，我们系统性地收集服务器详细资料、利用率指标、相互依赖项等关键信息，确保无遗漏。附录 3.1 中展示了一个详尽的应用程序清单模板示例，直观呈现了我们的收集工作。为全面理解各应用的业务重要性及需求，我们从安全、基础设施、开发运维一体（DevOps）等多个维度进行综合评估。附录 3.2 内含一份精心设计的应用评估问卷样本，为评估工作提供了坚实的框架支持。基于详尽的评估结果，我们采用科学方法对应用程序进行优先级排序，并创新性地创建"移动组"，旨在将高度关联的应用程序作为整体，在同一迭代周期内高效迁移。面对多样化的迁移与现代化策略（如提升转移、彻底重构、重新平台化等），我们进行了全面的考量与对比，力求为每款应用找到最合适的转型路径。随后，我们精心规划目标状态架构与迁移路线图，明确划分迁移批次，并精准指定各批次所包含的应用程序，确保迁移过程既高效又有序。

在迁移和现代化阶段，我们执行概念验证（PoC）来验证迁移方法。我们评估可以用来自动化迁移的迁移工具。我们定义了目标状态体系结构，包括目标状态域模型和目标状态应用程序和数据库体系结构。对于重构练习，我们解耦模块并消除依赖。我们启动数据迁移和迭代应用程序迁移。

在监视与增强阶段，我们根据评估阶段收集的非功能需求（NFR）监视迁移应用程序的关键性能指标和度量。我们使用这些工具来自动化迁移并探索持续改进选项。

表 3.5 提供了处理大型机现代化的常用方法。

表 3.5 大型机现代化的挑战和方法

挑战	简介	现代化的方法
遗留硬件平台	现代软件不能在遗留平台上运行，存在可伸缩性和可用性问题	硬件仿真（如 CICS 或批处理仿真器）遗留应用，服务启用遗留应用，在可能的情况下重新搭建应用平台，重构/重写遗留应用程序
复杂的软件	具有数百万行代码的单体应用程序，各个模块之间耦合	利用依赖映射工具并迭代地迁移应用程序具有低依赖性的应用程序
主机语言	具备 COBOL、汇编语言技能的人员	利用重构和转换工具
质量属性	性能和可用性	重构为现代平台，如容器和云原生应用程序，提供弹性可伸缩性和高性能
对商业的影响	对现有核心业务应用程序和用户的影响	通过 PoC 评估迁移可行性，进行迭代迁移，两个系统共存直到最终的割接
遗留的单体应用程序	遗留的 COBOL 单体应用程序	将单体重构为微服务，并使用 strangler 模式迭代地迁移微服务。利用自动化的 COBOL 到 Java 重构工具

芯片架构的变化

迁移至现代芯片架构，如 ARM 或 x86，是现代化进程中的关键一步。此举旨在削减成本、精简技术栈、淘汰过时硬件、规避技能过时风险，并拥抱灵活的即用即付定价模式，加速技术迭代与成本效益。

第二部分
迁移和现代化

启动迁移之初，我们采取了硬件模拟的方式，精准复刻了遗留源系统的各个组成部分，涵盖硬件基础、中间件架构及其他必要元素。随着进程深入，我们将应用程序代码精心重构至目标芯片平台，确保无缝对接与高效运行。鉴于现代应用程序结构（诸如容器化设计）天然具备与底层硬件解耦的特性，这一重构策略尤为受欢迎，成为我们实践的优选之路。

共存的混合模型是另一种转换方法，其中我们将应用程序和数据从遗留硬件平台迭代地迁移到现代平台。我们从需要较少重构工作的非关键应用程序开始，以了解迁移的可行性。在随后的迭代中，我们慢慢地迁移剩下的应用程序。在迁移完所有应用程序之前，应用程序数据将在两个平台之间同步。

重构方法用于与目标平台不兼容的应用程序。在这种情况下，我们手动重写应用程序，或者使用工具自动重构。

所有新的网络应用程序都将在新的体系结构上开发。

批处理作业现代化

使用作业控制语言（JCL）或控制语言（CL）开发的遗留批处理调度器应用程序通常调用遗留程序并共享数据。遗留批处理作业与相关模块一起被迁移，并且是同一移动组的一部分。

我们可以执行 PoC 来将遗留的批处理程序现代化到现代的批处理框架中，比如 Spring Batch 或基于 Java 的平台，并验证性能。

操作系统变更

组织正积极转向开放平台，如 Linux，以显著提升成本效益。基于 Java 等解释性语言构建的应用程序，得益于其跨平台特性，能够无缝迁移至不同操作系统［尽管需注意 Java 本机接口（JNI）及共享对象依赖的适配问题］。相比之下，C/C++ 等编译语言应用则需针对目标平台重新编译，以确保兼容与性能。

打包软件现代化

为推进打包软件的现代化转型，特别是企业资源规划（ERP）及报告平台等关键系统，我们亟须携手打包软件供应商，共同挖掘将其迁移至现代目标平台的潜力。重点机遇之一，即是将这些软件迁移至 Linux 操作系统，旨在优化成本结构，并通过容器化打包应用，显著提升系统的可伸缩性与弹性，从而引领软件架构迈向更加现代与高效的未来。

我们将在第十五章中讨论转换实用程序门户的遗留现代化案例研究。

总结

在本章中，我们讨论了遗留现代化场景和最佳实践。现代化是一个过程，在这个过程中，我们迭代地将遗留应用程序和数据转换为现代平台，以降低成本、加速创新并实现战略业务目标。企业对其核心遗留平台进行现代化，以提高敏捷性、降低成本、改善整体安全状况并实现战略业务目标。这五种现代化策略是退役（退役不使用或没有什么业务价值的应用程序和解决方案组件）、保留（保留不能迁移的应用程序）、重新托管（将现有应用程序提升并转移到新的主机上）、重构平台（将应用程序迁移到新的平台上）和重构应用（将现有应用程序重新设计为现代架构）。现代化的最佳实践是通过 PoC 进行迁移方法有效性验证、迭代迁移、迁移计划和自动化以及对遗留数据存储进行现代化。实现现代化的关键途径是转向开源、无服务器功能、云原生托管服务、容器化、低代码与无代码平台。

附录 3.1
应用程序目录模板

表 3.6　应用程序目录

一般指标	序号	示例 #1	例 #2
	设备名称	A	B
	PIP		
	应用程序名称	示例 1：登录门户	示例 2：门户数据库

第 二 部 分
迁移和现代化

续表

一般指标	技术堆栈	Java Spring Boot	MySQL 8.0
	设备类型（物理/虚拟）	虚拟服务器	物理
	CPU	2	4
	内存（GB）	16	16
	存储（GB）	100	150
	操作系统类型	Windows	Linux
	版本	2019 标准	RHEL 7.4
	许可证	正版操作系统	正版操作系统
	工作小时数/天	10	24
	接近刷新（是/否）	否	否
	临界（高/中/低）	危急	危急
	目的	用于入职用户的应用程序门户	用于应用程序门户的数据库
利用指标	CPU（峰值）	80	60
	CPU（平均）	15	30
	Mem（峰值）	90	70
	Mem（平均）	20	30
	多节点（是/否）	是	是
当前的扩展需求	节点/实例数	2	2
	最大并发用户/秒	20	20
	平均并发用户/秒	1	2
	应用程序可以部署在负载平衡器后面吗？（是/否）	是	是
安全	身份验证	MS AD	DB Native
	授权	角色	DB 的角色

续表

	加密	静态数据加密	静态数据加密
备份	备份要求	每日备份	每日增量备份，每周全量备份
质量指标	可用性 SLA	99.9	99.9
	预期响应时间	< 2 秒	< 0.5 秒
现代化	如果应用程序基于遗留技术，我们可以在云上实现现代化吗？（是/否）	是	是
	如果是，是否可以提供探索选项的详细信息	使用 React 前端的云原生，无服务器后端	使用托管云数据库
依赖关系	集成	连接到本地托管的 MS AD	不依赖
	所需的支持	是	是
	文件系统	/	是
	数据库	是	/
	是否有可能共享高级应用程序架构	是	是
	当前的挑战	应用程序在峰值负载期间存在性能问题	数据库经常面临死锁
	数据加密需求	静态加密	静态加密
	法规要求（报告、监视、灾难恢复、备份）	每周报告，DR, RPO/RTO 为 5 分钟	每周报告，DR, RPO/RTO 为 1 分钟

附录 3.2
申请评估问卷

在本附录中，我们详细介绍了在申请审批过程中通常会问的问题。

业务相关

■ 应用程序的业务关键性是什么？

第 二 部 分
迁移和现代化

- 预期的应用路线图是什么？
- 如果应用程序宕机，对业务有什么影响？

利益相关者相关

- 应用程序的业务干系人是谁？
- 谁是应用程序的技术干系人？

应用程序相关

- 应用程序的核心功能是什么？
- 应用程序的第三方库和依赖关系是什么？

产品相关

- 产品库存是否由团队维护？

开发方法相关

- 应用程序采用的开发模型是什么（如敏捷、瀑布等）？
- 团队是否维护质量指标（例如代码覆盖率、缺陷修复率等）？

安全相关

- 是否有安全设计文件？
- 如何管理应用程序的身份验证和授权？
- 应用程序的加密要求是什么？
- 进行了什么样的安全测试（渗透测试、黑盒测试等）？

DevOps 相关

- 是否开发了发布管理管道？
- 什么是自动化测试和代码质量度量？
- 应用程序的部署频率是多少？

平台相关

- 应用程序使用的操作系统是什么？
- 开发平台是什么（Java、.Net、NodeJS 等）？

数据库相关

- 数据库引擎和版本是什么？
- 如何在数据库中实现高可用性？
- 如何在数据库中管理灾难恢复？
- 数据库备份策略是什么？
- 数据库的存储要求是什么？

基础设施相关

- 是否配置了监控和通知设置？
- 是否配置了数据备份？

NFR 相关

- 与可用性、可扩展性相关的要求和服务水平协议（SLA）是什么？
- 应用程序的性能 SLA（延迟、响应时间）是多少？
- 应用程序的预期吞吐量是多少？

灾难恢复（DR）相关

- 恢复点目标 / 恢复时间目标（RPO/RTO）要求是什么？
- 当前的 DR 策略是什么？

架构相关

- 应用程序的架构和设计文档可以共享吗？

集成相关

- 应用程序依赖哪些系统、数据库和 API？
- 哪些应用程序和服务依赖于当前的应用程序？

杂项问题

- 无障碍设施有哪些相关要求？
- 有哪些监管和合规相关要求？
- 不同层使用的各种缓存框架有哪些？
- 变更管理流程是否为文件？

第四章

云迁移

简介

敏捷性与成本优化，作为数字化转型的双引擎，正引领众多企业驶向数字新纪元。企业纷纷将核心工作负载迁移至公共云平台，旨在加速创新步伐，拥抱敏捷变革，同时削减成本，并显著提升服务的可用性与可扩展性。面对现代应用程序中不可捉摸的用户负载，以及需求的瞬息万变，超大规模云平台以其卓越的按需可伸缩性，为企业提供了从容应对的坚实后盾。

云的主要优点是成本效率、无限存储、自动化、可维护性、快速部署、弹性可扩展性、互操作性和更快的新服务交付。最佳的资源利用率和更少的可维护性是云迁移的其他关键驱动因素。此外，企业可以通过更快速、更频繁地在云上进行实验，从而更快地进行创新。公共云还提供了随用随付模式的灵活性，企业可以使用它来优化成本。组织还希望通过迁移到公共云平台来实现弹性。组织还可以通过避免资源的过度供应来节省成本。云计算的主要商业价值是提高员工生产力、降低总拥有成本（TCO）、降低风险、高效运营和减少停机时间。

我们在图 4.1 中描述了云迁移主题以及云在业务、技术、运营、治理和安全方面的好处。主要业务类别中的转型主题是流程转型（通过自动化和使用云服务提高流程效率）、产品发布管理（通过在云上自动化和 DevSecOps 流程加速产品发布）、创新管理（通过在云上更快地进行实验）、数据资产化（通过构建基于数据的服务）和创造新的收入流（通过构建新的服务和启用新的渠道）。在云迁移过程中，我们可以实现的主要业务收益是降低 TCO、加速创新、降低

第 二 部 分
迁移和现代化

转型主题

- 安全
  - 身份与访问管理
  - 访问控制
  - 事件应对
  - 漏洞管理
  - 监管合规性

- 运营与治理
  - 产品管理
  - 持续集成与持续部署
  - 数据治理
  - DevSecOps
  - 资源的提供
  - 事件管理
  - 变更管理
  - 灾难恢复过程
  - 配置管理

- 技术
  - 采用开放标准和开放源码技术
  - 平台的管理与维护按需扩展

- 商业
  - 流程转型
  - 产品发布管理
  - 创新管理
  - 数据货币化
  - 创造新的收入来源
  - 便于部署
  - 敏捷性的提高

收益

- 改善总体安全态势
- 实时的威胁检测
- 改善基础设施保护

- 降低风险
- 自动化
- 更快的上市时间
- 高可用性
- 改进系统维护
- 改进的问题管理

- 减少技术债务
- 采用云原生托管服务
- 利用无服务器技术更快地创新
- 弹性可扩展性
- 增强复原力
- 减少停机时间

- 降低 TCO
- 加快创新
- 降低维护成本
- 提高生产力

图 4.1 云迁移主题

65

维护成本和提高生产力。技术方面的主要转型主题是标准化（其中我们采用开放标准和开源技术），减少技术债务和改进应用程序平台的维护，使用云原生和云管理服务的更快创新，弹性可扩展性（通过按需扩展资源），提高弹性（通过提供冗余云资源）和减少停机时间。

在运营和治理方面，主要的转型主题是高效的产品管理、通过DevSecOps进行持续集成和持续部署、数据治理、按需资源供应、事件管理、变更管理、灾难恢复流程和配置管理。我们可以获得诸如降低风险（通过敏捷流程）、自动化（通过机器学习方法）、更快的上市时间、改进的系统维护和改进的问题管理等好处。

在安全方面，我们可以通过云原生安全服务改变身份和访问管理。我们还可以重新设想与漏洞管理和法规遵从性相关的安全流程。与安全相关的主要好处是改进了安全态势，通过实时威胁情报进行实时威胁检测，以及改进了基础设施保护。

在本章中，我们将讨论云迁移方法、最佳实践和路线图以及云迁移案例研究。

云迁移选项

组织采用的四大类型的云迁移选项如下：

- **替换**：将数据层或业务层组件替换为云服务。例如，将本地数据库替换为亚马逊的Amazon RDS。
- **部分迁移**：我们将解决方案组件跨多个层迁移到云。例如，将Amazon EC2用于应用程序层，将Amazon RDS用于数据库层。
- **完全迁移**：其中整个解决方案堆栈使用直接迁移方法迁移到云。例如，通过在虚拟机上托管解决方案，将解决方案按原样迁移到AWS。
- **Cloudify 云端化**：使用云原生组件将应用程序重构为云。例如，对解决方案进行现代化改造以在AWS上使用无服务器。

可以使用我们在第三章中讨论的5-R迁移和现代化策略进行云迁移。我们

第 二 部 分
迁移和现代化

在表 4.1 中讨论了云迁移背景下的 5-R 策略。

表 4.1 云迁移的 5-R 迁移策略

迁移与现代化战略	云迁移详细信息	适用的用例
退役	不要迁移即将结束使用寿命的本地应用程序	不再使用的遗留本地应用程序和具有与现有现代应用程序相似功能的应用程序
保留	不要迁移没有现代化范围的本地应用程序	具有最小业务价值的打包应用程序和难以扩展和现代化的应用程序
重新托管	使用"提升-转移"策略将应用程序按原样迁移到云服务器;将本地应用程序重新托管到合适大小的云服务器上	自定义应用程序、数据库
重构平台	操作系统现代化,数据库平台现代化,服务器现代化;应用程序容器化	从专有操作系统和数据库迁移到云上的托管平台
重构应用(云端化,部分迁移)	使用现代云原生技术重新设计和重写应用程序	使用云原生技术和无服务器技术的新应用程序开发

云迁移用例

最终,面向客户的内部部署应用,鉴于其面临不可预测的流量高峰,成为云迁移的优选对象。云平台以其卓越的按需可伸缩性和高可用性,完美契合了这类应用的需求。此外,云迁移还尤为适合以下几类应用:一是业务核心、对高可用性有迫切需求的程序;二是需要快速迭代、频繁推向市场的前沿应用;三是接收频繁变更请求,需保持高度灵活性的系统;四是常遭中断困扰,亟须稳定运行的软件。这些应用,均能在云平台的支撑下,实现更高效的运营与更优质的服务体验。

云迁移框架

我们讨论了云迁移的各个阶段，并讨论了每个阶段的目标、活动和机制。

在图 4.2 中，我们详尽阐述了各阶段的流程及细节。在评估阶段，我们精心构建了云迁移的业务案例，利用精准匹配战略目标与云的诸多优势。进入设计阶段，我们全面评估了多种迁移策略，并精心设计了操作与治理模型，以确保迁移过程的顺利进行。而在迁移与现代化阶段，我们顺利将应用程序与数据迁移至云端，并持续推动其在云环境中的现代化进程。

我们将在随后的部分中详细讨论每个阶段。

评估阶段

组织的相关方需借助云迁移之力，顺利达成既定的战略业务愿景。我们精心策划，将核心战略目标——诸如成本效益最大化、敏捷性提升、发布流程加速以及维护负担减轻等，精准对接至云解决方案的各个关键要素之中。

踏上云迁移征途的首要之务，乃是赢取业务参与者的认可与支持，为此精心策划一份业务蓝图势在必行。这份蓝图的核心，在于详尽阐述云端部署方案在未来 5 年内所预期的总拥有成本，并将其与当前内部部署的财务概况进行深度对比分析，从而鲜明彰显云迁移所带来的诸多优势与长远利益。

在成本效益分析框架下，我们深入实施了应用程序清单与现有基础设施的全面评估。具体而言，第三章详尽阐述了应用清单模板与应用评估问卷的运用策略。利用精心设计的应用程序目录模板，我们精准捕捉了当前的资源利用率指标；而应用评估问卷则成为我们搜集技术生态系统详尽信息的得力工具。

获取应用程序与服务器指标后，我们可精准运用服务器优化配置（依据平均利用率精选适宜容量的机器）及自动化扩展策略（稳态负载由固定机器群支撑，峰值则灵活增配新服务器），以精算云环境等效成本。此外，作为评估关键，我们细致考量许可证与依赖关系需求，并将云迁移成本纳入考量，从而全

第 二 部 分
迁移和现代化

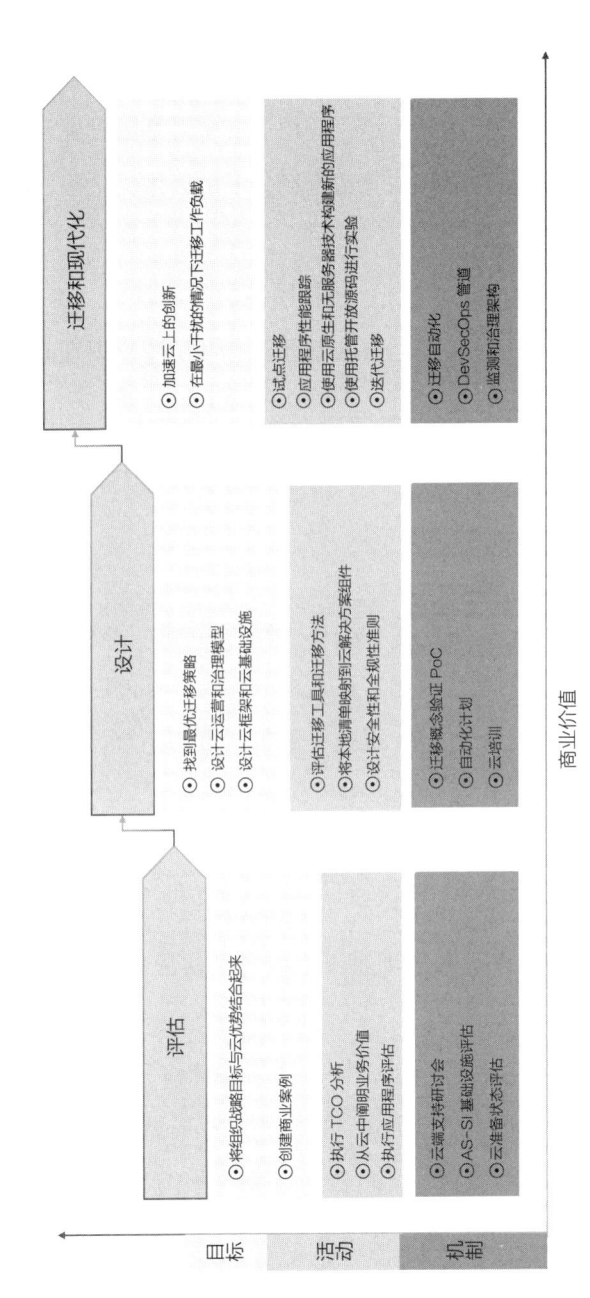

评估
- 将组织战略目标与云优势结合起来
- 创建商业案例
- 执行 TCO 分析
- 从云中阐明业务价值
- 执行应用程序评估
- 云端支持研讨会
- AS-IS 基础设施评估
- 云准备状态评估

设计
- 找到最优迁移策略
- 设计云运营和治理模型
- 设计云框架和云基础设施
- 评估迁移工具和迁移方法
- 将本地漏洞映射到云解决方案组件
- 设计安全性和全规性准则
- 迁移概念验证 PoC
- 自动化计划
- 云培训

迁移和现代化
- 加速云上的创新
- 在最小干扰的情况下迁移工作负载
- 试点迁移
- 应用程序性能跟踪
- 使用云原生和无服务器技术构建新的应用程序
- 使用托管开放源码进行实验
- 迭代迁移
- 迁移自动化
- DevSecOps 管道
- 监测和治理架构

目标 / 活动 / 机制

商业价值

图 4.2 云迁移阶段

面评估并得出云上总拥有成本。

组织领导者精心策划成本效益分析，细致对比云计算总拥有成本与内部部署的财务考量。在赢得业务伙伴对云转型的广泛认同后，随即启动云赋能研讨会，旨在深化组织内各关键团队（涵盖应用、安全、基础设施及网络等）对云端优势的认知。各团队将独立评估其特定场景下的云潜力上限，共绘云端转型蓝图。

我们还评估组织的云准备情况，包括团队的技能评估、流程成熟度评估、变更管理流程、交付流程评估等。云准备评估有助于用户识别差距并准备培训计划。

一旦我们获得了云迁移的业务批准并完成了评估，我们就进入了设计阶段。

设计阶段

在设计初期，我们深入剖析了迁移实践的精髓，聚焦于界定迁移的广度——是选择部分迁移的精细策略，还是采取完全迁移的宏伟蓝图。随后，我们细致评估了多样化的迁移路径（退役、保留、重新托管、重新平台或重构应用）。我们还定义了云操作和治理模型，以涵盖各种流程的自动化，如云资源配置、数据备份、灾难恢复、自动扩展等。

对于从评估阶段编译的应用程序和基础设施组件列表，我们将它们映射到等效的云解决方案组件。我们确定了可以自动化应用程序和数据迁移的迁移工具。

我们筹划了一场迁移冲刺行动，旨在集结并转移一系列应用至云端环境，其中，"轻松取胜"的候选应用已通过"提升与转移"策略被优先锁定。针对后续步骤，我们精心构建了"迁移小组"，它巧妙整合了彼此依存的应用集群，确保它们能以团体之姿，顺利实现云端迁移。

基于组织安全策略和法规遵从性需求，我们在云基础架构上定义适当的安全策略。云原生安全服务使组织能够提供细粒度的安全控制，如基于角色的授

第 二 部 分
迁移和现代化

权、加密、联合登录等。我们还定义了启用新云资源的安全防护（如配置新的虚拟机、启动数据库服务器、公开 Web 服务等）。

为了评估所选择迁移方法的可行性和效率，我们执行迁移概念验证（PoC）来验证迁移方法和迁移数据的完整性等方面。

一旦迁移方法最终确定并得到验证，我们将执行实际的迁移，作为迁移和现代化阶段的一部分。

迁移和现代化阶段

迁移和现代化阶段的主要目标是以最小的中断执行迁移，并加速云上的创新，以释放业务价值。

我们使用选择的迁移方法并分阶段执行迁移。为了最大限度地减少业务中断，我们使用双服务方法，即本地和云的服务端同时可用。一旦我们将服务完全迁移到云端，我们就关闭了本地服务端。我们还在本地和云数据库之间进行数据的双向同步，直到迁移完成。

我们使用云原生技术（如云管理平台和无服务器技术）构建新的应用程序。我们为新的应用尝试云原生技术。

我们设置了迁移自动化脚本（用于自动化迁移），DevSecOps 管道（用于无缝发布管理）以及监控和治理设置（用于实时监控和通知）。

现代化，创新和持续改进是持续进行的过程，并需要不断提高敏捷性，优化成本和提高自动化。

云迁移路线图

云迁移策略在精心规划的迭代周期内实施，旨在将风险与业务干扰降至最低。企业采取稳健步伐，首先聚焦于非核心工作负载的迁移作为试点，随后依据从初步迁移中汲取的宝贵经验，逐步且有序地推进剩余工作负载的迁移进程。

决胜数字化转型

我们在图 4.3 中描述了一个金融机构的 3 年云迁移路线图，将迁移维度大致分为基础阶段、现代化阶段和创新阶段。

作为基础架构转型的基石，我们深入开展了云迁移筹备评估，精准识别出适宜云端迁移的应用程序、服务器及关键网络元素。通过详尽收集服务器性能参数，特别是资源使用效率数据，我们确保了云上解决方案组件的精准匹配与高效部署。在云端，我们精心构建了初始基石，围绕安全性与最佳实践原则，打造了一系列云基础模块，涵盖虚拟网络架构、身份验证与授权体系，以及核心网络互联互通方案。作为这些构建块的核心，我们设立了云区域划分、强化网络连接，并构筑了坚固的安全防线。为确保组织安全策略的有效落地与法规遵循，我们在云基础设施层面明确了安全控制框架与运营治理机制。此外，我们还创立了卓越云中心（CCoE），该中心不仅确立了云迁移的战略蓝图、迁移路径及标准化流程，还在每一次迁移实践中融入了行业最佳实践。在未来的几年，我们将会致力于云基础设施与金融科技服务的深度融合。

作为迁移阶段的一部分，我们执行 PoC 来验证迁移方法。然后我们进行一个小的应用程序迁移试验。在成功的试点后，我们在第一年重新托管非关键应用程序和工作负载。我们记录了学习、最佳实践和自动化方法。在随后的几年中，我们使用最佳实践和自动化方法迁移关键应用程序。当一些应用程序和服务器使用"重新托管"选项按原样迁移时，我们重构和现代化其他应用程序，作为云"重构和现代化"阶段的一部分。我们将商业数据库和操作系统迁移到云上托管的开源平台，以降低许可证成本并更快地进行创新。我们从虚拟机转向容器和云上的无服务器技术，以扩展和优化成本。新的创新是在云上发起的，我们使用云原生的无服务器和托管的开源平台来利用云的优势，如弹性可扩展性、即用即付模式等。

作为"转型和创新"阶段的一部分，我们在云上建立了新的创新，比如数据湖（用于分析和报告用例）和机器学习模型（用于交叉销售、追加销售、预测、产品推荐等用例）。我们还为现有的应用程序启用了机器学习功能。我们打造深度客户参与服务，如聊天机器人、基于人工智能的搜索、人工智能驱动的推荐引

第 二 部 分
迁移和现代化

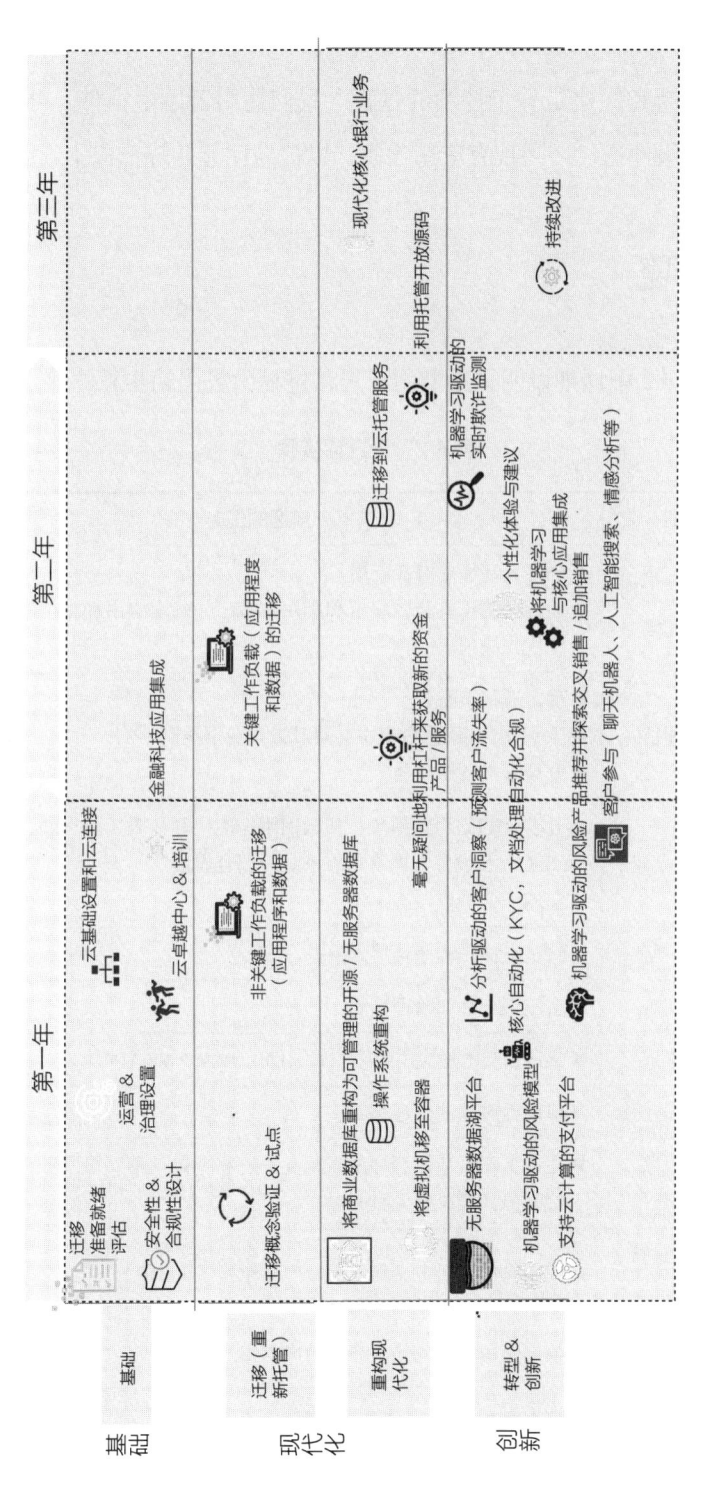

图 4.3 云迁移路线图

擎等。

云上的创新和优化是一个持续的过程。我们使用云原生组件、开源组件和云上无服务器组件迭代增强现有应用程序，以提高性能并降低成本。

云迁移步骤

我们在表 4.2 中详细说明了典型的云迁移过程中采用的步骤顺序。

表 4.2 云迁移步骤

序号	类别	详细的任务
1	应用程序识别和优先级	■ 确定云迁移的潜在应用 ■ 运行遥测工具来收集资源利用细节，并确定应用程序组的依赖关系和优先级列表
2	迁移评估	■ 确定迁移策略 ■ 识别 PII 和敏感数据，并对其进行安全控制 ■ 开展云准备研讨会
3	云基础设置	■ 开发云基础构建模块，如云网络、用户和权限、防火墙、单点登录（SSO）和设置与内部部署系统的混合连接 ■ 实施安全护栏
4	实验性迁移	■ 将试点应用程序迁移到云端
5	安全实现	■ 实施遵从性和治理控制
6	内部集成	■ 集成云与本地应用程序，如 SIEM、PAM、MS AD 等
7	应用程序迁移	■ 应用程序的迭代迁移
8	应用程序现代化	■ 在云上实现应用程序的现代化——将单体迁移到微服务，迁移到托管开源，迁移到无服务器
9	持续的运营改进	■ 使用操作手册定义和使用标准操作程序（SOP）
10	持续成本优化	■ 根据使用情况优化服务器的成本和大小
11	卓越云中心	■ 建立卓越云中心，推动云迁移

第 二 部 分
迁移和现代化

云迁移的关键成功因素

我们已经确定了云迁移的关键成功因素如下：

- **关注客户互动**。云迁移的成功取决于它对客户互动的影响。改善客户体验、高可用性、提高弹性和提高性能是在客户交互中发挥关键作用的因素。影响客户参与度的因素应该被量化，并成为我们在云迁移期间和之后跟踪的 KPI。

- **确定云迁移的业务驱动因素并将其映射到迁移解决方案组件**。在开始迁移之前，我们应该清楚地确定迁移的主要业务驱动因素。如果组织希望迁移到云以降低维护成本，在这种情况下，我们需要确定当前的维护挑战（例如手动系统维护），并将业务驱动因素映射到云解决方案组件（例如自动修补、自动监控、托管服务器维护、无服务器技术）。

- **迭代迁移**。由于迁移的应用程序各不相同，并且由于涉及数据迁移复杂性，建议评估最适合的迁移选项（退役、保留、重新托管、重构平台、重构应用）。优先考虑提供大部分业务价值的应用程序。

- **迁移和现代化方法以实现完全迁移**。当我们采用完全迁移方法将所有应用程序迁移到云时，我们可以使用"迁移和现代化"方法，其中我们最初使用直接迁移方法按原样进行迁移，然后使用托管服务和云原生服务在云上实现现代化。

- **基于 PoC 的迁移方法验证**。我们需要使用 PoC 验证迁移方法和迁移工具。我们应该明确定义 PoC 的成功标准。

- **强大的迁移计划**。迁移计划应确定可提供业务价值的应用程序的优先列表。我们根据应用程序之间的相互依赖关系创建应用程序组（或移动组）（例如，Web 门户及其数据库是移动组的一部分）。在第一次迭代中，我们包括了可以轻松迁移到云的快速致胜功能，而无须进行太多更改。在后续迭代中，我们根据业务优先级和复杂性迁移应用程序。

- **使用云原生技术的新开发**。通过利用云原生服务、云管理平台和无服务器技术，所有新开发都可以在云原生环境中完成。

- **技能培训和支持**。作为迁移规划的一部分，我们应该对现有团队进行学习和培训评估。学习评估确定与现有团队成员的技能差距，并在此基础上提出培训计划，使团队成员能够加速云创新。

- **迁移自动化**。作为迁移设计的一部分，我们应该确定可以自动化迁移活动的工具，例如数据迁移、数据转换、服务器迁移、数据备份等。

- **快速试验、快速失败和快速取胜**。使用敏捷哲学，经常使用云进行试验，以了解哪些有效，哪些无效。云服务可最大限度地降低实验成本，使组织能够更快地进行创新。

- **设计和监控云服务安全**。我们首先在云上复制本地安全控制，然后使用云原生安全来实施全面的安全态势。我们使用安全原则，例如深度防御、分层安全、零信任安全模型，在云上提供强大的安全基础设施。

- **定义和监控 KPI**。我们定义衡量业务目标和云迁移驱动因素的 KPI。各种类别中常用的 KPI 是与成本相关的 KPI（例如三年的 TCO、五年的成本节省、每年的维护成本节省），与敏捷性相关的 KPI（发布速度、每年的产品发布数量），与创新相关的 KPI（创建新的业务模型、创建新的收入流、数据资产收入）和非功能需求相关的 KPI（可用性指标、性能指标、可扩展性指标等）。

云迁移案例研究

在本节中，我们将讨论金融机构的云迁移之旅的案例研究。我们将讨论背景、关键业务驱动因素、云迁移过程和优势。

案例研究的背景

该金融机构为其客户提供各种金融服务，例如贷款服务、开户、账户管理、客户引导等。当前的技术生态系统混合了本地开发的自定义应用程序、传统门

第二部分
迁移和现代化

户和在本地运行的打包报告应用程序。随着该金融机构渴望扩展和创新,该组织已踏上云转型之旅。

关键业务驱动因素

该组织已经确定了云迁移的以下关键业务驱动因素:

- 构建云优先的敏捷解决方案平台,以提高客户参与度。
- 减少贷款处理和决策的前置时间——目前的贷款决策时间约为 4 小时,因为它涉及各种手动流程和审批。
- 加快客户引导时间并扩展解决方案以处理数百万客户。目前,平均客户引导时间为 1 天。
- 为金融机构和市场创建开放的 API 生态系统,将金融服务作为 API 公开给其他金融科技组织,以将数据和服务资产化。
- 消除资本支出,降低基础设施运维的 TCO。
- 将产品发布速度从 2 个月提高到 3 周。

当前技术栈

我们在表 4.3 中详细介绍了当前的技术栈。

表 4.3　本组织现有技术栈

应用程序	技术堆栈	简介
自定义登录门户	基于运行在虚拟机上的企业 Java 技术构建的单体应用	当前在高负载期间存在可伸缩性挑战的遗留应用程序
自定义服务层	服务组件作为整体的一部分	与表示层组件紧密耦合的重量级服务
企业数据库	Oracle 数据库	该数据库用于管理登录门户数据和客户文档
报告应用程序	在虚拟机上运行的自定义打包应用程序	第三方软件供应商提供的应用程序

续表

应用程序	技术堆栈	简介
中间件	企业服务总线（ESB）	用于与企业系统交互的中间件
信贷决策引擎	基于规则的系统	目前，信用决策引擎使用手动审批

云迁移流程

在本节中，我们描述了云迁移过程中各个阶段的活动。

评估阶段

我们已经确定了前面部分中给出的云迁移的战略目标。我们评估应用程序和服务器库存，以确定关键指标，如利用率指标、性能指标等。迁移团队还接受了云技能方面的培训，如云管理平台、无服务器技术、云安全控制等。

设计阶段

我们在表4.4中描述了迁移各种应用程序所采用的迁移策略。

表4.4 迁移策略

应用程序	采用的迁移策略	云迁移详细信息	迁移策略的基本原理
自定义登录门户	重构	使用现代 UI 框架（如 ReactJS）重新设计前端 构建门户后端 serverless	将传统升级为可扩展的云原生技术
定制服务层	重构	重新设计为微服务，并作为容器部署	现代化为可伸缩的微服务架构
企业数据库	平台重构	在云管理的开源数据库中管理关系数据；在云原生 NoSQL 数据库中管理文档	根据用例将其现代化为可伸缩且经济有效的数据库
报告应用程序	重新托管	将应用程序提升并转移到合适大小的云服务器上	无法进行现代化的第三方应用

第二部分
迁移和现代化

续表

应用程序	采用的迁移策略	云迁移详细信息	迁移策略的基本原理
中间件	重构	使用云管理的 API 网关	使应用程序现代化以提高可伸缩性
信贷决策引擎	重构	重新设计信用决策逻辑,使用云原生机器学习技术	使信贷决策过程自动化

迁移和现代化阶段

我们使用表 4.4 中的选择迁移策略来执行迁移和现代化。如图 4.4 所示,我们将迁移和现代化工作分为三类。

在基础构建阶段,我们精心构建了云迁移的核心要素。我们成功部署了基础云架构,并确立了稳固的网络与安全基线。为加速云技术的融入,我们在组织内部设立了云中心卓越组织(CCoE),负责引领变革,同时明晰云治理框架与策略导向。此外,我们通过实施迁移概念验证(POC),成功验证了将专有数据库(SQL)迁移至云管理的开源数据库及非专有数据库(NoSQL)的可行性。我们还周密规划了迁移阶段的冲刺计划,以确保迁移过程的高效与顺畅。

迁移之际,我们无缝地在适宜规模的云服务器上重启了封装好的应用,轻松迈出了第一步。同时,作为同次迭代的核心部分,我们一并迁移了关联的数据应用。随后,我们实施了重构迁移策略,对应用进行了深度改造:重塑用户界面(UI)以贴合个性化需求,并引入了云管理的开源数据库作为专有数据库的替代,分别用于高效管理结构化数据及存储非结构化文档,辅以非专有数据库。此外,我们还用可伸缩的云原生 API 网关替换了老旧的中间件,确保系统更加灵活与强健。

在现代化阶段,我们使用基于云的 ML 功能来自动化信贷决策和其他活动。我们使用云原生无服务器技术进行网络新开发,并不断提高云上工作负载的性能。

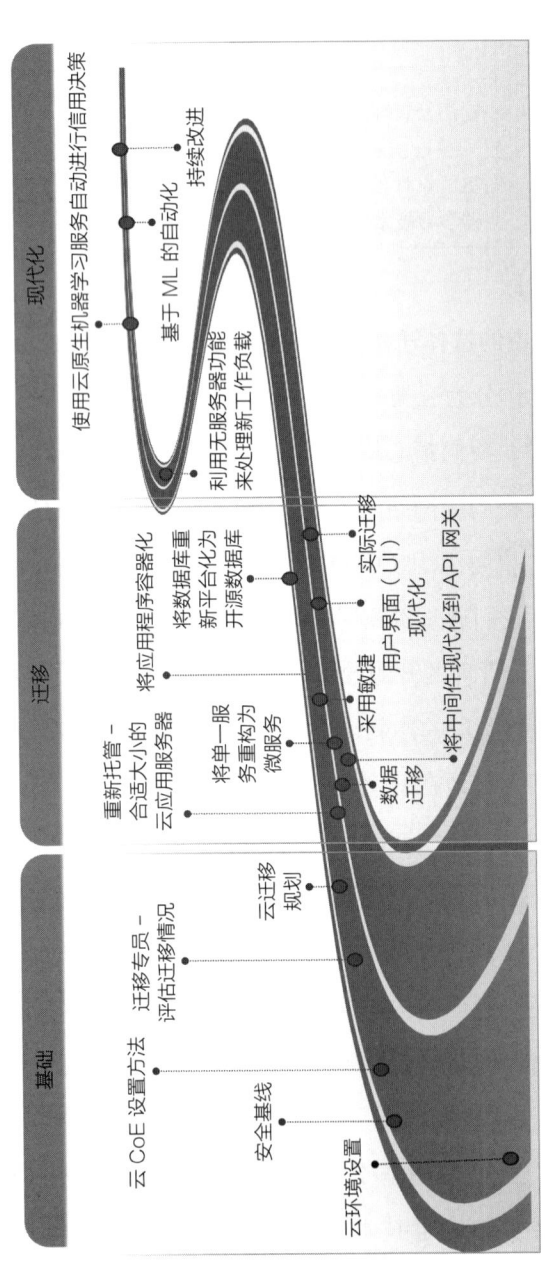

图 4.4 迁移和现代化阶段

第 二 部 分
迁移和现代化

好处

云迁移和现代化提供了以下好处：

- 由于自动化措施和云上的敏捷流程，该组织能够在 3 周内发布产品。
- 由于微服务的控制化、云管理 API 网关和 NoSQL 数据库的使用，各个解决方案组件的可扩展性得到提高。
- 该组织能够通过迁移到现代技术来减少技术债务。
- 由于自助式可扩展引导平台，客户引导时间从 1 天缩短到 5 分钟。
- 该组织能够创建一个开放的 API 生态系统。

总结

云迁移的核心优势显著，涵盖成本效益、创新加速、无限存储潜力、高度自动化、强化可维护性、极速部署能力、弹性扩展性、卓越互操作性及新服务交付的迅捷性。其转型焦点与收益跨越业务、技术、运营治理及安全四大维度。云迁移策略多样，包括替换、部分迁移、全面迁移及云化转型。实施过程细分为评估、设计、迁移与现代化三大阶段。评估阶段聚焦于战略业务目标与云优势的精准对接，通过云 TCO 分析、业务价值阐述及应用评估，选定最佳迁移路径，如重新托管、平台重构或应用优化，确保本地资源与云方案的精准映射。迁移与现代化阶段则强调迭代迁移，构建 DevSecOps 体系，持续优化监控流程。成功的云迁移离不开客户深度参与、精准的业务动因识别与方案映射、敏捷的 Sprint 迁移模式、基于 PoC 的验证、周密的迁移规划、云原生技术的创新应用、全面的技能培训与支持、高度自动化的迁移流程、稳固的云安全体系、快速迭代实验精神以及 KPI 的精准定义与严密监控。

第三部分
技术数字化转型

第五章

服务转型

简介

企业在数字化转型的征途上，常将应用程序现代化视为关键一环。这一过程涉及对现有应用及基础设施的全面革新，采用前沿技术，旨在削减技术债务的重负，解锁新兴业务潜能，优化成本结构，并加速创新的步伐。

应用程序的现代化转型，核心在于拥抱前沿的用户界面技术，并将传统单体架构优雅地重构为微服务架构。

同时，融入云原生及无服务器技术的力量，以加速创新步伐。在迈向微服务架构的征途中，精心规划至关重要。这要求我们深刻洞察现代化转型背后的关键业务驱动力、明确 KPI 指标，并识别促成成功的核心要素。在此基础上定义迁移计划、迭代微服务部署等。

在本章中，我们将讨论微服务的核心原则，以及将单体应用转变为微服务的流程步骤。我们还讨论了微服务模式、微服务最佳实践、微服务测试以及从单体到微服务转型的案例研究。

微服务

微服务是一种构建松散耦合服务的架构模式。微服务提供处理单一功能的模块化服务组件。微服务是独立可扩展的，技术独立并且可独立部署，提供开发敏捷性和部署灵活性。微服务围绕业务领域建模，并划分复杂性。因此，我们可以很容易地提高发布速度和规模。

第 三 部 分
技术数字化转型

微服务原理

在将单体重构为微服务的过程中，我们需要设计出满足微服务核心原则的微服务。本章节将深入剖析这些核心原则。

核心原则

我们将核心原则定义如下：

围绕业务功能建模——微服务架构精髓在于其紧密围绕业务功能而设计，铸就了高度内聚的特性。这一设计理念确保了每个服务都能独立承担特定的业务职责，进而促使所有服务间的依赖关系，如数据库交互，自然而然地融入服务部署的各个环节之中。数据流通则遵循清晰界定的接口规范，确保信息准确无误地传递给每一位消费者。

数据所有权——微服务不仅承载着业务逻辑，更拥有并管理着属于自己的数据世界。数据存储与服务本身紧密相连，共同部署，这种紧密的结合进一步提升了服务的独立性与灵活性。对于需要访问特定数据的微服务而言，它们能够通过精心设计的 API 接口轻松获取并缓存所需数据，实现数据的即时共享与高效利用。

可扩展性——在微服务架构下，我们追求的是一种能够轻松应对变化的系统能力。这意味着，在不影响现有功能稳定性的前提下，我们能够以最小的努力为系统增添新的功能组件。这种高度的可扩展性不仅加速了产品迭代的步伐，更为企业持续创新提供了强有力的技术支持。

单一职责原则——微服务架构的核心在于其精专性，每个服务应聚焦于单一业务职责，并独立掌管其专属数据域，确保职责界限清晰，互不侵扰。

渐进式设计——微服务的发展遵循迭代优化的路径，每次迭代都致力于功能完善与性能提升。借助蓝 / 绿部署策略与 DevSecOps 实践，我们能够安全、高效地推出新功能，确保服务持续进化而不中断现有业务。

稳健的容错设计——微服务应该能够优雅地处理错误，并且应该防止对其他微服务产生多米诺骨牌效应。冗余、基于需求的自动扩展、容错、健康检查、自动恢复、备份、分散的数据管理、安全测试、指数回退和自动监控是在设计故障时需要考虑的因素。

集成的原则

我们为微服务定义了以下与集成相关的原则：

异步调用。为了支持松耦合和事件驱动的架构，微服务应该异步通信。消息可以发送到队列（用于点对点通信）和主题（用于发布-订阅用例）提供系统的高可伸缩性。消费者应该通过轻量级交互协议（如 HTTP or REST）调用微服务。

频繁的、迭代的变更。对微服务的变更应该频繁地发布，这样我们才能更快地获得客户反馈，减少集成和部署风险。

松耦合。微服务具有高内聚性和低耦合性。微服务不应该对其他服务有任何依赖。在运行时，微服务使用异步通信模式并发布或订阅事件。松耦合还提高了微服务的可用性和可伸缩性。

封装。微服务应提供定义明确的 API 协定，并且不应公开内部业务逻辑。对内部业务逻辑的更改不应更改 API 协定。

无状态特性。微服务秉持无状态原则，不涉足状态数据管理，以此精简资源消耗，奠定无缝扩展的基石。

安全性强化。微服务架构确保仅授权用户能访问，同时集成基于令牌的安全机制，为服务访问构筑坚实防线。

高度自治。微服务作为自成一派的独立实体，不仅掌控自身业务能力，还独享数据资源，遵循自主演进之路。它们实现独立部署与灵活扩展，尽显自由与高效。

基础设施的原则

我们为微服务定义了以下与基础设施相关的原则：

独立可伸缩性。微服务是独立可伸缩的。我们可以在不影响其他服务的情

第 三 部 分
技术数字化转型

况下开发、部署和更改单个微服务。单个微服务可以根据特定于微服务的负载需求进行选择性扩展。

分布式。 微服务应该是水平可伸缩的，应该可以部署在不同的实例/节点上。

去中心化。 微服务应该去中心化，通过分发请求来避免任何单点故障。去中心化可以通过每个服务数据库模式（避免数据库和分散数据管理的单点故障）和 DevSecOps（用于自动发布管理）来实现。

独立部署。 微服务应该独立部署，不依赖于其他服务。

通过 DevSecOps 实现自动化。 微服务的构建、测试、部署和监控应该通过 DevSecOps 管道实现自动化。微服务应该支持持续交付和持续集成。

向微服务转型的驱动因素

单体服务到微服务的转型是组织承担的核心现代化活动之一。我们在表 5.1 中比较了单体服务和微服务的关键特征。

表 5.1 单体服务与微服务

特点	单体服务	微服务	微服务优势
部署	整个单体作为单个代码库部署，影响了发布时间	单个微服务部署。更容易、更快的部署	更快的释放时间
敏捷性	低模块化和更改需要重新部署整个单体	单独开发和部署，并且很容易吸收更改	更快的上市时间
可伸缩性	有状态的，可伸缩性有限	无状态且可独立扩展	高可伸缩性
成本	维护和增强成本高	维护和增强成本低	更低的成本
可维护性	变更的成本高	变更的成本低	简单的可维护性
可测试性	更高的测试工作	由于自动化减少了测试工作	简单的可测试性
弹性	由于系统的紧密耦合，单个模块的致命错误会影响系统的应用	故障是局部的，不会影响其他服务	高弹性

续表

特点	单体服务	微服务	微服务优势
灵活性	编程语言、框架和数据库的选择，需要调整整个应用程序	开发人员可以选择他们选择的程序和平台，并使用最适合用例的数据库（混合持久化）	更大的灵活性
数据管理	具有严格模式的集中式主数据库在模式更改、扩展和操作过程中提出了挑战的单点失败	混合持久化（特定于用例的数据库）提供灵活的模式更改、高可伸缩性和高性能	灵活、可扩展和可管理的数据库

单体到微服务的转型

遗留的单体应用程序是用紧密耦合的模块构建的，这些模块执行所有必需的功能。单体在一个层中拥有表示模块和业务逻辑。由于紧密耦合的本质，即使其中一个模块的一个小变化也需要部署整个单体应用程序，从而影响发布速度。单体也很难扩展，一个模块的故障会影响其他模块。

从单体到微服务的转换模式

我们采用多种模式将单体转换为微服务。在本节中，我们将通过示例讨论关键模式。

为了讨论从单体到微服务的转换，我们考虑了一个如图 5.1 所示的支付单体应用程序。支付整体是使用 Java Server Pages（JSP）在遗留用户界面平台上构建的，而业务服务（如支付、账户和注册服务）是作为紧密耦合的软件模块开发的。数据在集中的主数据库中进行集中管理。

在随后的部分中，我们描述了转型模式。

绞杀者（Strangler）模式

在该模式中，我们迭代地将单体模块转换为微服务。我们逐渐用微服务取

第三部分
技术数字化转型

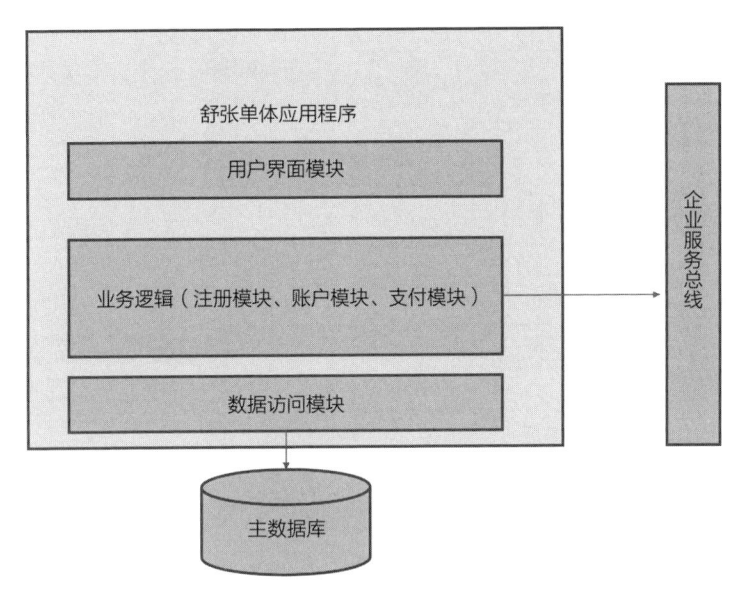

图 5.1 典型的单体应用

代单体。我们从与其他模块依赖最少的单体模块开始。我们将新功能开发为微服务。在所有现有的单体模块完全转换为微服务之前，新创建的微服务和现有的单体模块都将共存。

该模式通常被用作单体到微服务现代化之旅的起点，因为它提供了一个低风险的迁移选项。

我们在图 5.2 中描述了一个基于该模式的重构示例：在第一次迭代中，我们将支付模块隔离到具有自己的支付数据库的支付微服务（依赖项最少）中。由于注册模块和账户模块是将数据存储在主数据库中的整体应用程序的一部分，因此我们将主数据库与支付数据库同步。

在随后的迭代中，我们还为注册微服务和账户微服务创建了单独的数据库。

按业务能力模式分解

我们标识业务上下文，并根据业务上下文对模块和事件进行逻辑分组。业务上下文具有明确定义的边界，该边界还指定了所有权。基于业务能力的分解实现了松耦合。

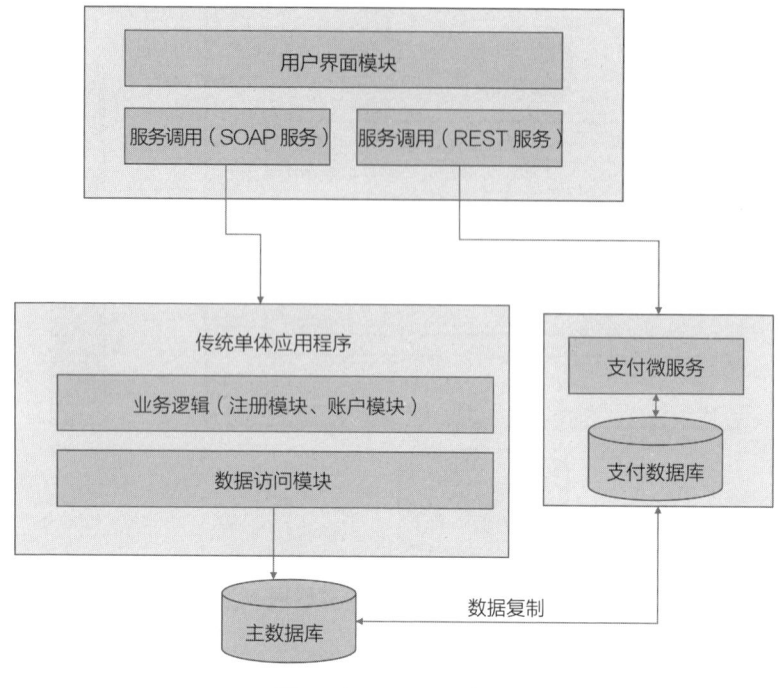

图 5.2 Strangler 模式

在图 5.3 中，我们创建了注册、账户和支付事务作为不同的微服务，就像注册、账户和支付是不同的业务功能一样。由于微服务拥有自己的业务数据，每个微服务都在单独的数据存储中管理自己的数据。

事件驱动架构模式

事件驱动架构用于微服务的大规模集成。我们根据业务域标识业务事件，服务既可以发布事件，也可以订阅事件。

事件溯源作为事件驱动架构的精髓模式，其核心在于命令触发事件的生成，随后这些事件被无缝存储于一个不可篡改、仅支持追加的日志型存储中。系统当前的状态，则是通过回溯并重新演绎这一系列有序事件而精准重建的。

对于图 5.1 中描述的支付整体，我们将事件分组到三个业务域——支付、账户和注册。所有与账户相关的事件（如账户创建、账户更新、账户删除）被分组到账户域；类似地，将支付事件（如付款完成、付款待处理）分组到支付

第 三 部 分
技术数字化转型

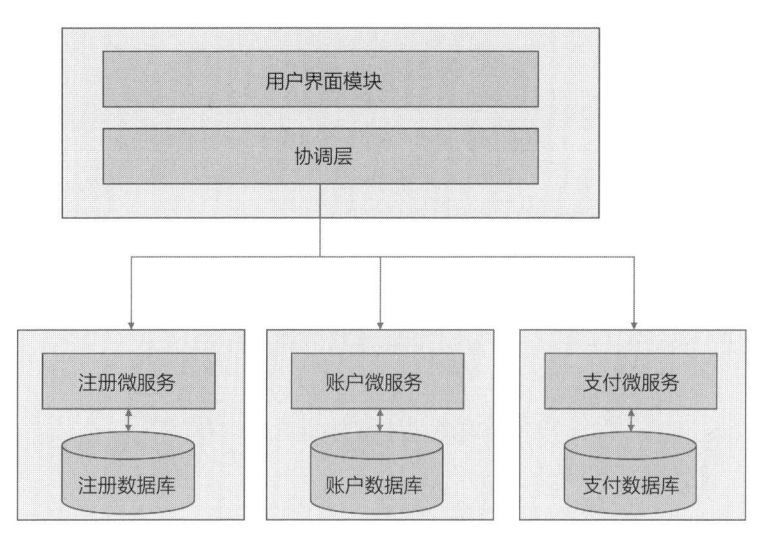

图 5.3 基于业务能力的分解

域,将注册事件(如需要批准、注册完成)分组到注册域。

每个微服务都订阅一个高可用性和高可伸缩的事件存储,如图 5.4 所示。事件存储具有不可变的仅追加事件列表。当用户注册到平台时,注册服务将事件(包含新注册的用户详细信息)发布到集中的事件存储库。订阅了事件存储的账户服务获取关于新用户的通知,并使用注册数据创建账户。当用户进行支付时,支付服务处理支付数据。

每个服务模式的数据库

我们采用多种持久性策略,巧妙应对单体应用的可伸缩性挑战。此策略精髓在于,为每一微服务量身定制专属数据库模式,确保各服务能根据其独特用例需求,选用最为匹配的数据库类型。如此,推荐系统灵活融入图形数据库的高效连接性,文档管理则拥抱文档数据库的丰富存储优势,购物车服务借助非专有数据库的灵活扩展性,而账户管理服务则稳守关系数据库的严谨一致性。每一服务独立可伸缩,共同编织出高效、灵活的系统架构。

在分布式数据库场景中,事务是通过均匀一致性处理的。跨越多个微服务的每个事务都通过唯一的关联 ID 进行关联。每个微服务都提供一个回滚功能。

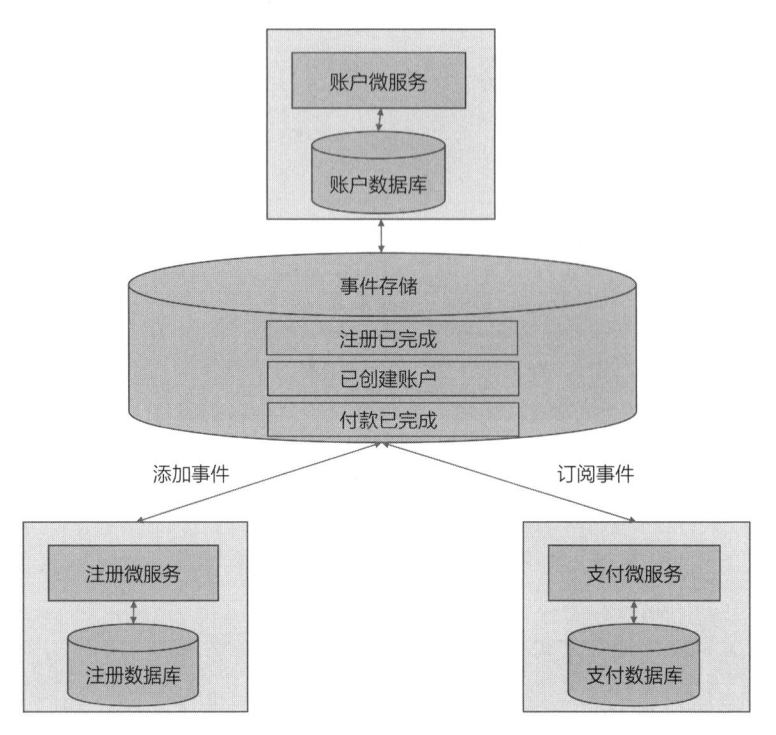

图 5.4 事件驱动架构

在故障期间，事务管理器使用关联 ID 调用所有涉及的微服务的回滚函数。

命令查询职责分离（CQRS）模式

数据存储通过将读取和命令（插入、更新、修改、删除）操作解耦，使读取和写入操作可以独立扩展，从而实现高可扩展性。CQRS 模式有助于多元持久性并实现最终的一致性。图 5.5 描述了带有事件源的 CQRS 模式，其中我们使用事件存储来存储写入事件，并使用缓存来存储只读事件。我们在图 5.5 中描述了带有事件源的 CQRS。

当客户端调用微服务上的写入命令（如数据插入、更新、删除）时，它将写入事件存储在事件存储中。来自事件存储的数据与缓存同步。读取微服务使用缓存中的数据进行读取操作和查询。

第三部分
技术数字化转型

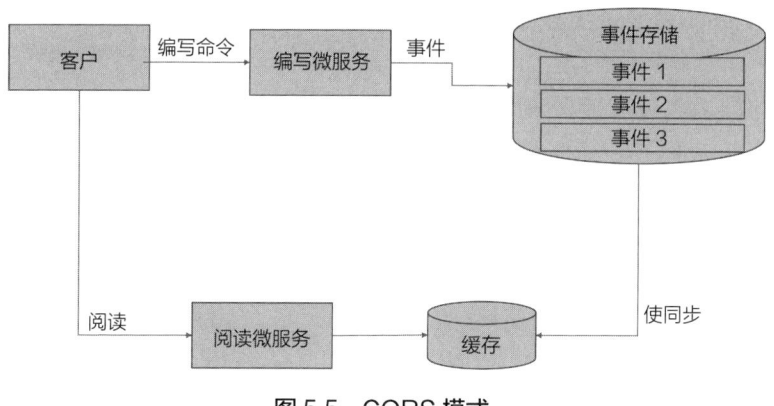

图 5.5　CQRS 模式

其他模式

下面我们给出了一些从单体到微服务转型过程中常用的其他模式：

网关（Façade）模式。Façade 充当所有客户端请求的单一入口点和网关，根据请求类型将请求路由到单体或微服务，并从实际服务详细信息中抽象出请求者。外观模式通常与绞杀者模式一起使用，以迭代方式迁移微服务。Façade 公开了在内部映射到许多细粒度微服务的粗粒度功能。

适配器（Adaptor）模式。适配器将一种数据格式转换为另一种数据格式，当两个服务使用不同的数据交换格式进行交互时使用。

Saga 模式。在 Saga 模式的编排器类型中，中央编排器协调所有微服务之间的序列。在 Saga 模式的动作编排（choreographer）类型中，微服务发送和响应事件。微服务将事件广播到消息代理，感兴趣的微服务使用它们。Saga 模式还支持补偿事件来处理回滚和失败。可观察性：监控、日志记录和跟踪——应使用相关 ID 跟踪跨微服务的事务，以获得跨各种微服务的可见性。日志数据应跨各种微服务聚合到一个集中位置。端到端性能的统一视图有助于识别性能瓶颈并更快地进行故障排除，解决性能瓶颈并更快地进行故障排除。

弹性模式。为了确保微服务的弹性，我们应该实施熔断器（避免可能失败的操作）、超时（在预先配置的持续时间后停止等待）、异步通信（异步调用服务）和指数退避（重试请求，每次重试之间的等待时间增加）等模式。

单体到微服务的转换阶段

单体向微服务的转型实践涵盖了详尽的规划蓝图。我们已深入剖析了转换路径的先决条件与核心阶段，这些均植根于业界验证的最佳实践。

我们详尽探讨从传统单体架构向微服务架构演进的战略规划，包括适用的设计模式及转型的每一关键环节。

上下文

单体应用程序具有紧密耦合的组件。解决各种问题（如安全性、表示和业务逻辑）的解决方案组件是单个应用程序的一部分。

先决条件

在开始转型约定之前，我们需要分析现有的整体应用程序。下面给出了在转型约定开始之前需要完成的一些先决条件。

按原样分析

我们应该分析现有的环境来理解底层的平台和框架，还应该了解当前平台的挑战（例如与可伸缩性相关的挑战或与性能相关的挑战），及评估组织是否准备好定义治理模型和培训计划。

技能分析

项目经理应该评估当前项目团队的技能。这有助于我们创建学习和培训计划，使现有的项目团队能够在微服务和现代技术（如容器、非专有数据库）上进行迁移。

成功因素及指标

项目经理应该清楚地了解移植的成功因素，应该确定业务驱动因素和成功指标（如上市时间、交付质量等）。

单体到微服务的转型阶段

我们从深入了解现有的整体服务开始，然后设计现代化规划蓝图。从单体到微服务的转型有几个阶段，如图 5.6 所示。

第三部分
技术数字化转型

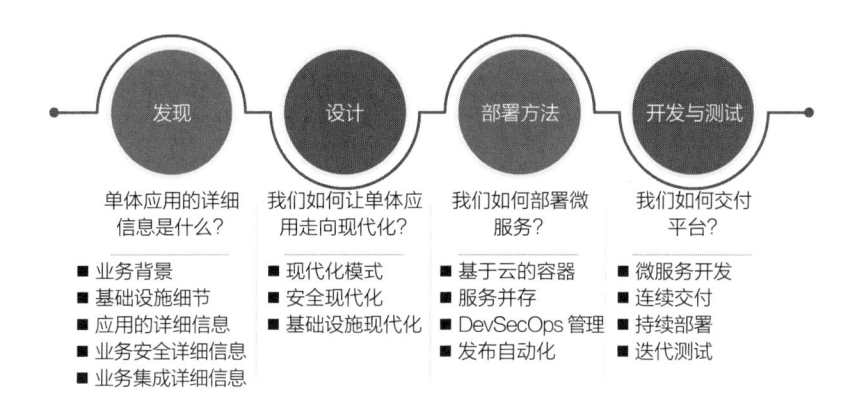

图 5.6　单体应用到微服务的转型阶段

发现 — 单体应用的详细信息是什么？
- 业务背景
- 基础设施细节
- 应用的详细信息
- 业务安全详细信息
- 业务集成详细信息

设计 — 我们如何让单体应用走向现代化？
- 现代化模式
- 安全现代化
- 基础设施现代化

部署方法 — 我们如何部署微服务？
- 基于云的容器
- 服务并存
- DevSecOps 管理
- 发布自动化

开发与测试 — 我们如何交付平台？
- 微服务开发
- 连续交付
- 持续部署
- 迭代测试

发现阶段

在发现阶段，我们收集整体生态系统的所有细节，包括基础设施、应用程序、安全性和集成。我们收集并分析现有平台的应用架构、基础架构和安全架构。

我们主要了解业务上下文、业务域和子域。这种见解有助于我们设计微服务。我们还了解其他细节，如多语言需求和渠道偏好（Web 应用程序或移动应用程序）。

在基础设施方面，我们收集了以下给出的详细信息：

- **核心基础设施细节**：收集服务器细节（如 Web 服务器、应用服务器、数据库服务器、文件服务器等的大小和容量），还收集网络组件（如交换机、路由器），安全组件（如防火墙、Web 应用防火墙用户目录）和所有其他相关组件的详细信息。

- **基础设施遥测**：收集基础设施组件的利用率指标，用于在目标环境中创建大小合适的基础设施组件。

- **流量指标**：收集关键流量指标，如每秒最大并发用户，每秒最大事务，平均和峰值负载以及每秒所需的输入/输出操作（IOPS），用于各种服务器。

- **其他基础设施组件**：在此类别中，收集现有备份任务、同步任务的详细信息。

■ 灾难恢复（DR）和业务连续性流程（BCP）：我们遵循恢复点目标（RPO）、恢复时间目标（RTO）和灾难恢复流程。这有助于我们在目标平台中设置等效的 DR 流程和同步作业。

■ 非功能性需求：在此类别中，我们收集了可用性指标、可扩展性指标（如支持的最大并发事务数）、性能指标（如响应时间和下载时间）的详细信息。

我们进行应用程序组合分析以了解以下详细信息：

■ 解决方案组件详细信息：解决方案组件的详细信息以及解决方案组件处理的业务逻辑。

■ 安全组件详细信息：在应用程序中处理身份验证、授权和基于角色的访问的安全组件的详细信息。

■ 实用程序组件详细信息：如缓存模块、日志记录模块、加密模块、异常处理模块等。

■ 集成细节：分析 API 和 API 合约、协议、数据转换要求等。

■ 核心应用细节：状态管理（无状态/有状态）、API 设计和存储等详细信息。

在数据库方面，我们了解数据模型、模式细节、存储过程细节、数据备份细节和其他细节。

我们获得应用程序的现有测试用例来理解测试场景。

设计阶段

为了将单体重构为微服务，我们主要评估了各种现代化模式，如绞杀者模式、网关模式、分解模式等。对于数据访问和分布式数据用例，我们评估了各种模式，如 CQRS、事件溯源、Saga 等。对于服务集成，我们将评估 REST 和 GraphQL 等协议的同步或异步模式。对于安全模块，我们评估了各种身份验证和授权方法，如无状态安全模型、OAuth 2.0 流、短期令牌等。对于服务文档，我们使用 OpenAPI、swagger 等。

我们还评估了可以帮助将现有的单体代码重构为微服务的工具。每种编程

第 三 部 分
技术数字化转型

语言都有支持微服务的框架（例如 Java 的 SpringBoot, Python 的 Flask），可以利用这些框架来实现这一目标。在数据库方面，有一些工具可以跨异构数据库迁移数据和模式。

由于这个阶段需要深入分析，我们在微服务设计部分讨论了方法和模式。

部署设计阶段

在此阶段，我们将评估部署选项。微服务最好使用基于云的容器（例如带有 Kubernetes 编排引擎的 Docker 容器）进行部署。容器为自包含微服务提供更快的启动、高扩展性和隔离的执行环境。在服务从单体式应用到微服务的迭代迁移过程中，两种服务共存，为了适应这种情况，我们评估了 API Gateway 等模式。同样，我们还评估了微服务相互通信的各种服务发现模式。

部署的重要方面是 DevSecOps 管道，它可以自动执行构建、测试、部署和发布活动。我们设计管道的各种组件。

开发和测试阶段

设计活动完成后，我们将现有的单体式架构迭代重构为微服务。我们利用 DevSecOps 管道持续构建、测试和部署微服务。

微服务设计

对于微服务设计，我们已经确定了如图 5.7 所示的四个关键阶段。在分析阶段，我们确定业务领域并定义微服务的主要候选对象。我们跨各个层（如身份验证、业务逻辑、数据、集成等）识别微服务。

下一步是设计阶段，我们从对其他功能（如身份验证服务、日志服务、缓存服务等）依赖最少的业务功能开始。我们使用其中一种模式（例如 Strangler 或基于业务功能的分解）来定义微服务的初始列表。然后，我们定义主要有效负载结构和 API 协定。我们通过打破依赖关系来开始将微服务与单体式架构解耦。由于微服务需要独立扩展，因此我们还提取了每个微服务的数据需求，并使用与微服务捆绑的适当数据持久性平台（例如 SQL 或 NoSQL 数据库）。创建特定于微服务的数据存储还需要从现有数据库迁移数据。在微服务设计过程中，我们确保新服务是无状态的，并根据服务的业务关键性确定服务的优先级。我们使用 12 要素应用原则（见下页）来设计微服务，以提供高可扩展性和高弹性。

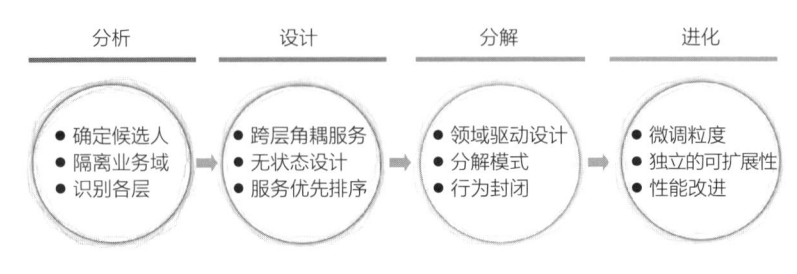

```
   分析              设计              分解              进化
┌────────┐      ┌────────┐      ┌────────┐      ┌────────┐
│● 确定候选人│   │● 跨层角耦服务│  │● 领域驱动设计│ │● 微调粒度│
│● 隔离业务域│   │● 无状态设计│   │● 分解模式│    │● 独立的可扩展性│
│● 识别各层│    │● 服务优先排序│  │● 行为封闭│    │● 性能改进│
└────────┘      └────────┘      └────────┘      └────────┘
```

图 5.7 微服务设计

我们从逻辑上与业务领域相关的宏服务开始，并遵循领域驱动的设计概念。定义的微服务应该封装业务功能和行为。首先，我们从一个更大的业务领域开始，然后迭代地创建粒度微服务。例如，我们从账户域开始创建宏服务，然后根据业务需求迭代创建精细服务，例如储蓄账户、往来账户等。

进化阶段是一个持续的优化和微调阶段。在这个阶段，我们会持续监控微服务，并根据需求改进其可扩展性和性能。我们必须确保微服务是可独立部署的。我们通常使用 API 网关来交付微服务和事件，以便在微服务之间交换数据。

我们将继续发展，直到整体中的所有功能都转化为微服务。

微服务最佳实践

下面给出了设计微服务时的关键最佳实践。

API 契约。创建具有良好定义的契约和有效负载结构的微服务和 API。输入和输出参数、参数数据类型、大小限制应明确定义。

抽象。微服务应该从客户那里抽象出业务逻辑。

开放标准。微服务应该采用开放标准，如 HTTP、基于 rest 的协议；基于 JSON、XML 的数据交换格式和基于 OAuth/SAML/OpenID 标准的安全处理。遵

第 三 部 分
技术数字化转型

守开放标准有助于更容易地与外部服务集成，并提供可伸缩性。

定义良好的响应代码。微服务应该提供定义良好的响应代码。

命名约定。对于 REST 微服务，使用名词（如账户、订单、购物车）作为资源，并在资源上使用动词来执行适当的创建、读取、更新、删除操作。

12 要素应用原则。将 12 要素应用原则与微服务原则结合起来，以提供一个可伸缩的、有弹性的微服务。表 5.2 提供了实现 12 要素应用的微服务最佳实践。

表 5.2　12 因素应用原则的实现

12 要素应用原则	微服务实现
代码库	版本控制系统（如 Git）；DevSecOps 基于流水线的自动化；分支策略
依赖关系	在配置文件中声明依赖项（例如 Package.json of node.js）；所有依赖项都打包为应用程序容器的一部分
配置	特定于环境的配置，部署在主机上
支持服务	为服务使用可解析的名称；使用像远程服务一样的本地服务
构建、发布、运行	使用容器构建工具和发布管理工具
无状态的过程	微服务将状态保存在事件存储或缓存平台（如 Redis）中
端口绑定	在特定端口上运行容器
并发性	根据主机容量，在容器上运行并发微服务
一次性用品	容器编排应该能够根据需要关闭和启动新容器
开发 / 生产奇偶校验	在开发环境和生产环境的容器上使用相同的映像
日志	将日志安全地存储在一个集中的位置
管理流程	像普通微服务一样运行管理微服务

微服务测试

每个微服务均独立进行自动化单元测试，确保各自功能的完整性。而在进行端到端测试时，我们则全面覆盖并整合所有相关的微服务，以确保系统整体流程的顺畅与稳定。

我们可以将测试作为 CI/CD[①] 管道的一部分进行集成，以实现测试自动化。我们在表 5.3 中描述了主要的测试工具。

表 5.3 微服务测试工具

测试类别	工具/框架
单元测试	Junit, Mockito
模拟服务	Dbunit, mockaroo
集成测试	TestNG, Spring Boot Test, REST-assured
功能测试	Selenium, Cucumber
负载测试	Apache JMeter, LoadUI
弹性测试	Gremlin, Chaos monkey
安全性测试	Synk, OWASP Zed Attack Proxy (ZAP), Burp suite

单元测试

微服务的单元测试用于测试微服务的各个方法或类。所有依赖项都被模拟。建议将单元测试自动化、隔离（验证特定方法或类）、幂等（可以在不影响状态的情况下调用）并频繁调用。

集成测试

集成测试验证 API 的服务契约。它验证 API 及其依赖项。

功能测试

功能测试验证组件的指定功能。功能测试用例验证组件的正向流和错误处理流。黑盒测试是一种功能测试，其中测试人员将组件视为黑盒，而不知道组

[①] 中文为持续集成/持续布署。——编者注

第三部分
技术数字化转型

件的内部工作原理,并验证组件的行为。

非功能性测试
作为非功能测试的一部分,我们验证应用程序的质量参数,如性能、可伸缩性和可用性。主要的非功能测试有负载测试、压力测试、弹性测试和性能测试。

负载测试
我们使用平均和峰值负载测试微服务,并监控资源。我们监控响应时间、资源利用率和计算资源的自动伸缩,以处理峰值负载。我们在负载测试中报告以下给定指标:

并发事务——微服务可以同时处理的并发事务的最大数量。

每秒事务数(TPS)——一秒内完成的事务总数。

延迟或事务完成时间——完成事务所花费的总时间。

压力测试
压力测试旨在了解应用程序的断点,并测试微服务的异常处理能力。对于压力测试,我们使用高于预期峰值负载的负载来测试微服务,以压倒资源并测试微服务的优雅失败行为。例如,如果预期的峰值负载是每秒 100 个并发用户,我们在压力测试中使用每秒 200 个并发用户,并监控资源利用率。

弹性测试
弹性测试旨在验证微服务从故障中恢复的能力。我们使用混沌工程注入故障来模拟真实世界的故障场景。例如,一个混沌工程工具可以随意关闭机器、阻塞端口、关闭路由器、终止进程、终止负载平衡器并执行模拟故障的活动。然后,我们测试微服务的弹性,看它如何处理故障转移、自动扩展等。

性能测试
审视 API 在常态及高峰流量条件下的响应时效,我们精确对比了 95% 及 99% 分位数的响应时间与预设的基准性能 SLA 指标,以确保其达标。

安全性测试
执行这些安全测试是为了发现微服务中的安全漏洞。我们测试了 OWASP

十大漏洞，如注入攻击、跨站脚本攻击、权限升级攻击、弱安全配置、身份验证漏洞、弱密码等。

单体服务到微服务的转型案例研究

在本节中，我们将讨论一个将单体转换为云上托管的微服务的案例研究。在这个案例研究中，我们讨论了将单体服务转型为微服务的转型步骤和模式。

Monolith 应用的背景

我们已经在图 5.8 中描述了这个单体应用程序。

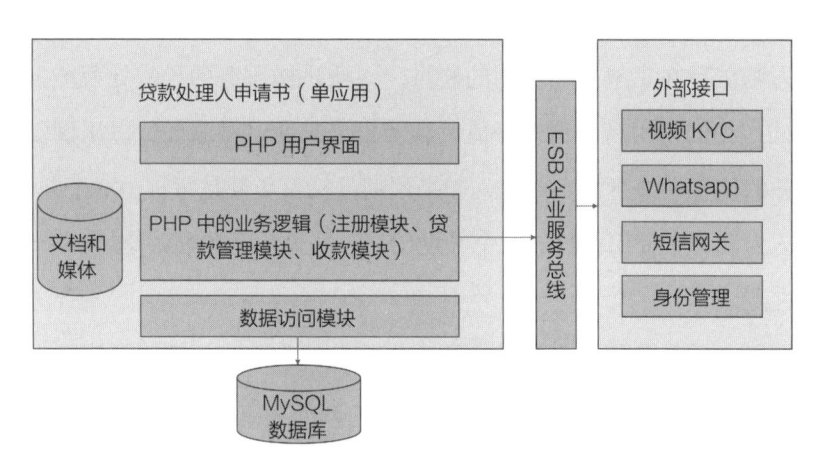

图 5.8　贷款处理程序整体

贷款处理程序应用程序是用 PHP 技术开发的，被机构广泛用于管理贷款。此应用集借款人注册、贷款管理至收款全程于一体，实现流程的无缝对接。UI 和业务逻辑都是紧密耦合的，并且是用 PHP 开发的。移动界面使用 PHP Web 页面，由现场代理处理贷款交易。贷款文件和媒体文件（如协议副本、身份证明文件等）存储在应用服务器的本地存储中。该应用程序使用进程内状态管理，将用户

第三部分
技术数字化转型

的登录状态存储在 Web 服务器的内存中,并利用 MySQL 数据库进行持久化。

单体应用的挑战

以下是当前单体应用的主要挑战:

- 单体式应用程序无法扩展以处理高用户。
- 贷款处理程序应用程序的性能问题,尤其是从移动设备访问时。
- 缺乏可追溯性,导致调试期间的交货时间更长。
- 数据库事务期间的性能挑战。
- 应用程序经常出现可用性问题。

微服务现代化

我们在表 5.4 中为遗留应用程序定义了现代化方法。

表5.4 现代化途径

单体服务模块	现代化的方法	现代化工具和平台
基于 PHP 的 UI 模块	重构成基于 react 的响应式 UI,以提供移动友好的界面	React Framework
基于 PHP 的业务逻辑	重构为基于 Spring Boot 的微服务	Spring Boot
状态管理	将有状态管理重构为无状态微服务。使用可扩展的缓存平台实现状态的最佳管理	Redis Cache
部署	通过容器部署微服务	Docker Containers Kubernetes Container orchestration
可伸缩性	在部署服务时,在 Kubernetes 中实现水平 Pod 自动缩放器和集群自动缩放器	Kubernetes 容器编排
数据管理	使用多点持久化来管理云原生数据库中的事务数据和 NoSQL 数据库中的文档数据	云原生管理数据库 用于文档的 MongoDB
集成	使用 API 网关公开 API	API 网关 Apache ActiveMQ

现代化模式

在现代化过程中，我们使用 API 网关作为微服务的入口点。我们使用 strangler 模式逐步从单体式架构中提取微服务。我们通过跟踪端到端事务的指标、跟踪和日志来实现微服务可观测性。

DevSecOps

我们还实现了 DevSecOps 流程，以使用管道自动化构建、测试和部署。DevSecOps 流程帮助我们快速部署增强功能。

开放 API 平台

开放 API 平台赋能企业，无缝集成数字服务，民主化地访问并优化既有资产与功能，同时扩增外部能力，为用户带来卓越体验。该平台向注册用户开放 API 接口，确保安全访问核心功能及数据，更助力企业将数据转化为价值资源。

企业设立市场与开发者门户，作为开放 API 平台的双翼。Marketplace 精心呈现产品系列与综合体验，彰显品牌核心价值与合作伙伴关系的深度，同时赋能应用内的高效管理与互动。而开发者门户，则作为技术生态的公共窗口，诚邀技术伙伴与供应商探索 API、资源及知识宝库，加速产品服务与企业开放 API 生态的无缝融合。

我们在图 5.9 中描述了开放 API 平台的关键元素，如业务成果、技术交付、优化的操作和优化的治理。

开放 API 平台的主要业务成果是，它使企业能够构建 API 生态系统和使用 API 货币化的新商业模式。OpenAPI 平台帮助企业创建新时代的市场，帮助合作伙伴、客户和企业使用和贡献构建在企业 API 之上的应用程序。

技术交付的核心维度聚焦于构建以 API 为核心的设计平台及其详尽路线图，确保集成过程完全由高效的 API 驱动。我们秉承开放原则，采用 HTTP、REST 等标准化技术作为集成基石，为未来集成奠定灵活多变的基础。在优化治理维

第 三 部 分
技术数字化转型

度上，我们精心设定了平台与 API 治理的标准框架，涵盖安全防线与 API 管理流程，确保每一步都稳健可靠。此外，我们引入了自助服务模型，使开发人员能便捷地在 Developer Portal 注册并直接使用 API，极大地提升了工作效率与灵活性。

作为优化操作维度的一部分，我们使用 DevOps 来自动化 API 的构建和管理，以提高操作效率并节省成本。

基于 API 分析，我们推动持续的流程改进，以提高 API 性能、可扩展性和维护成本。

开放 API 平台目标

我们列出了开放 API 平台的主要目标如下：

- 通过构建 API，为客户、合作伙伴和企业提供"选择的力量"。
- 通过与合作伙伴、客户和开发人员的有效合作，实现市场增长和渗透。
- 通过基于标准的整合提高创新速度和规模。
- 实施生产性和破坏性创新。
- 业务模型敏捷性：能够快速合并变更。
- 利用"数据"作为差异化竞争优势。
- 与"最佳"解决方案合作。
- 数据和能力的双向交换。
- 增强了不同平台和服务之间的互操作性。

开放 API 平台功能

为了构建一个开放的 API 平台，我们使用了 API 网关、活动目录、日志记录等平台。我们在下面列出了开放 API 平台支持的主要功能。

（1）通过提供客户端 ID/ 应用程序密钥生成、交互式 API 控制台、用户注册、用户批准等功能，开发人员、合作伙伴和应用程序入门。

（2）流量中转，如 SOAP 到 REST 的中转、数据格式转换、遗留应用程序集成等。

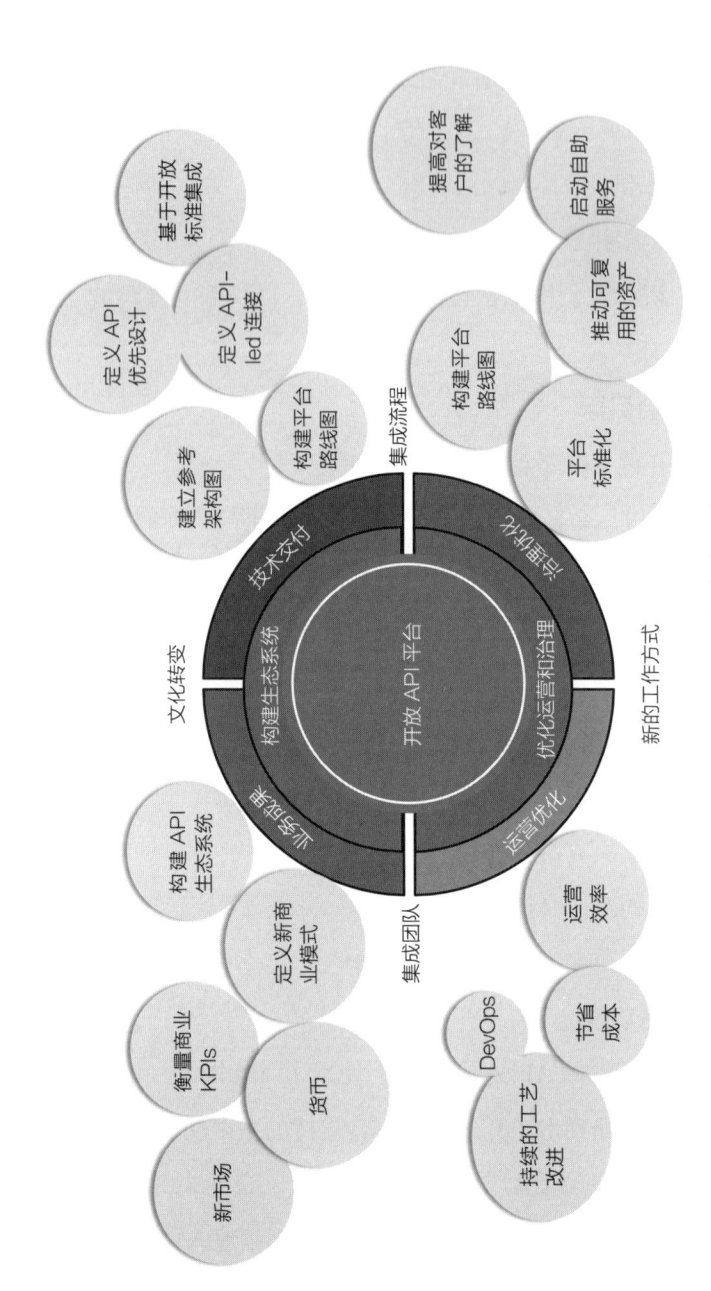

图 5.9 开放 API 平台生态系统

第 三 部 分
技术数字化转型

（3）API 生命周期治理，以支持以下给定的 API 功能：

a. 创建

b. 安全

c. 文档

d. 测试

e. 版本控制

f. 发布

（4）分析引擎，用于为业务所有者、运营管理员和开发人员提供有关 API 获得多少流量的见解。

（5）通过 SSL、PKI、威胁防护、模式验证、加密、签名等功能实现 API 安全。

（6）通过支持 AuthN 和 AuthZ、API 密钥、OAuth、SAML、LDAP、专有 IAM、多因素、令牌转换和管理的 API 身份。

（7）通过适应多种服务、工作流操作、分支策略等进行 API 编排。

（8）通过在指定时间段内允许定义数量的并发 API 来限制速率。

（9）通过数据加密、数据屏蔽等实现数据保护，以实现 PCI/PII 合规性。

（10）通过监控和记录各种指标（例如 API 错误、用户特定的 API 指标、API 性能等）来记录、监控和发出警报。

开放 API 平台设计

在图 5.10 中，我们用 API 平台描述了电子商务领域中数字企业的各种组件。为客户提供产品管理、搜索引擎、推荐引擎、门户等电子商务产品。这些产品在内部使用企业对企业（B2B）和企业对客户（B2C）功能，例如 B2B 的卖家引导、营销服务、潜在客户管理和绩效管理，以及 B2C 领域的产品管理、购物车、搜索、订单管理和推荐服务。

这些功能使用开放 API 平台，该平台提供 API 治理、API 管理功能和开发者门户。API 管理功能提供了核心构建 API 功能，如 API 网关（所有 API 调用的主要入口点）、API 安全（API 的身份验证和授权）、API 创建和部署（创建和部署 API 的过程）、API 策略（支持速率限制/节流、集成、数据转换、协议转换等功能）、API 监控（实时监控 API 指标）和 API 分析（如用户特定的 API 调用等）。

开发人员门户允许开发人员使用公开的 API 进行注册和构建。开发人员可以在开发者门户上注册并开始在沙箱环境中使用 SDK。开发人员可以使用 API 文档并发现或浏览可用的 API。开发者门户也为开发者提供了与社区合作的机会。

API 架构细化为三大核心板块：体验 API、流程 API 及系统 API。体验 API 匠心独运，专为 Web 与移动平台等多样化体验渠道量身定制，其细致入微的设计聚焦于满足特定 Web 片段或移动界面的功能需求。此类 API 不仅作为用户与底层数据交互的桥梁，更巧妙传递用户上下文信息（诸如用户角色、类别等），同时无缝对接流程 API，精准抓取所需数据，确保用户体验的流畅与高效。

流程 API 编排系统 API 以聚合数据并实现业务功能。例如，订单处理 API 在内部将订单详细信息编排到系统 API 库存管理服务（更新库存）和支付服务（处理付款）中。

系统 API 是与记录系统（如企业数据库、ERP 系统、计费系统等）交互的核心 API。

API 设计最佳实践

我们在设计 API 时列出了以下的核心最佳实践：

- 使 API 向后兼容，以确保现有的消费者使用定义的 API 契约。
- API 的粒度应该设计为处理请求通道的特定功能。
- 对于 API 的重大更改，请对 API 进行版本控制。可以使用域版本控制或使用 URI 更改或使用查询参数来完成 API 版本控制。
- 使用客户端令牌实现 API 的幂等性（API 操作仅发生一次，与调用次数无关）。

第 三 部 分
技术数字化转型

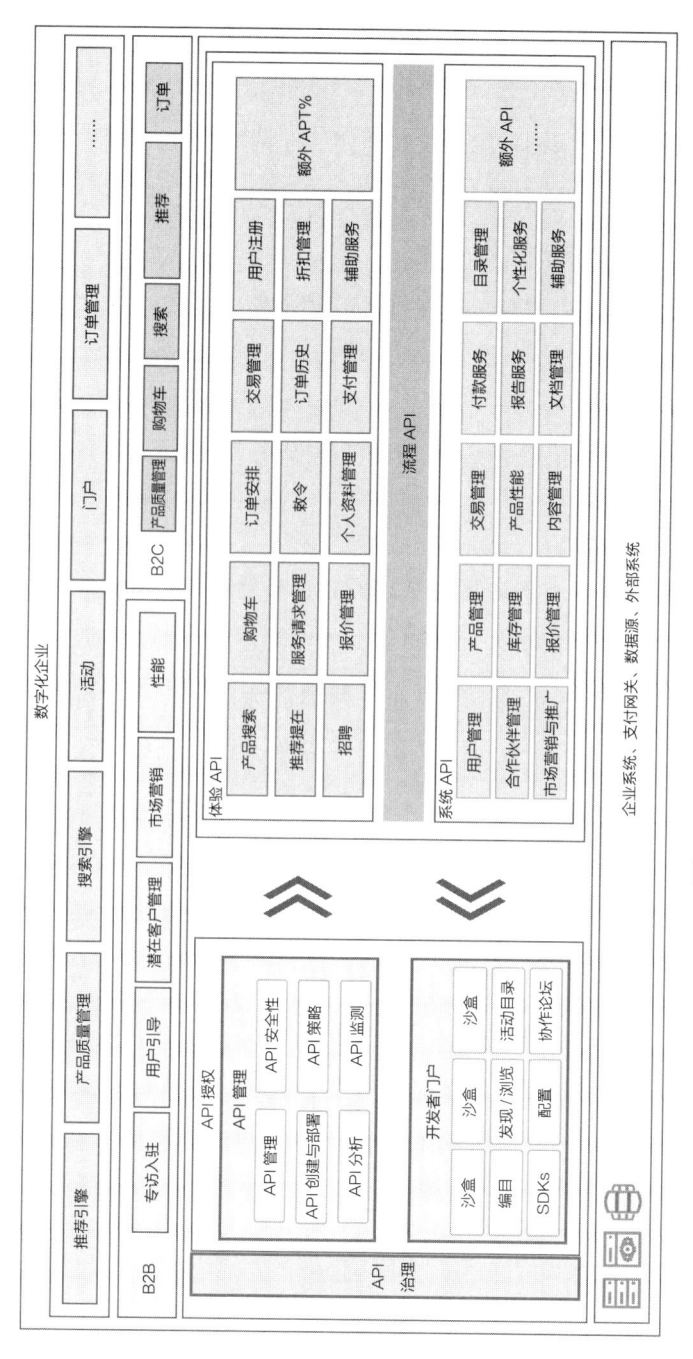

图 5.10 数字企业生态系统

- API 应返回正确的 HTTP 错误代码，以便消费者进行处理。错误消息不应包含内部系统详细信息（例如服务器详细信息）。
- 实施限流功能，限制特定持续时间内 API 调用的最大次数。
- 对于实现资源密集型操作（例如复杂的表连接或成本高昂的远程调用）的 API，请实施缓存以提高 API 性能。
- 处理 API 的超时，确保一个 API 的问题不会造成多米诺骨牌效应。
- 使用 Swagger 等工具记录 API，使其易于开发人员理解。

总结

应用现代化是将现有的应用和基础设施逐步转化为现代技术的过程。微服务是一种构建松散耦合服务的架构模式。微服务提供处理单一功能的模块化服务组件。主要的微服务原则：围绕业务功能、数据所有权、可扩展性、单一责任原则、进化设计、针对故障的设计、异步调用、频繁、迭代更改、松耦合、封装、无状态、安全、自治、独立可扩展、分布式、去中心化、独立可部署和通过 DevSecOps 实现自动化进行建模。我们用于将单体服务转型为微服务的关键模式是 Strangler 模式（我们迭代地将单体模块转换为微服务，并逐渐将单体替换为微服务）、按业务能力分解模式（我们根据微服务处理的业务功能定义微服务）、事件溯源模式（命令生成的事件存储在不可变的事件存储库中）、每个服务数据库模式（每个微服务都有自己的数据库）、命令查询责任分离（CQRS）模式（读写操作解耦）、网关模式、适配器模式、Saga 模式和可观察性（Observability）模式。将单体转型为微服务的主要阶段是发现阶段、设计阶段、部署方法阶段以及开发和测试阶段。微服务设计的阶段包括分析、设计、分解和下放。

第六章

数字工厂数字化转型

简介

随着技术的迅猛革新，我们正面临着一系列严峻挑战。大型机构内，各业务单元纷纷采纳最适合其需求的多样化技术，这导致在组织层面，我们缺失了统一的标准框架、整合方法及交付流程。因此，确保业务价值的持续、可预测交付，已成为组织亟待攻克的核心难题。当组织追求加速创新、无缝集成或产品快速上市时，技术的异构性、标准的多样性和流程的非标准化，均成为阻碍业务目标达成的绊脚石。此外，非标准化流程还进一步加剧了组织自动化进程的难度。

为了应对集成和推广各种技术所带来的挑战，我们需要一个一致的、基于标准的、统一的流程、工具、标准和技术。

数字工厂巧妙融合了制造领域的装配线精髓，实现产品制造的自动化流水线作业。这一模式在汽车行业及广泛制造业中深受青睐。

本章聚焦于探索一种创新的数字工厂架构，它确保软件产品的交付过程既可预测又高度一致，全面引领软件生产的自动化新纪元。

数字化工厂

数字工厂是一组流程、方法和工具，可用于重复、可靠地交付高质量的软件产品。组织可以定义数字工厂，使用一套标准、治理过程、最佳实践和工具来一致地发布高质量的软件。

第 三 部 分
技术数字化转型

数字化工厂的驱动因素

大型组织在应对多元业务功能时,常因异构技术堆栈而陷入集成与交付的严峻挑战。推动数字化工厂前行的核心要素概览如下:

- 我们致力于托管多样化的应用程序,以契合不同业务单元的独特技术需求。鉴于各业务单元技术栈与开发流程的差异性,集成难题与交付延迟成为常态。
- 开发周期的延长,源于应用程序中多功能的交织与复杂性的提升。这不仅催生了重复性劳动,还因应用的独特复杂性而难以实现自动化与标准化,进一步加剧了效率瓶颈。
- 我们正着手优化流程,力求精简与敏捷,将焦点凝聚于单一用例的高效开发。通过探索标准化与自动化的路径,我们旨在简化并规范开发流程,从而显著提升工作效率。
- 我们积极寻求一款软件标准化方案,旨在统一开发过程、工具与技术标准,为组织带来前所未有的协同与效率。
- 我们憧憬着构建一个数字工厂模型,该模型将提供一套连贯、标准化的工具与流程体系,为组织的数字化转型与持续创新奠定坚实基础。

数字化工厂阶段

数字化工厂旨在实现软件流程的标准化和自动化,从而更可靠、更快速地构建软件。在每个阶段,我们定义可以在整个组织中复制的模板和最佳实践。我们在图 6.1 中描述了数字工厂的不同阶段。

首先,在软件产品计划阶段,我们在组织层面对项目管理工具(如 Jira)进行标准化。然后,我们定义方法来确定产品特性的优先级(例如,我们根据业务价值、可用性价值等进行优先级排序)。最终确定的优先级方法在组织内的所有职能单位中得到遵循。然后我们构建产品路线图,定义时间线、Sprint 明智的功能等。我们可以利用现有的产品路线图模板和项目管理工具。我们定义了处理项目风险的方法（包括风险优先级、风险应急计划、风险沟通等）。风险方法模板可以被不同的业务单位重用。在设计阶段，我们的目标是使软件产品设计过程标准化和自动化。我们使用设计思维方法来确定正确的问题集，以了解用户需求，并使用迭代原型来逐步构建产品。我们定义了核心平台原则（如前端设计原则、服务设计原则等）。我们定义了用于产品开发的主要工具、框架和平台。平台原则、工具和框架可在所有项目中重用，从而实现更快、更标准化的集成和产品推出方式。我们还定义了可重用的剧本（如工具评估剧本、工具概要剧本等）。我们探索流程优化的机会（如自动化设计到原型的转换过程）。

体验和用户参与阶段主要是标准化用户界面组件。我们开发了视觉工具包（包括样式指南、图像、字体、品牌元素等），以便在所有组织渠道中提供统一和一致的品牌。我们还为商业自助服务（如搜索、产品比较、聊天机器人等）设计。我们确定了合适的协作、分析、搜索和客户反馈（VoC）工具，这些工具可以在整个组织中重用。

在构建和集成阶段，我们主要对构建和集成相关的过程进行标准化和自动化。作为构建标准化的一部分，我们确定了主要的开发工具、框架和开发过程。我们然后确定并使用自动化工具（例如代码生成器、代码助手）来自动化构建过程。类似地，测试工具（单元测试工具，如 ApacheJUnit，功能测试工具，如 Selenium，性能测试工具，如 Apache JMeter）用于自动化测试。DevSecOps 是一组自动化构建、测试、部署和发布活动的工具和流程。我们定义了 DevSecOps 工具和过程，这些工具和过程可以在整个组织中复制和重用。我们定义了集成方法（如使用 REST API）、集成工具和标准（如基于 json 的有效负载）。集成方法的标准化使与内部和外部系统的集成更快。

在基础设施标准化阶段，我们使用基础设施即代码（IaC）作为一种机制，以自动化的方式提供和部署完整的基础设施。我们确定批准的基础设施资源（如机器映像的指定版本，路由器的安全版本等），并从组织基础设施库自动提

第三部分
技术数字化转型

规范产品规划流程
- 项目规划工具
- 特征优先级矩阵
- 产品路线图
- 风险管理方法

用户体验和用户参与标准化
- 可重复使用的可视化工具包,一致的品牌准则
- 企业自助服务
- 协作、搜索、VoC、分析工具

基础设施作为代码
- 基础设施作为代码
- 资源配置自动化
- 自动化环境配置
- 自动监控、报警行为手册

交付标准化
- 敏捷交付
- 持续部署
- 自动健康检查监测
- 自动货票监测报告

规范产品设计流程
- 设计思维
- 平台原则
- 标准化的工具/平台/框架
- 操作手册
- 自动化的可能性
- 流程改进
- 可重复利用的机会

建立标准化
- 标准技术栈
- 标准技术堆栈
- 开发过程
- 标准开发和测试工具集
- 构建和测试自动化
- DevSecOps 自动化
- 一体化标准化
- 集成方法、工具和标准

规划 → 设计 → 体验与参与 → 构建与集成 → 基础设施 → 交付

数字化工厂阶段

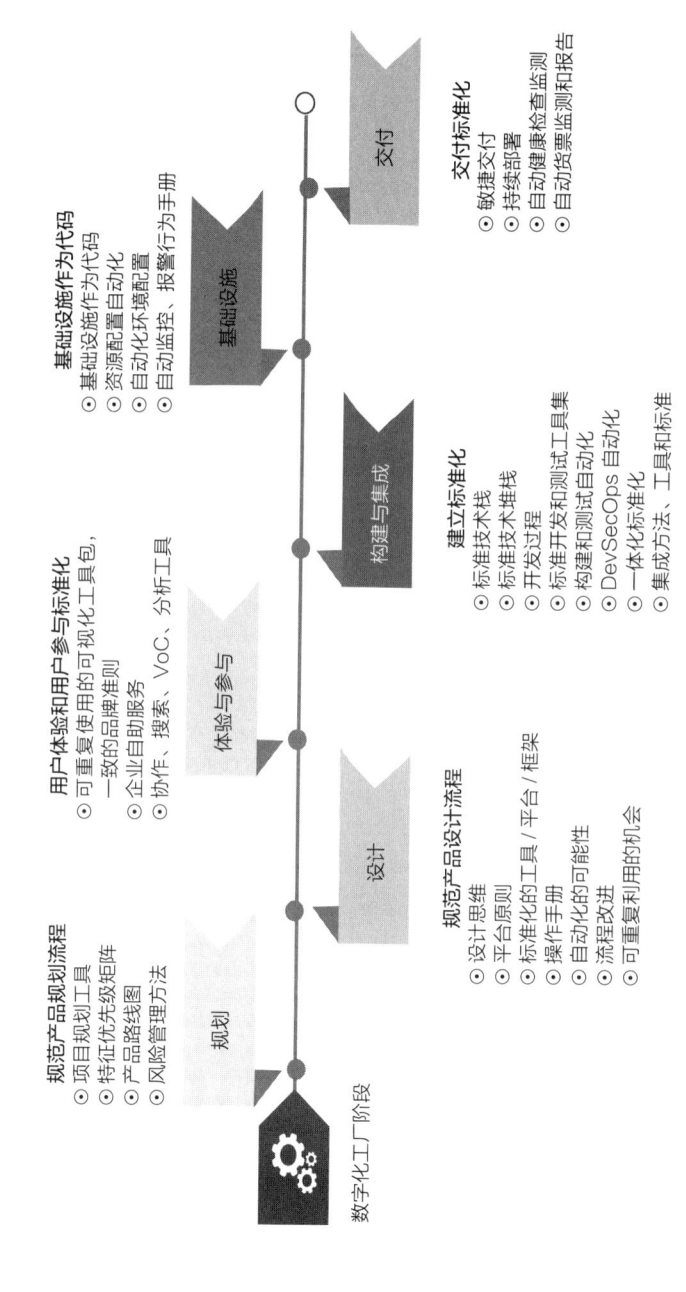

图 6.1 数字化工厂各阶段

供基础设施资源。我们还设置了端到端监控，用于监控关键指标和警报。

在产品交付阶段，我们设置基于定义的标准的自动化部署的持续部署方案。我们还设置了运行状况检查监视（以持续监视产品的性能和可用性）。我们还定义了监控指标（如响应时间、错误率等），并配置了监控设置，以便使用这些指标进行持续和实时的监控和警报。

治理（设置流程、程序和策略合集）和安全性是应用于所有阶段的横向关注点。我们定义可用于组织内其他项目的治理流程和标准操作程序（例如事件管理流程、变更请求流程）和安全控制措施（安全一致性标准等，例如 ISO、SOC 等）。

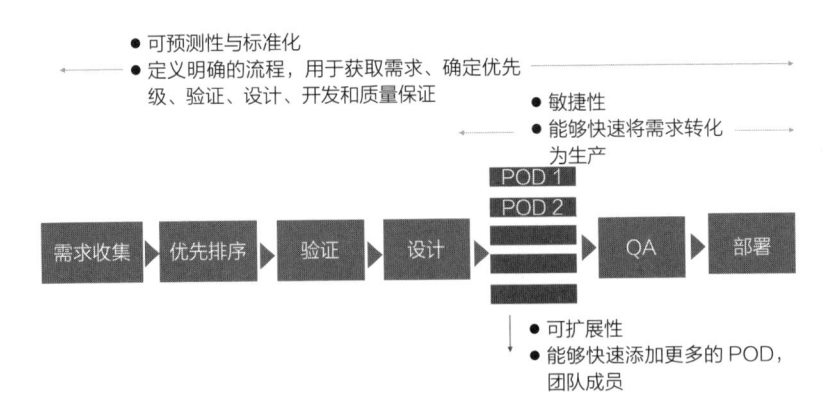

数字化工厂维度

数字化工厂维度定义了数字化工厂需要考虑的主要方面。数字化工厂的主要维度是可预测性和标准化，敏捷性和可扩展性，如图 6.2 所示。

图 6.2 数字化工厂维度

可预测性和标准化

数字化工厂的主要维度是可预测性和标准化，其中使用的工具、过程和方法使产品构建和发布过程标准化。我们在整个产品生命周期中应用一致的优先级流程、验证流程、设计流程和开发流程。过程标准化可预测地生产软件产品。

第三部分
技术数字化转型

敏捷性

数字化工厂流程应该能够快速将需求用例转换为最小可行产品（MVP）。这可以通过敏捷开发方法来实现，在敏捷开发方法中，我们为每个工作流使用豆荚（pod），这些工作流使用标准化和自动化的工具进行产品开发和发布。我们将在第十一章讨论更多关于敏捷交付的内容。

可伸缩性

数字工厂应该是可扩展的，以容纳更多的 pod / 工作流和更多的团队成员，而不会影响交付质量和交付时间表。可伸缩性可以通过为新团队成员和 pod 提供资源的自动化方式，以及使用一组标准的流程和工具来构建和发布来实现。

数字工厂执行模型

敏捷方法使数字工厂变得敏捷和灵活，能够快速可靠地交付产品。我们在图 6.3 中描述了数字工厂执行模型。

运营模型由敏捷团队、敏捷发布培训团队和治理团队组成。敏捷团队主要由产品团队（产品负责人、敏捷管理员、技术主管、数据工程师等）组成，他们负责构建和测试产品。敏捷发布培训由执行团队（业务和 IT 团队）组成，他们参与了设计思维研讨会、计划会议和产品积压计划会议。治理团队主要负责整体产品发布的愿景和计划，并运行各种程序流。

在基础阶段，治理团队手握全盘规划与宏伟蓝图，精准勾勒史诗任务与待办清单。敏捷发布培训团队则聚焦于项目待办事项的界定，并精心组织设计思维工作坊，深入剖析与雕琢每一项特性。同时，该团队还明确了成员角色与职责分工，依托 RACI 矩阵确保权责清晰。敏捷团队巧妙运用各类工具，包括高效沟通平台、CI/CD 自动化流程、测试自动化、实时监控、基础设施自动化等，以全面实现用户场景。技术领军人物则肩负起传播理念、提供技术培训与指导的重任，同时协调管理安全、合规及监控等关键环节。团队日常运作中，敏捷成员积极参与每日敏捷开发会议与冲刺规划会议，确保项目进展顺畅无阻。

敏捷团队通过定义的敏捷实践（包括持续测试、持续集成和持续部署），通

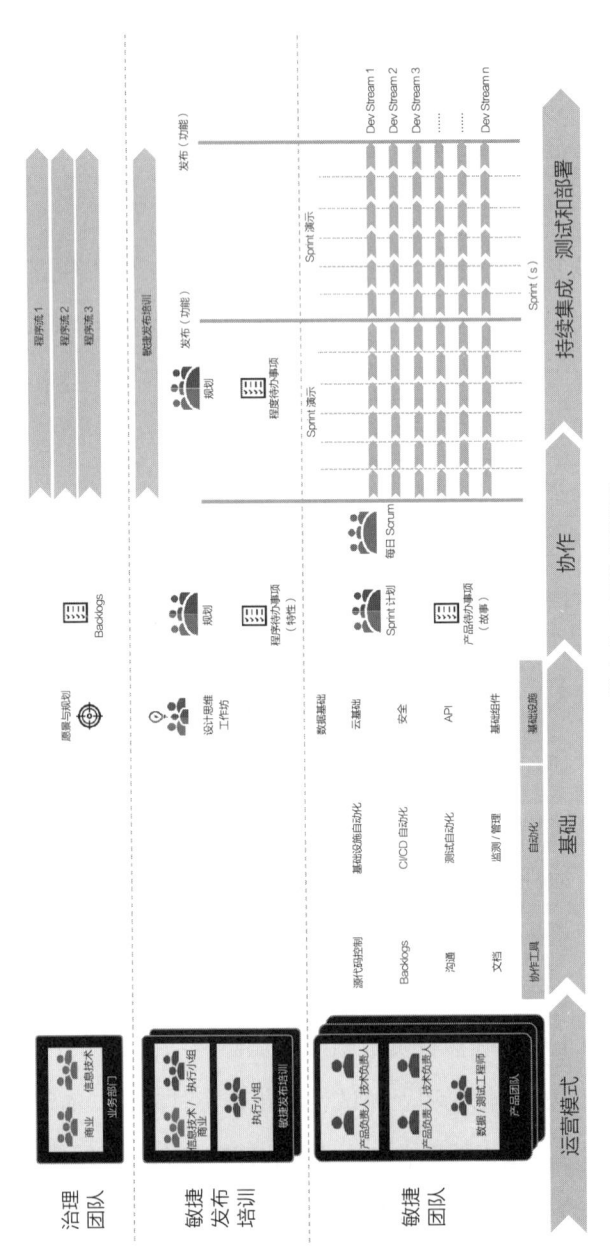

图 6.3 数字化工厂执行模型

第三部分
技术数字化转型

过各种 Sprint 迭代地构建产品,并执行 Sprint 演示,最终发布产品。

总结

数字工厂巧妙融合了制造业的装配线理念与软件开发,实现自动化生产流程。其核心在于构建一套高效、精准的流程、方法及工具集,确保软件产品以高质量、可重复且可靠的方式持续交付。数字化工厂的驱动力源自对异构技术整合与交付效率的迫切追求,以及对加速产品上市、软件剧本化、标准化工具与流程应用的强烈需求。其运作周期涵盖规划、设计、用户参与体验、构建集成、基础设施构建直至最终交付等多个关键阶段。在此过程中,数字工厂尤为注重可预测性与标准化带来的稳定性,以及敏捷性与可扩展性赋予的灵活性,这两大维度共同塑造了数字工厂的核心竞争力。

第七章

数字化转型运用"首次成功"方法论

简介

软件项目因多种因素如规划不当、技术债务累积等，天生蕴含风险。众多项目的挫败，根源可追溯到需求模糊、高层支持缺失、资源分配失当、管理不善（尤其是沟通障碍引发的人员流失）、培训不足及监控效率低下。软件漏洞无孔不入，贯穿开发全程，其经济代价依据软件类型，可能飙升至数十亿级别，而在医疗与政府机构的应用中，更可能酿成生命攸关的惨剧。

数字化转型的参与深刻地触及了企业核心，要求我们对既有的业务流程进行颠覆性重构，推动遗留系统的现代化改造，或是从现有平台跃升至全新开发或迁移的征途。鉴于此类项目的高度复杂性，遭遇挑战与风险实为常态。为此，数字转型架构师与项目经理肩负着至关重要的使命，他们必须确保每一步的转型工作都严格遵循业界最佳实践，精心策划与设计，以稳健的步伐引领企业迈向数字化新纪元。

在本章中，我们讨论了解决上述问题的首次成功（FTR）框架。FTR 框架是一套指导方针和经过验证的最佳实践，涵盖了数字化转型参与的各个方面。FTR 框架为数字化转型参与的各个阶段提供指导方针，包括安全、开发、DevOps、客户体验等。在这些阶段中，我们讨论了需要实现的经过验证的最佳实践、度量和方法。

首次成功框架

该框架汇聚了分类领域的顶尖实践指南与策略，助力数字化组织以更低风

第三部分
技术数字化转型

险与最优成本,稳健地推进转型之旅。我们精准提炼出技术、运营、安全及客户体验四大核心领域,这些构成了数字化转型项目的基石,引领企业迈向成功转型的新纪元。

我们首先讨论该框架的关键支柱,然后详细讨论支柱内的每个要素。

首次成功框架的支柱

该框架的支柱本质上是数字化转型参与的关键关注类别。我们已经确定了该框架的 4 个关键支柱,如图 7.1 所示。

技术支柱涵盖了与核心技术相关的关注点,例如架构和设计相关的优化(确保数字化转型使用合适的技术),与测试相关的优化(确保从源头解决质量问题),与开发相关的优化(确保基于最佳实践的方法用于产品构建)以及与迁移相关的优化(确保顺利且无错误的迁移)。

运营和成本支柱涵盖了运营过程和与成本相关的问题,例如与 DevOps 相关的优化(构建和发布管理自动化),与基础设施相关的优化(提供适当规模的基础设施),与项目管理相关的优化(以最佳方式管理资源、时间线),与成本相关的优化(为数字化转型实践使用最优成本),与治理相关的优化(与变更管理、缺陷修复、审查等相关的过程)和与可靠性相关的优化(确保高弹性和高可用性)。

安全支柱主要关注与安全相关的优化,涵盖各个层面的安全。

客户体验支柱涵盖了与客户体验相关的问题,例如与核心客户体验相关的优化(确保最佳的最终用户体验),与性能相关的优化(为最终用户提供最佳的性能和响应时间)和与需求相关的优化(最大限度地减少与需求相关的差距)。

在下一节中,我们将讨论每一个支柱,并深入探讨每个支柱中涉及的关注点。

客户体验
- 与客户体验关系相关的优化
- 与性能相关的优化
- 与需求相关的优化

安全
- 与安全相关的优化

运营与成本
- 与 DevOps 相关的优化
- 与基础设施相关的优化
- 与项目管理相关的优化
- 与成本相关的优化
- 与治理相关的优化
- 与可靠性相关的优化

技术
- 与架构和设计相关的优化
- 与测试相关的优化
- 与开发相关的优化
- 与迁移相关的优化

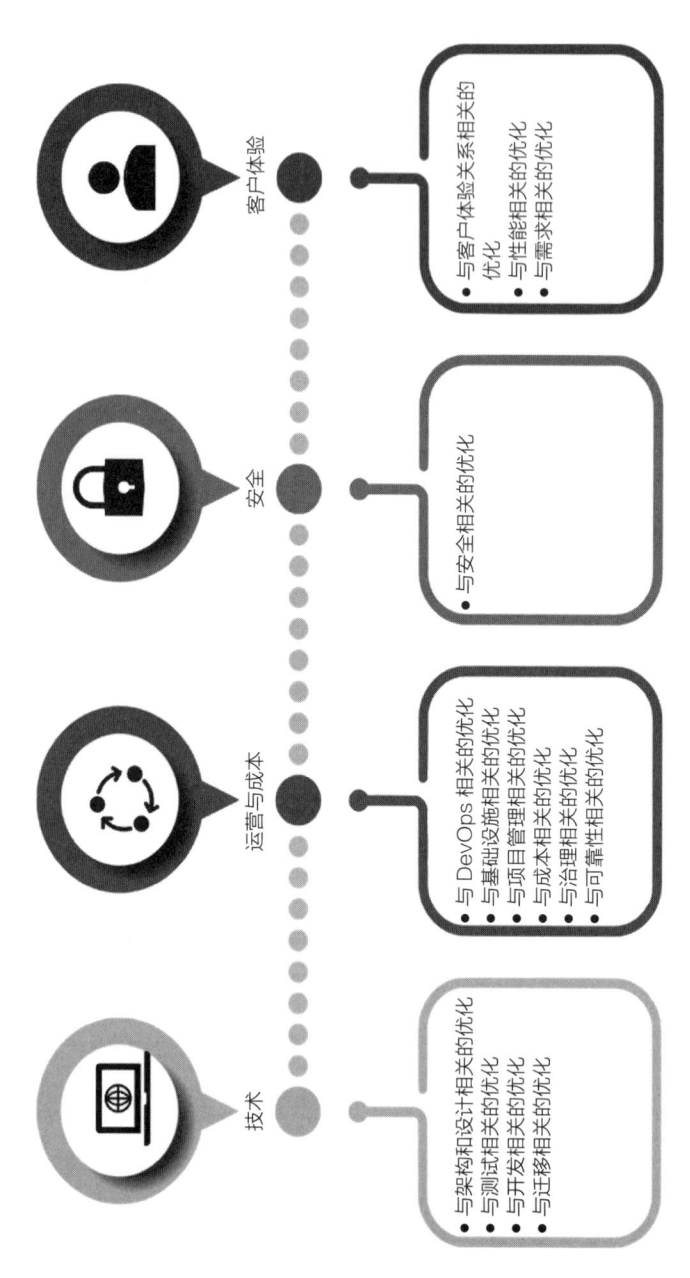

图 7.1 首次成功架构的支柱

第三部分
技术数字化转型

首次成功框架的要素

该框架的每一根支柱都紧密关联着其领域内多样化的关键议题。接下来，我们将深入探讨各支柱的最佳实践策略、衡量指标及指导原则。

我们在图 7.2 中详细阐述了该框架的要素。

技术支柱

我们在本节中讨论与技术相关的问题，如架构和设计、测试、开发和迁移。

架构和设计相关的优化

体系结构与设计阶段涵盖核心架构原则的明确界定，细致评估各类解决方案组件，确立项目所需的标准规范，并精心绘制详尽的解决方案实施蓝图。

在架构和设计阶段，解决方案架构师必须确保以下内容以交付首次成功设计和架构：

在设计和构建解决方案时，架构师需严谨遵循既定的模式和行业最佳实践。这要求他们深入剖析并选定那些最能契合项目需求的应用程序架构模式、业界推崇的最佳实践以及高效的设计模式。作为这一关键流程的核心，架构师必须清晰界定各层级、组件及其相应职责，以确保系统架构的稳固性、可扩展性和可维护性。

下面给出了适用于现代应用程序平台的关键架构模式：

- 微服务模式，其中我们设计模块化，细粒度，独立可扩展的服务。
- 响应式设计模式，其中表示组件无缝地呈现在所有设备上。
- 松散耦合的层，其中每一层按照关注点分离原则处理不同的职责。
- 跨内部和外部系统的无状态通信。
- 容器化服务，提供按需可扩展性。

工具、框架与软件包甄选与适配：架构师需精准把握市场动态，遴选契合需求的前沿产品、框架及开源库。借助这些经过实战考验的利器，生产力、开

决胜数字化转型

图 7.2 首次成功框架的要素

第 三 部 分
技术数字化转型

发周期及项目质量均得以显著提升。在架构规划之际，架构师需以批判性思维审视 UI 技术如 Angular、React、Vue 的优劣；对比 SpringBoot 与无服务器架构的适用性；探讨 SQL 与 NoSQL 数据库的差异；权衡移动应用与混合应用的部署策略；以及本地应用与 PaaS、IaaS、SaaS 等云服务模式的最佳选择。

标准和体系结构原则界定：架构师需确立契合解决方案与业务领域的标准框架。在此环节，他们应明确架构核心原则，涵盖无头设计模式、无状态集成机制及基于令牌的安全策略等。值得注意的是，特定行业，如医疗健康，还需遵循专属的法规标准，确保合规性。

开发现代平台的主要架构原则如下：
- 实现跨层无状态设计，确保无缝集成与卓越的可扩展性。
- 灵活应对峰值负载，提供按需可扩展性，确保最佳性能。
- 遵循开放标准集成，奠定坚实可扩展性基础。
- 模块化设计，打造灵活集成与未来就绪的解决方案。
- 跨渠道、自助服务，确保用户体验一致性与卓越性。
- 引入 API 与令牌安全性，保障集成安全无缝。
- 采纳无状态通信微服务架构，提升系统灵活性与可靠性。
- 自动化流程，加速生产效率，缩短整体交货周期。
- 依托 DevOps、CI–CD/Agile 实践，加速业务敏捷性，快速推出创新产品与服务。
- 采用云原生多租户容器化，优化资源利用与部署效率。
- 实施多速集成模式，敏捷响应市场变化，满足多样化展示需求。

我们需要为每一层定义设计原则。例如，图 7.3 提供了表示层的通用设计原则。
- 轻量级的客户端模型视图控制器（MVC）组件。
- 全渠道兼容的响应式布局设计。
- 灵活的样式复用机制，含 CSS 与导航组件。

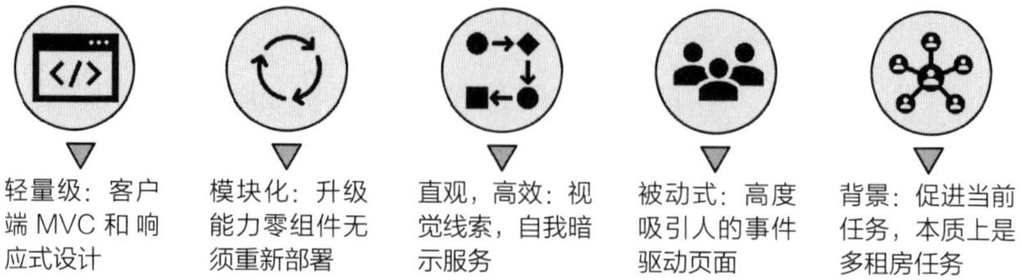

| 轻量级：客户端 MVC 和响应式设计 | 模块化：升级能力零组件无须重新部署 | 直观，高效：视觉线索，自我暗示服务 | 被动式：高度吸引人的事件驱动页面 | 背景：促进当前任务，本质上是多租房任务 |

图 7.3 表示层的通用设计原则

- 高度可复用与插拔式的用户界面模块。
- 集成用户管理、个性化设置、页面布局、多租户支持。
- 遵循标准、模块化与可扩展的 UI 组件体系。
- 基于 React/ angular 的组件，支持单页应用程序（SPA），客户端 MVC，渐进式 Web 应用程序（PWA）和离线模式现代 Web 响应，直观，上下文和事件驱动于一体。
- 服务层与 UI 组件设计，均秉承模块化与可扩展性原则。

以下是服务层的设计原则：

- 可向外部系统公开的独立无状态服务。
- 模块化、可扩展和逻辑解耦的集中式业务逻辑。
- 依赖注入和契约驱动服务。
- 能够独立扩展。

最优非功能性需求（NFR）与集成设计策略：作为架构师，核心任务是精心策划应用程序架构，确保全面契合各项既定的 NFR 标准（涵盖性能卓越、高度可伸缩性及无间断可用性等），并紧密融合服务等级协议（SLA）的要求。

自动化工具的智慧甄选：架构师还需独具慧眼，识别并整合所有对项目大有裨益的自动化利器。这些工具广泛覆盖代码审核的精细把控、集成开发环境（IDE）的效能提升，以及功能测试的全面自动化等领域，助力项目高效推进。

可行性验证概念验证（PoC）：对于复杂的需求，我们需要通过 PoC 进行可行性评估。这有助于我们最终确定工具、技术、集成方法、性能，并评估方法

第三部分
技术数字化转型

的可扩展性和性能。

与测试相关的优化

全面的测试是交付 FTR 交付成果的关键成功因素之一。测试团队需要遵循以下给定的优化。

自动化测试：测试团队必须使用自动化工具，例如 Apache JMeter 或 Selenium，来自动化回归场景和其他功能测试场景，以提高整体生产力。

持续迭代测试：测试必须是一个跨越所有 Sprint 的连续迭代过程。这有助于我们在早期阶段发现缺陷。

测试指标定义：测试团队必须定义质量指标，例如缺陷率、缺陷滑移率和缺陷密度，并在每个 Sprint 中跟踪量度。

基于仪表板的质量监控：测试负责人应该主动监控仪表板中的所有测试指标，并在任何严重违规的情况下通知项目经理。

实施精明的 Sprint 早期用户验收测试（UAT）：邀请业务相关方直接参与每个 Sprint 交付的 UAT 阶段，此举能有效在产品开发初期洞察并识别与业务需求不符的差距。同时，团队可即时吸纳反馈，确保在后续的 Sprint 中迅速调整与优化。

我们在图 7.4 中描述了示例端到端测试计划以及可交付的内容。

与开发相关的优化

FTR 交付的大部分责任在于开发团队。下面给出了在开发阶段需要完成的优化：

代码审查指南：开发者应采纳清单式代码指南、命名规范及编码最优实践。项目启动之际，架构师与项目经理务必构建详尽的审查清单、确立命名规范、提炼最佳实践等。以下是若干核心代码审查要点概览：

- 特定于语言的编码最佳实践。
- 性能检查表。

图 7.4 端到端测试计划示例

测试活动

开始
- 了解现有的功能

设计 + 构建 + 测试
- Sprint 1 / Sprint 2 / Sprint 3
- 分析改进
- 为增强功能准备测试用例
- 系统测试
- 平板电脑（Landscape）与多浏览器测试
- 缺陷记录与重测
- Sprint（n-1）增强功能 in sprint（n）的回归测试，用于新门户
- 回归测试用例的准备

SIT
- 回归检验
- 缺陷跟踪
- 回归测试将在台式机/笔记本电脑和平板电脑上进行

UAT & Go Live
- UAT 支持
- GO Live Support

交付品

√ 总体测试计划文件
√ 问题/查询跟踪器
√ 知识库

√ 功能测试策略和测试用例
√ 需求可追溯性矩阵
√ 现有测试用例的回归测试用例套件
√ Sprint 和发布测试结果报告

√ SIT 测试结果报告
√ 质量保证结算报告

/

第 三 部 分
技术数字化转型

- 安全编码清单。
- 代码命名约定。
- 设计清单。

优化代码质量与同行评审：开发人员应采纳自动化静态代码分析工具，如 PMD 或 SonarQube，以保障代码的高品质。此外，积极邀请同事及上级进行定期的代码审查，以促进持续改进与团队协作。

代码可复用性：开发人员应该按照以下顺序积极探索代码可复用：

- 深入发掘底层平台、产品、框架及加速器中蕴含的可复用库、代码模块与组件资源。
- 在组织内部广泛调研，评估并挖掘可复用资源的潜力与价值。
- 积极搜寻并采纳业界认可的开源库，确保其功能满足需求。
- 若遇无现成复用资源可用之情境，则采取模块化编程策略，精心构建代码，确保其具备高度的可复用性与灵活性。

性能导向的开发：性能优化绝非事后补救，而应自项目初期便融入开发流程。开发者需积极实施集成代码的性能预检，严防内存泄漏、集成瓶颈等隐患。

最佳代码覆盖率：开发者应力求单元测试用例覆盖超过九成代码，以此奠定高质量代码基础，将缺陷扼杀于摇篮。同时，借助自动化工具生成单元测试用例，也是提升效率与精度的明智之举。

质量控制标准：我们需要定义多级代码，质量控制标准如下（这也可以作为代码检入检查表）。

- 开发人员级别的代码质量：开发人员必须使用定义的编码清单和命名约定来遵守这些准则。开发人员也可以使用 IDE 进行相同的操作。
- 自动本地代码质量分析器：开发人员必须使用静态代码分析器（如 PMD 或 SonarQube）来分析所有编码问题并修复主要和关键问题。
- 手动代码评审：开发人员可以请求对代码进行同行评审和领导评审。完成上述所有操作后，开发人员可以将代码签入源代码控制系统。

■ 集成代码审查：我们可以使用 SonarQube 设置 Jenkins 作业，以持续审查集成代码并生成报告。Jenkins 作业可以通知开发人员和项目经理重大和严重违规。

■ 自动化单元可测试性：开发人员应使用自动化单元测试生成器（如 EvoSuite、Veracode）来提高开发人员的质量和生产力。

与迁移相关的优化

在许多数字化转型项目中，我们将现有平台迁移到新的数字化平台。因此，迁移阶段的最佳实践是成功数字化转型的关键。图 7.5 描述了端到端迁移过程中的各种活动。

下面给出了与迁移相关的优化：

在清单分析阶段，我们精准识别了核心业务驱动力，并精心编制了待迁移应用与数据的详尽清单。我们深入洞察服务、应用、数据及其相互依赖的复杂网络，确保无遗漏。同时，我们明确界定了应用与数据的备份策略、灾难恢复（DR）计划及合规性需求，为迁移之路奠定坚实基础。为精准适配目标环境服务器容量，我们细致搜集了当前应用的各项利用率关键指标，涵盖 CPU、内存、存储及网络等维度，确保数据全面而精准。此外，我们巧妙运用先进的应用与数据发现工具，自动化这一烦琐过程，大幅提升工作效率与准确性。

针对每个明确界定的应用程序及数据，我们精心制定并执行迁移蓝图，细致甄别每款应用的未来走向：是优化升级至目标环境（提升并转移）、彻底革新架构（重构与重新设计）、优雅退出市场（退役），还是跃升至新平台焕发新生（重新平台化）。迁移策略一经敲定，我们即采用最适切的方案付诸实践。具体而言，对于需保持原貌迁移的应用，我们采取"提升与转移"策略，无缝迁移现有应用与数据至目标环境内同等容量的服务器上。若应用面临重构挑战，我们则专注于组件级别的创新，如将庞大单体服务层精炼为敏捷微服务架构。至于重新平台化项目，我们则在新技术的沃土上重新孕育应用，如将传统的 Java Server Page 应用重生于 Angular 框架之下。此外，我们全面规划迁移的时间线、

第 三 部 分
技术数字化转型

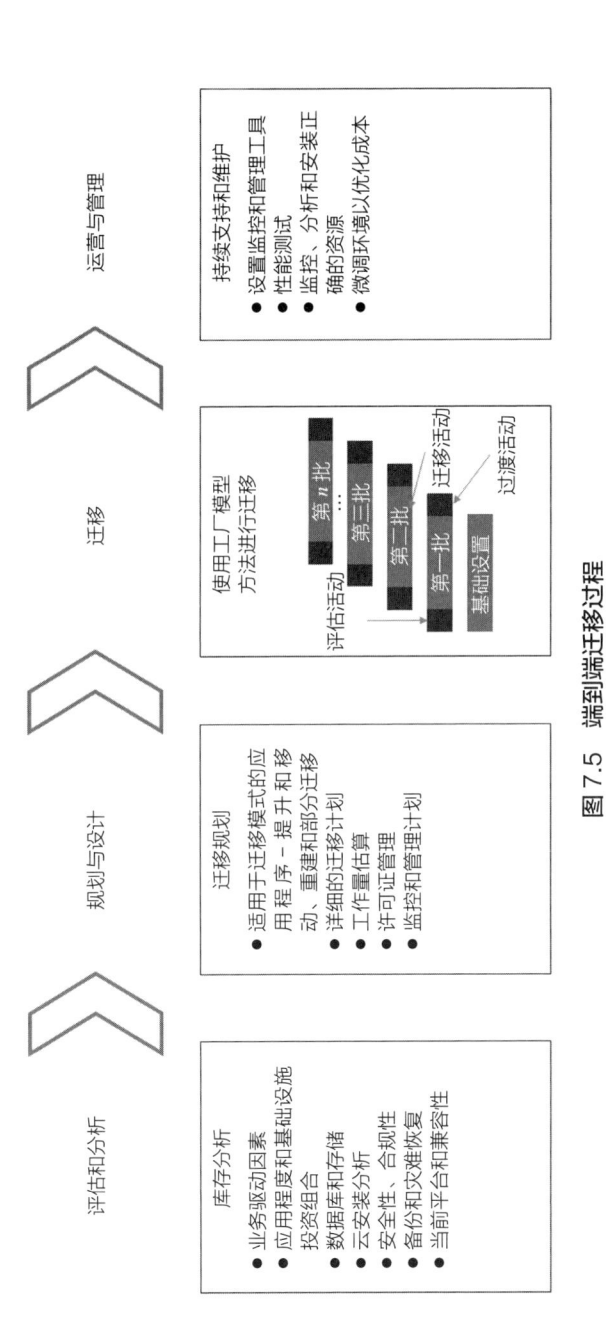

评估和分析

库存分析
- 业务驱动因素
- 应用程度和基础设施
- 投资组合
- 数据库和存储
- 云安装分析
- 安全性、合规性
- 备份和灾难恢复
- 当前平台和兼容性

规划与设计

迁移规划
- 适用于迁移模式的应用程序 – 提升和移动、重建和部分迁移
- 详细的迁移计划
- 工作量估算
- 许可证管理
- 监控和管理计划

迁移

使用工厂模型方法进行迁移

评估活动　第一批　第二批　…　第 n 批
基础设置
迁移活动
过渡活动

运营与管理

- 持续支持和维护
- 设置监控和管理工具
- 性能测试
- 监控、分析和安装正确的资源
- 微调环境以优化成本

图 7.5　端到端迁移过程

资源调配及成本预算，确保迁移过程的顺畅与高效。

表 7.1 描述了可用于迁移用例的各种迁移策略。

表 7.1 迁移用例和策略

迁移用例	迁移策略	迁移的方法
迁移对平台有硬依赖的打包应用程序	升降级和迁移	应用程序——导出机器映像并在目标环境中导入 数据——使用导出和导入工具，用于本地数据库
对遗留应用程序进行部分现代化	重构应用	确定需要重构的层和解决方案组件；使用转换工具进行重构
修改完整的遗留应用程序	重构平台	用现代平台和技术重写应用程序
未使用的应用程序	退役	停止应用程序

PoC 是一种常用的策略，用于检查复杂使用案例的可行性，例如第三方集成、安全配置和跨异构数据源的迁移。利用从 PoC 中学到的知识来规划和自动化实际的迁移脚本。

使用工厂模型进行迁移定义了批量增量迁移应用程序和数据的步骤。首先，我们建立基础（在 Sprint 0 中）以在目标环境中开发基本构建块（例如安全性、初始化服务器等）。然后，我们分批迁移应用程序。自动化脚本用于工厂模型中自动迁移。

迁移测试包括测试目标应用程序和在目标环境中执行数据完整性测试。根据应用程序和数据类型，我们执行不同类型的测试。

迁移操作和管理涉及对迁移的持续监控和迭代测试。我们尽可能自动执行迁移步骤，以提高质量和迁移时间。

运营和成本支柱

在这个支柱中，我们将讨论 DevOps、基础设施、项目管理和治理流程的优化。

与 DevOps 相关的优化

DevOps 定义了一组工具和流程，以确保应用程序的正确交付和发布。以下

第三部分
技术数字化转型

是从 DevOps 的角度给出的关键优化。

- **发布管理**：DevOps 赋能自动化发布管理，借由 Jenkins、AWS CodePipeline 等工具构建并执行高效发布流程。
- **自动化测试**：集成 Apache JUnit 单元测试与 Selenium 功能测试，对源代码进行全方位验证。
- **自动化部署**：利用 Jenkins 管道及部署作业，实现部署流程的全自动化。
- **持续构建**：启用持续构建机制，即时捕获集成错误，确保代码质量。
- **部署管道**：构建支持自动化部署的管道，加速代码到生产环境的流转。
- **源代码控制管理**：作为 DevOps 核心，我们严格管理源代码，涵盖拉取请求、审批、签入、合并等流程，依托 BitBucket、AWS CodeCommit、GitLab 等系统。
- **自动报告与健康通知**：建立项目监控体系，实时监控构建、测试、代码质量等关键指标，一旦异常即触发通知，确保项目健康推进。

与基础设施相关的优化

优化基础设施规模是实现卓越应用程序交付的关键所在。针对 FTR 解决方案的交付，以下是一系列基础设施优化的要点。

- **健康检查监控布局**：构建主动健康检查与心跳监控机制，确保服务器可用性持续无虞。
- **精准容量规划**：依据用户负载及 NFR（如可扩展性、可用性、性能）精确调整服务器与网络容量，并部署 DR 及同步作业以满足可用性需求。
- **智能警报系统**：配置灵活的通知触发器，一旦 SLA 阈值被突破，立即向管理员发送警报。
- **详尽监控仪表板**：打造集可用性、性能、资源利用率、请求速率等关键指标于一体的全面监控视图。
- **动态报告生成**：监控体系需支持按需生成各类基础设施参数监控报告。
- **SLA 驱动的实时监控**：跨地区构建实时应用监控网络，精准捕捉性能与可用性波动。

- **SPOF 规避策略**：通过多节点集群、冗余设计、DR 布局、定期备份等手段，确保请求处理链路无单点故障风险，保障高可用性。
- **云部署**：鉴于云平台的成本效益、弹性扩展能力及安全优势，将其应用于应对流量峰值及不可预测客户需求的应用场景。

此外，我们还应该根据应用需求设置自动弹性可伸缩性、最佳负载均衡、基于内容分发网络（CDN）的缓存。

项目管理相关的优化

项目经理在推动 FTR 交付的流程定义与执行中，承载着更为重大的职责。从项目管理的精髓出发，以下是几项至关重要的优化策略：

- **项目规划**：项目经理需精准分配资源，科学规划时间表，依据用户故事为 Sprint 设定方向，并构建风险缓解策略以应对潜在挑战。
- **技能强化培训**：确保团队成员技术精进，项目经理应组织培训，优化团队技能结构（如技术专家与开发人员的平衡），保障项目按时按质交付。
- **精准估算与高效配备**：项目经理需精准估算工作量，合理配置人力资源，同时预设风险管理方案，以应对各种不确定因素。
- **构建共享知识库**：集中维护最佳实践、SOP、KDD、操作及故障排查文档等，促进团队知识共享，加速项目进程与质量提升。
- **畅通沟通渠道**：项目经理应构建多渠道沟通平台（如 Slack、MS Teams），打破信息壁垒，确保信息流通无阻。
- **细致知识转移规划**：针对新任务接管，项目经理需精心规划知识转移流程，确保从前任手中顺利承接知识与经验。
- **项目健康指标监控**：利用项目仪表板，实时追踪消耗率、代码质量、缺陷状态等关键指标，为项目管理提供全面视角，助力问题优先解决。
- **Sprint 驱动敏捷交付**：鉴于现代数字项目的复杂性及用户导向性，项目经理应规划基于 Sprint 的敏捷交付策略，以降低风险，加速获取用户反馈。

第 三 部 分
技术数字化转型

- **持续改进机制**：项目经理应持续评估前期 Sprint 成效，利用数据驱动决策，不断优化流程，提升团队生产力与项目质量，同时积极探索自动化潜力。

项目经理应主动洞悉并适应各项法规与合规性需求（如可访问性标准），确保浏览器与设备兼容性（涵盖所有必要支持的浏览器及移动设备），同时针对多语言要求（包括从左至右及从右至左的语言列表）进行周详规划。

与治理相关的优化

项目治理详尽地勾勒了界定清晰的流程体系，旨在高效梳理并简化错综复杂的项目运作。以下是与治理优化紧密相关的几大要点：

- **代码治理**明确了代码管理的关键环节，涵盖代码合并、签入及版本控制等流程，需无缝融入源代码控制体系内（如 DevOps 工程师需在代码库中预设分支，代码管道则确保同行评审成为代码签入的先决条件）。

- **变更请求治理**详尽规划了范围控制流程，确立了变更请求的标准化管理、优先级排序、影响评估及执行策略。

- **缺陷修复治理**聚焦于缺陷处理的优先级与 SLA 管理，确保每个识别的缺陷都能得到及时关注，并有效纳入迭代计划。

- **审查治理**清晰界定了代码审查与批准的标准流程。

- **功能可追溯性治理**建立了从需求至最终产品的清晰追溯路径。

- **部署治理**负责规划代码构件的部署策略，确保部署过程的有序进行。

- **回滚治理**则精心设计了跨地域、功能、语言及回滚方案等维度的全面推出计划。

与成本相关的优化

总拥有成本是关键因素之一，有助于平台的长期成功。我们从成本优化的角度讨论了一些突出的因素。

采用开源有助于降低专有软件的许可证成本。我们可以利用云供应商提供的托管开源平台来节省成本。在架构阶段，我们可以为相关用例确定相关的开源平台。

我们应该通过成本预测工具规划整体解决方案成本。成本预测可帮助组织为解决方案分配合适的预算。

作为成本控制和成本优化的一部分，我们不断采用各种方法。一些关键成本控制措施如下：

- 适当迁移分层存储设备，巧妙转移归档数据至冷存储解决方案，以削减存储成本。
- 部署容器化技术灵活应对峰值需求，确保按需扩展，提升资源利用效率。
- 引入成本异常侦测机制，依托历史数据分析，精准识别并管理成本异常。
- 深入探索公有云平台的规模效应，以优化成本结构，实现成本效益最大化。
- 积极考察 Linux 平台潜力，针对特定用例实现高效部署与应用。

成本报告是确保业务利益相关者迅速响应、适时调整的关键。建立高效的成本监控与报告机制，实现成本的即时追踪与反馈，对维护企业财务健康至关重要。

我们致力于不断优化成本结构，通过周期性识别主要成本驱动因素，并积极寻求最具成本效益的解决方案，推动成本优化进程持续前行。

安全支柱

本书开创性地探讨了设计强大安全性的创新安全测试策略。构建坚不可摧的安全性体系，需全面覆盖信任管理、客户端安全等多维度安全议题。接下来，我们将深入剖析一系列与安全性紧密相关的优化措施。

与安全相关的优化

在安全保障层面，我们应不遗余力地持续监控与详尽审计核心安全事件，涵盖未遂登录企图、密码变更、模拟活动及角色调整等关键场景，并构建高效通知机制，确保即时响应。

以下是应实施的核心安全相关控制措施：

- 使用漏洞评估和渗透测试（VAPT）工具进行持续漏洞识别对于持续监控

第 三 部 分
技术数字化转型

服务器是否存在已知漏洞并报告它们以采取适当的措施至关重要。

■ 深度防御战略包括从基础设施层开始，在每一层实施安全策略，然后在网络层（使用入侵检测系统、威胁情报系统和网络层加密）、边界（使用边界防火墙）、应用层（使用 Web 应用程序防火墙、身份验证和授权以及访问列表）、服务器层（使用主机防火墙）和数据层（使用数据库访问监控）使用适当的安全控制工具和静态加密。

■ 最小权限原则规定，应仅授予用户进行必要活动的访问权限。为了强制执行这一点，我们需要从对所有用户的最低访问权限（例如无访问权限）开始，并提供用户执行其活动所必需的权限。我们还应该持续监控这些用户的权限使用情况，并在不需要的地方取消权限。

■ 应通过审计机制强制执行可追溯性。应审核所有主要事件，例如登录、密码更改、登录尝试失败、角色更改事件和数据访问事件。

■ 应通过基于密钥的静态加密来增强数据安全性。

■ 事件管理确保 SOP 到位，以对事件进行根本原因分析，并在发生任何安全事件时采取纠正措施。

■ 零信任安全确保所有用户和服务在授予访问权限之前都得到持续的身份验证、授权和安全状况验证。

■ 多因素身份验证（MFA）用于用多个验证因素质询用户以获得对系统的访问权限。MFA 用于访问特权资源。

还应反复进行渗透测试和漏洞测试，以便及早发现安全漏洞。

由于许多企业都在云平台上重新构想其数字化转型之旅，因此我们为云部署提供了一份全面的安全检查表。

客户体验支柱

客户体验支柱涵盖了影响客户体验的因素，如用户需求、性能和与核心客户体验相关的优化。

决胜数字化转型

客户体验相关优化

终端客户的整体体验是数字化转型计划的一个重要成功因素。快速响应的用户界面，次秒级的响应时间，直观的设计都会影响整体的客户体验。客户体验优化需要作为产品设计阶段的一部分来完成。

我们在下面详细介绍了优化客户体验的核心经过验证的最佳实践。

- **原型设计**：我们专注于平台的视觉设计、导航及用户界面规划，携手内部利益相关者、设计机构及精选目标用户，共同打造并验证原型。

- **用户旅程优化**：持续增强用户旅程，通过映射与微调，明确用户任务路径，精准识别并解决痛点，全方位提升应用体验。

- **信息架构优化**：构建直观的信息架构，确保导航流畅，信息易搜，特别优化搜索功能，助力用户迅速获取精准信息。

- **反馈机制**：建立有效的调查与反馈渠道，鼓励用户提出改进建议，直接影响后续冲刺与功能开发。

- **KPI 监测**：依据本书的指导，运用 KPI 与关键指标（如页面响应速度、跳出率、转化率等），精准评估并监控用户体验。

- **辅助功能验证**：全面测试 Web 平台的辅助功能，涵盖键盘操作、图像替代文本等，确保无障碍访问。

- **个性化服务**：基于用户兴趣与互动历史，精准推送相关内容与产品推荐，显著提升用户参与度与满意度。

- **A/B 测试**：采用 A/B 测试（Alpha/Beta 测试）方法，对比不同平台版本，精准识别最具影响力的版本。

- **真实用户测试**：邀请最终用户参与测试，直接获取目标受众的反馈与建议，为产品优化提供宝贵依据。

性能相关的优化

性能优化需要在项目的不同阶段的各个层进行。

性能导向的设计精髓在于将性能作为解决方案架构及其组件构建的首要考

第 三 部 分
技术数字化转型

量。这涵盖了轻量级组件的匠心独运、无状态 API 调用的高效流畅，以及微服务通过容器化实现的灵活部署，均为性能设计不可或缺的基石。以下展示了一系列旨在提升端到端性能的解决方案模式。

■ 命令和查询责任分离（CQRS）模式，将数据读取和数据写入操作分开，以优化读取和写入。对于数据读取，我们使用缓存版本的只读副本，对于数据写入，我们使用 master 数据库。

■ 后端前端模式定义了客户端特定的后端服务，以最佳方式管理频道特定的内容。

■ 事件溯源模式，其中数据操作存储为不可变事件序列，感兴趣的消费者可以订阅事件存储。

■ 异步加载模式，其中我们异步加载内容和服务响应。

■ 逐层解耦，将解决方案分离到各个层，例如 Web 服务器层、应用程序服务器层、数据库服务器层，每个层处理不同的责任。

整合并精简网页的静态资源，实施 HTML 压缩，内容预加载策略，以及采用轻量级组件，是我们基于性能导向设计策略中的核心优化手段。

在数据管理层面，我们灵活采用适配各应用场景的最佳数据存储方案：针对金融等需严格架构管理的结构化数据，我们选用 MySQL 或 PostgreSQL 等关系数据库；对于报告类需汇总数据的场景，则灵活采用非规范化数据处理；分析及 OLAP 应用则依托数据仓库系统；键值数据管理则倾向于 NoSQL 数据库如 Amazon DynamoDB；文档密集型 CMS 则优选 MongoDB；而构建复杂数据关系的推荐引擎，则借助 Amazon Neptune 等图形数据库。

我们深入剖析用户访问模式与流量趋势，精准把握平均负载与峰值负载数据，以此为基础构建性能测试的基准指标体系。这些关键性能指标不仅用于性能测试，还贯穿于性能监控的全过程。以下是我们重点监控的几项关键绩效指标概览：

● 页面响应时间精确反映了页面加载的平均耗时，我们在各种负载条件下，包括平均及峰值负载时均进行了细致测量。

● 转化率，即订单生成与独立访客总数的比率，是衡量网站转化效率的关键指标。同时，我们密切关注错误率与跳出率，前者关乎用户体验的顺畅度，后者则揭示了单次访问即离去的访客比例。首字节时间（Time to First Byte），是服务器响应并发送首个字节至客户端的总耗时，直接关系到用户等待体验。

● 感知响应时间，则是用户主观感受到的响应速度，对于提升用户满意度至关重要。

● 页面大小，涵盖了图像、文本等所有页面内容的总体积，直接影响加载速度。

● 资源加载时间，全面考量了加载页面所有元素所需的时间，是优化网页性能的关键环节。

● 网站停留时间，直观展现了用户在网页上的停留时长，是评估网站吸引力与内容丰富度的重要指标。

性能监控是对平台的持续实时监控，以了解应用程序的性能行为。我们使用应用程序监控工具、综合监控工具和真实用户监控工具。我们在表7.2中列出了一些工具。

表7.2 FTR工具

工具类	开源/商业工具
网页分析工具（HTML分析、性能基准测试、改进指南）	Yahoo YSlow, Google pagesspeed, HTTPWatch, Dynatrace AJAX Edition
页面开发工具（分析页面加载时间、资源大小、资源加载时间等）	Firebug, Google Chrome Developer toolbar, Fiddler, HTTP Archive WEB PAGEiddle, CSSLint, JSLint, W3 CSS Validator, W3 HTML validator
资源合并和最小化工具（JS/CSS最小化）	JSMin, JSMini, JSCompress
页面性能测试工具（负载模拟）	JMeter, LoadUI, Grinder, Selenium
图像压缩工具	PNGCrush, Smush It, Img min, JPEG Mini

第三部分
技术数字化转型

续表

工具类	开源/商业工具
Web 服务器插件（用于自动压缩、缩小、合并、放置、缓存等）	mod_pagesspeed, mod_cache, mod_spdy mod_expiry, mod_gzip
网站性能测试	GTMetrix, Pingdom
综合监控（事务模拟和性能统计）	Web Page test, DynaTrace Synthetic monitoring
CDN	Akamai, CloudFlare, KeyCDN
Web 分析（跟踪用户行为，性能报告）	谷歌网络分析，Omniture, Piwik
CSS 优化工具	CSS Sprites, SpriteMe, SpritePad
瓶颈分析（依赖性和瓶颈分析）	WebProphet, WProf
真实用户监控（RUM）（监控和瓶颈分析）	New Relic, Dynatrace, Gomez
网络分析（网络流量、HTTP 报头、请求/响应、协议分析）	Wireshark, Charles Proxy
应用程序性能监视（APM）（应用程序代码的分层监视）	New Relic, Dyna Trace Monitoring, Nagios

缓存是提高性能的关键方法之一。可以缓存常用数据、查询响应、服务响应、查找列表。可以在每个层（表示层、服务层、数据库层等）进行缓存，以获得最佳性能。内容还可以在最终用户的 Web 浏览器和 CDN 端缓存。

性能测试涉及执行各种性能验证，例如平均负载和峰值负载下的响应时间测试、压力测试、多地理位置测试、浏览器测试。在性能测试期间，我们会监控吞吐量、资源利用率、响应时间和其他参数等指标。

与需求相关的优化

在许多情况下，需求差距会像滚雪球一样变成生产问题。因此，填补需求阶段的所有空白至关重要。以下是需求细化阶段的优化。

需求追溯矩阵：业务分析师与项目经理需协同维护需求追溯矩阵，精准映射每项用例/Jira 故事至测试用例、代码产出及发布详情，确保交付无瑕。

指标与 SLA 的明确界定与确认：采用精确指标与 SLA 量化功能及非功能性

需求（NFR），避免模糊表述如"性能需要好"。转而明确为"首页加载时间＜2秒，支持100并发用户，覆盖北美地区"。确立响应时间、可用性、扩展性、安全性等关键指标，并获取业务方的正式认可。

NFR的清晰定义与认证：所有NFR（安全性、性能、扩展性、可访问性、多语言支持等）均需详细阐述，并由业务方签字确认，确保双方共识。

业务利益相关者的深度参与：需求细化阶段，业务利益相关者务必积极参与，以全面捕捉需求，减少遗漏，并顺畅完成签署流程。

原型展示与反馈循环：迭代构建模型/原型，频繁演示设计、用户旅程及跨设备体验，主动收集并整合各利益相关者的宝贵意见，持续优化产品。

需求最佳实践

以下是与要求有关的主要最佳做法：

■ 携手内外部团队，精准界定需求。

■ 举办客户互动会议，深度解析疑问并展示方案，洞悉客户思维脉络，洞悉成本及解决方案期望，精准调整策略以契合客户愿景。

■ 清晰阐述集成设计准则，奠定坚实基础。

■ 对核心流程进行全面建模，展现解决方案如何成就卓越成果，赢得广泛赞誉。

■ 直观展示用户体验（UX）设计，让思维过程一目了然，引领用户顺畅旅程。

■ 深入剖析，识别自动化与左移契机，明确阐述效率提升之道。

■ 在支持活动中，依托代码质量控制、根本原因分析等自动化手段，构建工单削减架构，从根本上预防工单产生。

总结

本章中，我们探讨了在数字化转型项目中使用FTR方法论的各个方面。

第 三 部 分
技术数字化转型

FTR 框架是一套指南，经过验证的最佳实践，涵盖了数字化转型参与的所有方面。FTR 的关键支柱包括技术支柱（涵盖架构和设计、测试、开发和迁移相关要素）、运营和成本支柱（涵盖 DevOps、基础设施、项目管理、治理和成本相关要素）、安全支柱（涵盖核心安全问题）以及客户体验支柱（涵盖客户体验相关要素、性能相关要素和需求相关要素）。架构和设计相关的优化提供了模式、工具、框架、标准、架构原则和最佳实践的指导。测试相关的优化侧重于自动化和迭代测试。开发相关的优化使用各种代码质量最佳实践，如代码清单、代码审查等。迁移相关的最佳实践通过概念验证、迁移计划、自动化脚本等降低了迁移风险。DevOps 相关的优化通过 DevOps 理念简化了构建、部署和发布管理活动。基础设施相关的优化包括适当的容量规划、监控和通知以及健康检查设置。项目管理的优化包括通过培训、项目计划和估算等使团队具备所需技能。成本优化需要通过成本预测工具、成本异常检测工具和持续成本控制工具进行适当的成本规划。安全可以通过各种安全最佳实践进行优化，如加密、身份和访问管理以及多因素身份验证。客户体验可以通过可访问性测试、终端用户测试、A/B 测试、直观的信息架构和客户旅程增强来优化。

第八章

体验转型升级

简介

数字体验，作为用户与组织间通过尖端数字技术（涵盖网络与移动设备）的桥梁，深刻塑造用户的感知与互动。企业致力于打造卓越的数字体验，以此强化品牌印象，深化市场地位。其设计精髓，直接关乎终端用户在数字平台上每一次触碰的质感与深度。因此，提供富有吸引力、情境契合且意义深远的体验，成为不可或缺的追求。用户体验设计，这一综合性艺术，融合了信息架构的精密、心理学的细腻、可访问性的广泛、品牌价值的彰显、可用性的便捷、交互设计的流畅，以及视觉设计的冲击力，共同绘制出数字体验的多彩图谱。图 8.1 详尽展示了这一领域内的各个核心要素，为打造卓越体验提供了全面指南。

人机交互精确定义了终端用户与数字平台（如网站、移动应用及自助服务终端）之间的交互触点。交互设计则深入刻画了系统的行为模式，涵盖导航逻辑与操作控件的布局。视觉设计则聚焦于用户界面的美学呈现，包括屏幕布局、色彩搭配、字体风貌等细节。此外，可访问性设计确保了所有用户，包括有特殊需求的群体，都能顺畅访问平台内容，通过文本替代图像、键盘导航等手段实现。而信息架构则构建了平台的导航框架与信息组织逻辑，为用户指引清晰的探索路径。这些元素相互融合，共同塑造出用户与平台交互时的全方位体验。

第 三 部 分
技术数字化转型

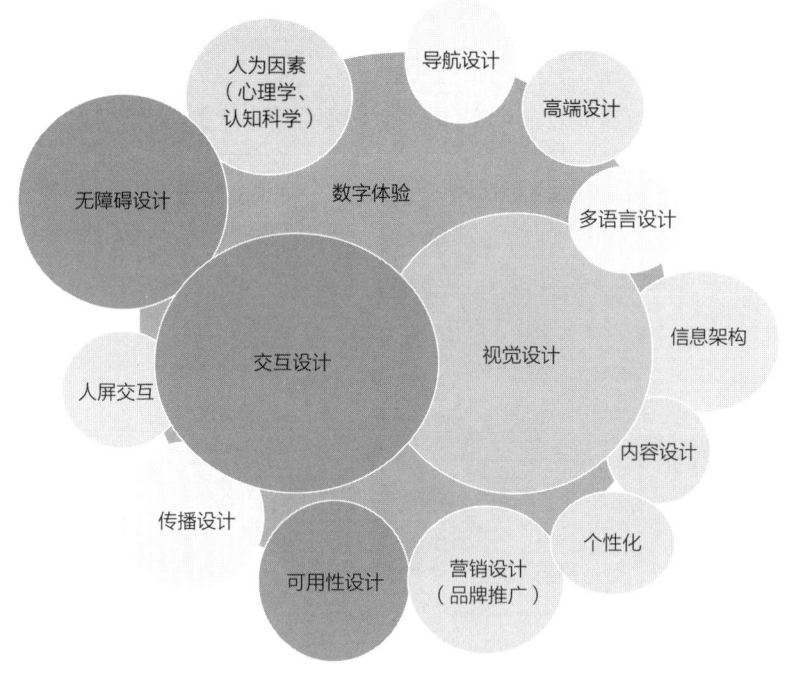

图 8.1 数字体验要素

数字体验设计的关键原则

设计现代应用程序的数字体验，旨在打造引人入胜且高性能的用户体验。核心趋势聚焦于 AI 驱动的会话 UI、多元交互（涵盖语音、手势、触控）、面部识别支付技术，以及强调包容性的设计理念。本节深入剖析了现代数字体验设计的精髓原则，如图 8.2 所示。

在着手实践这些原则之前，至关重要的是进行详尽的用户研究，以洞悉用户角色、明确用户目标、分析用户行为并识别用户面临的挑战。基于此，构建用户旅程地图，为设计之路奠定坚实基础。用户角色与旅程地图的详细探讨将留待后续章节展开。

数字体验的核心在于以用户为中心，确保用户能够流畅、高效地达成目标。平台设计需紧密贴合用户的心智模式，让设计思维与用户内心的需求模型相契合，从而创造出无缝衔接、零摩擦的体验。这样的设计不仅提升了用户体验的满意度，更显著增强了平台的用户黏性。

设计思维，作为塑造以人为本体验的关键钥匙，其重要性不言而喻。

图 8.2 数字化体验设计原则

设计思维借助问题识别（聚焦于精准提问）、原型创造与创意构思等策略，不断迭代以精炼出最佳解决方案。一名优秀的设计思考者需敏锐捕捉受众反馈，并具备卓越的视觉表现力。他们综合考量多元方案，兼顾全局视角，匠心独运地构思出优质解答。企业应勇于接纳前沿技术，致力于打造引人入胜的数字体验。

通过智能搜索机制，信息检索变得更为便捷、迅速且贴合需求。该功能不仅依据用户的隐性偏好（如语言习惯、地理位置、兴趣领域）自动筛选内容，还赋予用户自主选择权，通过显式过滤器精准定位所需信息。

用户应能轻松访问直观的自助服务工具，如产品比较器、计算器、详尽的知识库及直观引导工具，从而迅速作出基于数据与详细考虑的决策。自动化则是加速响应、提升效率的又一关键。通过工作流及票证自动化等机制，我们可高效自动化处理常用任务。此外，现代数字技术如 AR 与 VR 正逐步融入培训、教育等领域，其中 AR 尤为适用于工作技能及专业培训，显著提升学习效果。

第 三 部 分
技术数字化转型

我们亟须实施可用性测试,精准评估终端用户对数字平台的操作便捷性。在构建现代数字平台时,应深度融合分析工具,不间断地追踪关键性能指标,涵盖平台效能、可用性、转化率、错误率及跳出率等多维度数据。为确保用户体验的流畅与高效,应采用实时监控工具与系统健康检查机制,紧密追踪用户交互行为,精准衡量成功与失败案例,并紧密关联业务关键绩效指标。一旦监测到异常,即时生成警报并通知系统管理员,以便迅速采取补救措施。

此外,数字平台的设计不应局限于技术层面的监控,更应重视用户的直接反馈。研究表明,实施全渠道战略的企业能够稳固保留约 89% 的客户。因此,我们的数字平台需无缝跨越网络、移动及自助终端(kiosk)等多种渠道,并通过自动数据同步技术,确保用户在不同渠道间享受流畅无阻的导航与切换体验,真正实现跨渠道的无缝融合。

移动平台是数字体验的核心,是用户消费信息的主要门户。因此,移动应用程序和移动体验是现代数字体验的一个典型元素。手机应用需要在各种设备和形式上进行测试。

聊天机器人等会话界面在现代数字平台中得到了广泛应用。80% 的聊天机器人用例用于客户服务,其他用例用于在线账户访问(31%)、个性化指导(25%)和在线预约(15%)等用例。因此,现代数字体验应该在所有屏幕和页面上提供对会话界面的即时访问。在本章的最后,我们详细介绍了会话界面的案例研究。

个性化用户体验与内容,根植于用户偏好与行为之中,是增强用户黏性的关键所在。为此,我们致力于构建极致个性化的应用程序,依托全面的客户 360 度数据与分析,实现用户体验的即时定制化。跨渠道用户数据的整合,使我们能够主动介入用户互动,无论是解答疑惑还是推送定制化内容与建议,均能精准触达。起始于细分市场级别的个性化策略(涵盖用户体验、内容、功能及服务的深度定制),进而深化至个体用户层面的精细化服务(依据个人偏好与兴趣,量身打造专属体验),我们不断探索个性化体验的无限可能。

数字体验成熟度模型

随着企业迈向数字化转型的浪潮，它们正积极部署流程，采纳前沿实践及工具，以深化与终端用户的互动层次。图 8.3 精心勾勒了数字体验成熟度模型的关键进阶路径，并直观展示了各阶段所涉流程、领先实践及必备工具。此模型不仅是组织优化数字体验的战略蓝图，更是其转型征途中的导航灯塔。

在基础构建阶段，企业已奠定坚实基石，拥有基础 Web 平台，主要依托静态内容（如 FAQ 等通用信息）为用户提供服务。此阶段，确保跨渠道品牌体验的一致性至关重要。我们推荐采纳直观的信息架构设计，如可预见性强的导航系统与统一风格的菜单布局，同时运用轻量化设计原则，以营造流畅无阻的用户体验。

组织在由基础阶段迈向参与阶段时，应推出原生移动应用，旨在打造更为丰富、引人入胜的用户体验。确保搜索功能的高效运作，以即时提供个性化且相关的信息，满足用户需求。同时，移动应用需支持离线模式，吸引网络条件受限地区的用户群体。追求数字界面的亚秒级响应速度，全面提升用户满意度。用户界面设计应兼顾直观性与个性化，以增强用户黏性。此外，利用分析与监控工具，对关键绩效指标及度量标准实施持续监控，不断优化用户体验。

当数字化企业采用个性化、人工智能驱动的自动化和数据驱动的分析时，可以达到"分析"阶段，即数字化体验成熟度的最高水平。人工智能驱动的对话界面用于吸引用户并快速提供相关信息。自助决策工具还使用户能够做出数据驱动的明智决策。数字应用程序应该可以在所有渠道和用户应该能够无缝地导航门跨渠道。设置分析监控工具，对数字平台进行持续、实时的监控，并通知系统管理员及时采取措施。数字平台应利用这些数据提供预测性指导（如系统补丁计划）和规定性指导（根据用户过去的行为为其推荐产品和服务）。

第 三 部 分
技术数字化转型

基础

工具:
- 网络平台
- 常见问题解答
- 静态内容交付

最优实践:
- 直观的信息架构
- 轻量化设计

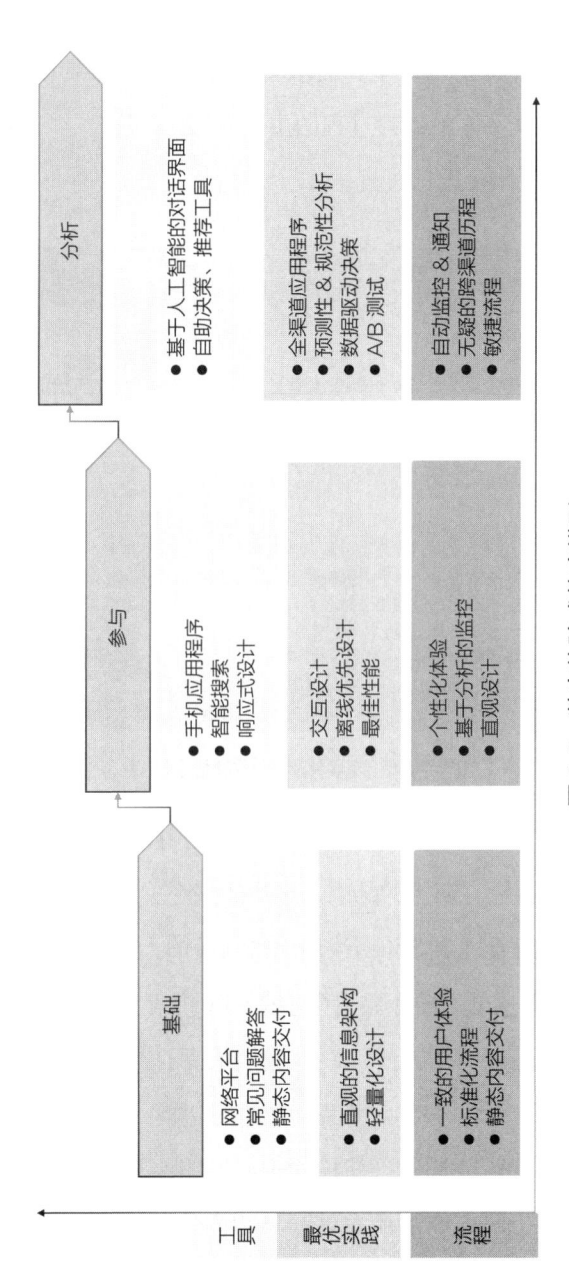

流程:
- 一致的用户体验
- 标准化流程
- 静态内容交付

参与

工具:
- 手机应用程序
- 智能搜索
- 响应式设计

最优实践:
- 交互设计
- 离线优先设计
- 最佳性能

流程:
- 个性化体验
- 基于分析的监控
- 直观设计

分析

工具:
- 基于人工智能的对话界面
- 自助决策、推荐工具

最优实践:
- 全渠道应用程序
- 预测性 & 规范性分析
- 数据驱动决策
- A/B 测试

流程:
- 自动监控 & 通知
- 无疑的跨渠道历程
- 敏捷流程

图 8.3 **数字体验成熟度模型**

155

数字化体验设计流程

体验设计过程旨在将用户期望和需求转化为以用户为中心的设计。在本节中，我们详细介绍了数字体验设计过程的主要阶段。

图 8.4 描述了数字体验设计过程。

	发现 ①	设计 ②	传递 ③
关键活动	• 了解当前背景 • 当前模型与预期经验 • 调查与访谈 • 竞品分析	• 迭代设计 • 低保真线框图 • 高保真模型 • 可用性测试 • 假设的提出与测试	• 迭代构建 • 最小可使用产品
可交付物	✓ 用户画像 ✓ 用户体验地图 ✓ 竞品分析报告 ✓ 需求文件	✓ 框架 ✓ 实物模型/可点击原型 ✓ 交互设计 ✓ UI 设计 ✓ 内容设计 ✓ 可及性设计 ✓ 品牌设计	✓ 框架 ✓ 实物模型 ✓ 视觉工具包（图形、样式等） ✓ 风格磁贴 ✓ 品牌指引 ✓ 视觉形态和库

图 8.4 数字化体验设计流程

在发现阶段，我们采访最终用户以了解他们的目标和需求。在采访过程中，我们了解客户的主要目标、期望的结果、客户的兴趣，并收集用户当前面临的挑战和痛点的见解。我们通过调查和访谈用户得到反馈，来验证从用户访谈中收集到的见解。我们还对当前的用户体验进行建模，以了解当前的用户旅程、痛点、当前的信息架构以及安全性和集成需求。一旦我们了解了当前的环境和挑战，我们就建立了预期的用户体验模型。我们对旅程地图进行建模，以解决挑战和痛点。

在分析现有网络平台的同时，我们对现有网络平台进行竞争分析，以确定改进的领域。我们可以将现有的用户体验与相同领域和相同业务功能的最流行的 Web 平台进行比较，以确定需要改进的地方。在用户研究过程中，我们还获得了与用户行为相关的见解，包括常用渠道（网络或移动）、设备偏好（iOS 或

第 三 部 分
技术数字化转型

Android 设备）、浏览器偏好等。我们确定用户角色（具有相似目标和需求的不同用户组）并定义旅程地图（网络用户为实现目标所走过的路径）。我们将在下一节中详细介绍用户角色。

基于从发现阶段收集到的需求，我们迭代地创建视觉设计。我们创建线框图和草图（低保真视觉元素——像页面布局这样传达元素）和模型和可点击的原型（高保真视觉元素，描绘视觉设计、交互、配色方案、字体方案等）。模型和原型用于向所有利益相关者传达最终的设计。我们还创建交互设计（包括人机交互元素，如呼叫操作按钮、声音设计等）、用户界面设计（描述用户界面元素，如表单、页面布局等）、导航设计（包括导航元素，如菜单）、可访问性设计和其他设计元素。我们迭代执行构思—设计—测试循环，根据用户反馈完善设计。我们为用户的目标、机会制定假设并加以验证。我们进行可行性测试来验证视觉设计的有效性。

最后，在交付阶段，我们根据前几阶段收集的反馈构建最终的模型和原型。设计团队提供可视化工具包（包括可重用的库、图标、样式表等）、品牌指南以及视觉模式和库。可视化工具包和可视化库可以在整个平台上重复使用，以构建统一且一致的品牌体验。我们构建了一个可以发布的最小可行产品。

用户研究和假设检验

用户访谈是用户研究的一个重要方面。我们会问如下的开放式问题，以了解用户的目标、行为、当前的挑战和期望。

- "您何时退出当前的 Web 平台，为什么？"
- "您希望通过 Web 平台实现哪些共同目标？你多久实现一次？"
- "请介绍一下您在浏览当前 Web 平台时面临的挑战。"
- "请提供在当前系统中完成订单流的分步流程步骤。"

在用户访谈中，我们收集了与用户事实、用户目标、用户行为和用户挑战相关的信息，如图 8.5 所示。

为了深入洞悉用户的真实面貌，我们积极探寻网络用户的核心特征。具体而言，我们聚焦于用户偏好的移动设备与浏览器类型、可访问性需求、地理位置及语言偏好、技能层次等多维度细节。这些用户画像的构建，不仅助力我们精准塑造用户角色，还促进了用户旅程地图的细致描绘。

用户目标，作为平台期望的风向标，引导我们设计一系列探索性问题，旨在挖掘用户的深层需求与愿景。同时，我们细致考察用户对工具、功能、服务及个性化的具体需求与期待，力求全方位把握用户心声。

用户行为，则是用户在平台上为实现目标而采取的一系列实际行动。我们深入分析用户的导航路径、策略选择、灵活应对方式乃至创新解决方案，全面理解用户如何与平台互动以达成目标。此外，我们还密切关注用户当前面临的挑战，力求为用户提供更加贴心、高效的解决方案。为了进一步细化用户洞察，我们针对不同用户群体及地域差异，精心设计问题，旨在揭示其独特的目标与需求。这一过程，不仅加深了我们对用户的理解，更为我们优化产品、提升用户体验奠定了坚实基础。

图 8.5　用户研究维度

通过深入的用户访谈，我们精准捕捉到了阻碍他们达成目标的各类痛点。这些痛点涵盖了从界面导航的错综复杂，到搜索结果的不尽人意；从可访问性

第 三 部 分
技术数字化转型

的局限，到性能瓶颈的困扰；再有便是可用性方面的重重挑战，全方位揭示了用户在使用过程中的真实体验与需求。

洞悉用户事实、目标、行为及痛点后，我们精心构建并验证一系列假设。以下是针对电商平台用户精心策划的假设样本：

- 在用户行为层面，设想20至30岁年龄段的用户倾向于沉浸在小说类书籍中。
- 在用户目标层面，我们假设客户追求书籍的即时送达体验。
- 至于用户面临的挑战，我们识别到客户在寻觅心仪书籍时遭遇的障碍。
- 综合上述分析，我们提炼出一个可验证的假设：年龄介于20至30岁之间的消费群体偏好阅读小说，他们渴望享受书籍的即时送达服务，并在搜索过程中面临挑战，亟待解决。

我们构想了解决这些挑战的方案，并制定了如下的解决方案假设：

个性化搜索帮助客户找到相关书籍，消除了搜索工具中的相关性问题。

我们进行了用户访谈，并使用样本用户群体来检验假设。基于反馈，我们创建低保真线框图、故事板，我们向样本用户群体演示以获得反馈。

用户角色定义

用户角色代表一组具有相似特征（事实、目标、行为和痛点）的用户。在用户研究的基础上，我们对用户角色进行建模，并为每个角色定义旅程图。

让我们看一个电子商务平台的用户角色的例子。根据用户访谈，我们确定了两个主要的用户角色：

- 精通科技的年轻购物者，代表20至30岁之间的购物者。
- 电子商务管理员代表管理电子商务平台的所有用户。

现在我们来讨论一下精通科技的年轻购物者角色。

精通科技的年轻购物者

这类用户角色代表了电子商务平台用户的重要组成部分，他们为平台贡献了大部分收入。我们已经收集了这类人群的事实、目标、行为和挑战如下所示。

用户的事实

精通科技的年轻购物者年龄在 20 至 30 岁之间，熟练使用智能手机和移动应用程序等现代科技产品。精通技术的年轻购物者使用电子商务移动应用程序购买书籍，并期望用户界面具有互动性和响应性。

用户目标

精通科技的年轻购物者希望找到适合自己口味的相关书籍。用户希望系统根据过去的购买情况了解图书类型，并根据过去的购买情况和图书评级提供个性化的图书推荐。精通技术的年轻购物者重视电子商务平台上的搜索体验和结账体验。

用户行为

精通技术的年轻购物者将大部分时间花在根据类型搜索书籍和购买用户感兴趣的书籍上。

用户的挑战

以下是精通科技的年轻购物者在目前的电子商务平台上面临的主要挑战：

- 基于关键字的搜索不会显示完全相关的结果。
- 产品检验过程步骤过多，导致延迟。
- 送书需要较长时间。

用户旅程图

我们已经根据用户期望对未来用户旅程图进行了建模，以减少当前的冲突点和当前的痛点。图 8.6 所示的旅程地图解决了精通技术的年轻购物者面临的主要挑战。

当用户收到一本新书发布的个性化通知时，精通技术的年轻购物者的旅程就开始了。基于之前的购买记录，当有属于用户兴趣类型的新书发布时，电子商务平台会主动通知用户。

第三部分
技术数字化转型

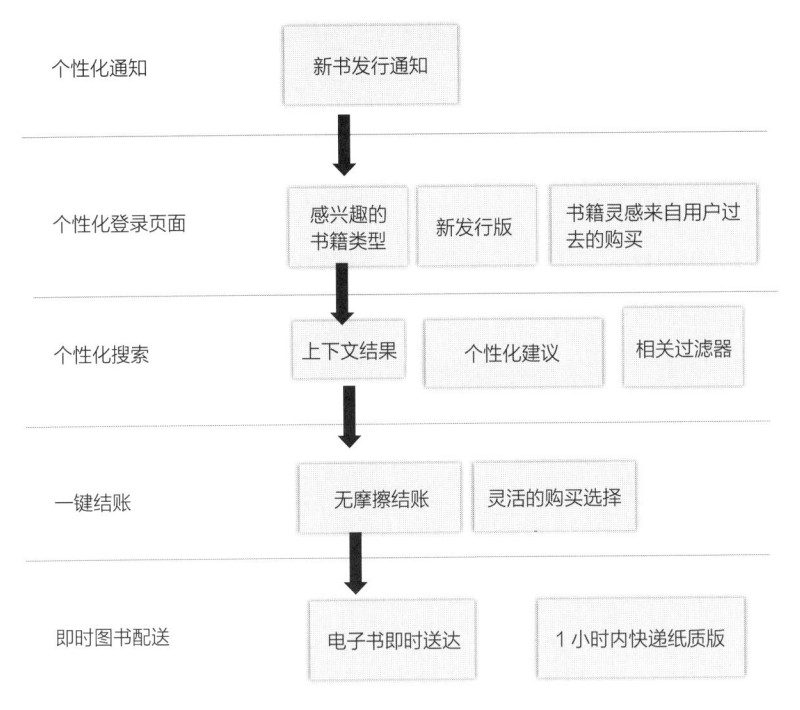

个性化通知	新书发行通知		
个性化登录页面	感兴趣的书籍类型	新发行版	书籍灵感来自用户过去的购买
个性化搜索	上下文结果	个性化建议	相关过滤器
一键结账	无摩擦结账	灵活的购买选择	
即时图书配送	电子书即时送达	1小时内快递纸质版	

图 8.6 精通技术的用户角色的旅程图

用户点击通知中的图书链接，进入电子商务平台新设计的个性化登录页面。此界面不仅详尽展示了新书的魅力，还精心罗列出更多新书及符合用户偏好的书籍类型，让选择更加得心应手。用户可轻松挑选心仪图书，享受一键结账的便捷服务。

若用户欲探索更多书名，个性化搜索功能将基于用户的过往购买历史，智能添加诸如语言、类型、作者等精细化筛选条件，精准定位搜索范围，让每一次点击都充满价值。更令人欣喜的是，个性化搜索还贴心推荐用户可能钟爱的书籍，让发现好书成为一场惊喜之旅。

一键结账功能更是将便捷性推向极致，用户仅需简单一击，即可完成选购，系统智能调用用户资料中的收货地址与支付方式，让结账流程无缝衔接，流畅至极。无论是电子书的即时送达，还是纸质书的 1 小时内速运，都彰显着系统的高效与贴心。

表 8.1 指出推荐系统中解决方案要素的痛点。

表 8.1　重新设计的电子商务解决方案

	当前场景	建议的解决方案组件
用户目标	查找相关书籍	个性化搜索，根据用户过去的购买记录提供相关图书
	搜索结果不相关	
	结账流程长	使用保存的值一键签出
用户行为	花很多时间寻找相关书籍	个性化搜索，通过相关结果节省用户的时间
用户痛点	基于关键字的搜索不会显示相关的结果	个性化搜索提高相关性
	产品检验过程步骤过多，导致延迟	一键退出
	送书需要较长时间	电子书即时送达，纸质书 1 小时送达

> **对话界面设计案例研究**
>
> 会话界面或聊天机器人是金融服务、零售和商业等各个行业中最流行的自助服务工具之一。在本案例研究中，我们讨论了设计银行会话界面数字体验的各个阶段。

发现阶段

目前，XYZ 银行的客户主要通过电话银行寻求客户服务，但漫长的等待时间已成为制约客户体验的一大瓶颈。遗憾的是，该行的门户网站尚缺乏便捷的自助服务工具，未能满足客户的迫切需求。客户渴望拥有一个直观易用的在线平台，能够轻松完成诸如账单查询、账户转账、卡片挂失等日常操作。鉴于大多数客户倾向于通过移动设备访问互联网，这一需求尤为迫切。

因此，客户对智能聊天机器人的期待日益增长，期望这些技术能够即时提供所需信息，并高效协助完成各类任务，从而提升整体的银行服务体验。

主要用例

聊天机器人的主要用例如下：

第三部分　技术数字化转型

- 用户应该能够从任何地方立即访问聊天机器人。
- 用户应该能够输入命令，或者应该能够通过麦克风说出命令。
- 聊天机器人应该能够提供多个选项（比如快速回复按钮）供用户选择。

设计阶段

在本节中，我们将讨论基于需求的主要设计元素。

对话界面

对话界面可以使用所有屏幕上可用的浮动操作按钮进行访问，因此用户可以从平台内的任何地方立即访问聊天机器人。

对话界面为用户提供个性化的问候，并提供快速回复按钮，说明聊天机器人如何帮助用户。聊天机器人界面如图 8.7 所示。聊天机器人提供了各种操作（如"显示昨天的交易""转账""挂失卡"）。用户可以选择快速回复按钮，聊天机器人根据选择的选项执行相应的操作。用户还可以使用麦克风与聊天机器人对话，以获得聊天机器人的支持。

图 8.7　聊天机器人主界面

会话界面中可用的服务选项

聊天机器人提供了与支付、账户和交易相关的选项，如图 8.8 所示。

用户可以在"付款""账户"或"交易"标题下选择所需的选项来启动交易。

图 8.8　聊天机器人的服务选项

总结

数字体验定义了用户通过数字技术与组织的交互。信息架构、视觉设计、心理学、可访问性、品牌、可用性、交互设计、视觉设计和其他元素塑造了最终的数字体验。数字体验的主要原则是以用户为中心的设计、智能搜索、决策辅助工具、最终用户测试、监控和反馈工具、全渠道和多设备体验、移动应用和虚拟助手、对话界面和个性化体验。设计思维是设计以人为中心的体验的关键方法之一，并使用问题发现方法来评估多种解决方案。现代数字体验通过智

第 三 部 分
技术数字化转型

能搜索实现相关和更快的信息发现。自助服务工具使用户能够快速做出数据驱动的明智决策。个性化的用户体验，基于用户偏好和用户行为的内容，大大提高了用户黏性。数字化体验成熟度模型的主要阶段是基础阶段、参与阶段和分析阶段。在基本阶段，组织有一个静态的基于内容的Web平台，提供一致的品牌体验。在参与阶段，我们提供个性化，参与和互动的用户体验的移动应用程序。在分析阶段，平台采用基于人工智能的自动化和数据驱动决策，提供无缝的全渠道体验。数字体验设计过程包括发现、设计和交付三个阶段。在发现阶段，我们进行用户访谈以获得上下文并定义用户角色和用户旅程图。在设计阶段，我们迭代地设计了低保真线框和高保真原型。在交付阶段，我们迭代地构建MVP。在用户研究过程中，我们会问一些开放式的问题来了解用户的目标、行为、当前的挑战和期望。用户角色代表一组具有相似特征（事实、目标、行为和痛点）的用户。

第九章

提升平台性能

简介

数字平台的性能对最终用户体验的影响最大。因此，组织计划提高数字平台的整体性能，作为数字化转型的一部分。

Web 性能以多种方式影响数字化战略的成功。优化的 Web 性能可以增加收入，提高搜索引擎排名。Web 性能也会对用户流量产生积极影响，因为性能良好的网页会增加最终用户对成功的感知。就响应时间而言，大多数用户希望在 2 秒内加载网页，而低于 2 秒的性能可以提高转化率。相反，用户更容易放弃速度较慢的网页，当页面加载时间超过 3 秒时，页面放弃率增加。

为了全面的性能优化，我们利用各种方法，如基于性能的设计、性能模式、性能测试、性能监控等。Web 性能模式为实现基于最佳实践的解决方案提供指导。

本章聚焦于性能导向的设计策略，旨在贯穿于软件开发生命周期（SDLC）的每个阶段，确保性能优化的最佳实践得以实施。同时，我们深入剖析了核心的性能促进模式与应规避的反模式。

基于性能的设计

基于性能的设计结合了跨平台所有层的 SDLC 的所有阶段的性能最佳实践。图 9.1 描述了通过 SDLC 阶段可以实现的各种性能优化。

第 三 部 分
技术数字化转型

架构与设计阶段	开发阶段	验证阶段	监测阶段
• 原则绩效检查表开发 • 性能 SLA 和指标定义 • 性能建模 • 性能测试设计 • 基础设施规模和容量规划 • 接口 SLA 规范	• 基地性能的代码审查 • 服务器的性能优化 • 分层缓存 • 静态资产优化 • 内容优化 • 代码优化 • 服务优化	• 端到端性能测试 • 移动性能测试 • 绩效分析 • 集成的性能测试 • 基础设施测试 • 负载/压力/耐力测试 • 性能瓶颈测试	• 真正的用户监控 • 多地形监测 • 服务器心跳监视设置 • 通知设置 • 绩效仪表板和报告 • 自动执行性能测试

性能工具及加速器

请求管道优化

绩效治理

图 9.1　跨 SDLC 阶段的性能优化

在设计与架构蓝图阶段，我们秉持性能导向的设计理念，精心制定性能设计准则，并编纂性能检查清单与模式，为开发与测试阶段奠定坚实基础。我们深入细化性能 SLA，明确响应时间、吞吐量及资源利用率的量化标准。同时，精心策划性能测试案例，并量身打造适配的基础设施规模。通过详尽分析峰值负载、使用高峰时段、应用使用模式，我们精准构建应用性能模型与用户负载模型，精准锁定关键性能场景，设定清晰的性能目标与指标，确保系统卓越运行。

在开发阶段，采用基于性能的开发方法，使用迭代性能代码审查。应用程序代码、服务器配置和网页从性能角度进行了微调。开发团队还使用在设计和架构阶段定义的性能设计清单和架构原则。开发了多层缓存系统。为页面模块实施资产、服务和内容优化技术。

性能验证阶段涵盖了多轮迭代的性能测试，精准聚焦于端到端性能场景，全面评估既定性能指标与 SLA 的达成情况。我们精心策划并执行了多样化的性能测试方案，涵盖峰值负载考验、基础设施稳健性评估、耐久性验证及容量扩张挑战。在细致入微的性能测试与深度分析阶段，我们精准识别性能瓶颈所在，随后对关键组件及整体系统进行精细调优，以彻底消除瓶颈，提升系统效能。此外，我们的测试范围广泛覆盖所有主流浏览器及移动设备，确保性能卓越，无懈可击。

在后期运营阶段，我们主要进行性能监控活动，如服务器运行状况检查监控、实时应用程序监控和自动化性能测试。SLA 违规会主动报告并通知系统管理员，以便他们采取纠正措施。

所有阶段都使用水平组件，例如性能工具和加速器，以提高生产率。Web 性能治理涵盖其性能优化的所有阶段。其性能在 Web 请求处理管道的各个阶段进行优化。

Web 性能反面案例和最佳实践

深入理解性能反面模式对于我们在设计与审查阶段规避其影响至关重要。本节将聚焦于识别关键的性能反模式，并探讨实施最佳实践以有效应对这些挑战。

网页设计反面模式

下面是网页设计中常见的反面模式，它们会导致网页性能不佳。

● 关键页面（如门户页面、主页或登录页面）的糟糕设计，包括大量的图像、入口弹出窗口、沉重的横幅、横幅广告和演示组件。

● 杂乱和沉重的登录页面，没有针对用户角色和复杂的页面设计，没有统一的界面。使用大量影响并行下载的资源请求，并在登录页面中放置横幅广告、入口弹出窗口以及过多的操作调用和可点击链接。

● 缺乏实时性能监控和通知基础设施，缺乏分层缓存策略。

● 在页面上使用未压缩的图像和脚本。

第 三 部 分
技术数字化转型

- 糟糕的集成设计。
  - 没有适当的 SLA 框架的第三方组件集成。
  - 服务中超时和异常处理不当。
- 具有前端单点故障（SPOF），例如阻止第三方脚本、同步加载、延迟/长时间运行的阻塞 JavaScript、内联字体、内联脚本和内联图像，以防止浏览器缓存、边缘缓存、按需加载和增加加载时间。
- HTML 文档中巨大的空白会增加页面大小。
- 缺乏全渠道战略。
  - 缺乏支持移动的站点或缺乏多设备测试。
  - 缺乏跨浏览器测试。
- 缺乏早期和迭代的性能测试。
- 页面性能的其他常见问题如下：
  - 包含大量的 JS/CSS。
  - 重复调用。
  - 失效链接。
  - 不必要的调用。
  - 放置 JS/CSS 调用。
  - 网页尺寸过大。
  - 具有巨大负载的频繁资源请求。
  - 内联样式和 JS 逻辑。

页面设计最佳实践

下面给出了适用于项目设计阶段的性能最佳实践和性能设计模式：
- 避免诸如广告之类的无关内容减少了每个页面的对象数量并改善了延迟。
- 采用以用户为中心的设计方法解决了与可用性、信息发现、可访问性和任务完成相关的挑战。

- 执行迭代性能测试评估跨地域的页面性能，并对所有页面进行全渠道测试。

- 采用用户友好和直观的信息架构，并尽量减少查找信息或到达正确页面所需的页面/链接。基于用户目标和角色创建信息架构和页面流，以便用户能够快速访问信息并完成预期任务。

- 保持关键页面的简洁设计。这涉及只使用必要的用户界面组件。应避免复杂的页面设计和页面杂乱。通过眼球追踪、整理、有针对性和有用的信息以及 A–B 分割测试/多变量测试分析等技术来优化登录页面。右窗格元素可以加载较晚，因为它的性能不是很关键。

- 使用响应式网页设计（RWD）技术来迎合多种设备和形式因素。RWD 由流体网格、可根据目标设备规格自动调整的媒体查询组成。用户感知瞬时响应时间（0.1~0.2 秒），感知信息交互时间为 1~5 秒。因此，采用响应式设计来创建交互式和高性能的 UI 元素非常重要。

- 最小化页面重量。主页和登录页的总体页面大小最好在 100KB 到 400KB 之间。最小化会话大小和 cookie 大小。

- 应该优化业务关键型流程。这包括业务流程优化，页面设计优化，搜索优化，结账/购物流程优化，用户注册优化等。

- 删除已知的性能障碍，如大量不必要的链接、iframe、大量页面和非直观的信息体系结构。

- AJAX：使 Web 应用程序能够获取资源并加载页面数据。它可以提高响应速度，缩短响应时间。

- 使 Web 组件更轻，使它们更靠近使用它的层，缓存它们的时间更长，并更智能地加载它们。

- 在请求处理管道的所有层上进行分层缓存，以获得最佳性能。

- 渐进式增强技术，它使用诸如 XHTML、CSS、JavaScript 等标准层，用 CSS 和 JavaScript 覆盖动态内容，提供跨浏览器可访问的内容。该技术主要由行

第 三 部 分
技术数字化转型

为层（通过不显眼的 JavaScript 实现）、表示层（通过 CSS 实现）、结构层（通过 HTML 标准实现）和核心内容层组成，这些层是根据设备能力有选择地添加的，以最大限度地提高可用性和可访问性。

● 最小的往返调用：网页应该尽可能地减少服务器调用。在可能的情况下，应该对调用进行批处理，以尽量减少调用。

● 异步加载模式：所有页面资产都应该异步加载，资源请求应该采用异步通信。

● 延迟加载模式：页面资产应该在需要时按需加载。

● 轻量级设计：页面应该采用使用面向 Web 的体系结构（WOA）的精益模型，并使用轻量级集成技术。

● 特定于设备的呈现：页面内容、资产应该针对呈现设备进行优化。

● 响应式页面内容：HTML 元素的响应式设计和内容的自适应设计应该遵循。

服务器调用的设计

下面给出了在后端调用或服务设计期间需要采用的主要最佳实践。

● 探索异步加载页面内容的方法。我们可以利用 AJAX 请求来加载页面部分，这提供了非阻塞的页面加载。

● 确保页面数据仅在需要时以惰性模式加载。例如，列表数据或结果数据可以显示在分页视图中，并且只能在用户导航中加载。

● 使用异步脚本和 AJAX 获取请求。

● 为外部和第三方脚本指定设计目标。外部脚本的主要设计目标是小尺寸，可读，不显眼，易于复制粘贴到主机页面和异步支持。

Web 性能模式

在本节中，我们定义了主要的性能模式和 Web 架构模式。在设计阶段设计应用程序和 Web 服务时可以使用这些模式。

模型—视图—控制器体系结构

模型—视图—控制器（MVC）架构风格是一种广泛使用的架构模式，它创建了具有模块化的松散耦合灵活的 Web 应用程序组件。从性能的角度来看，可以为 MVC 应用程序添加交互样式，例如事件观察和通知、发布/订阅和异步通信。大多数现代 Web 应用程序大量使用状态传输（Representational State Transfer，REST）架构风格，它为请求和更新 Web 资源提供了轻量级和异步的方法。

Microservices 微服务架构

微服务架构允许我们将 Web 应用程序构建为多个独立可扩展服务的组合。该体系结构使用轻量级通信机制和功能模型来构建服务。由于每个微服务都是可单独扩展的，因此我们可以使用微服务构建一个高度可扩展和高性能的系统。

面向 Web 的架构（WOA）

WOA 涉及轻量级可插拔的客户端小部件。WOA 架构在设计上是轻量级的，我们可以很容易地实现 Web 性能最佳实践。基于 AJAX 的客户端 MVC 和模型—视图—视图模型（Model—View—View Model，MVVM）架构用于构建丰富的、交互式的和响应式的 Web 应用程序。

单一职责原则（SRP）

根据 SRP 原则，模块应该只执行一个任务。通过将代码应用于组件和服务，SRP 使维护、模块化、测试和扩展代码变得更加简单。以下是一些 SRP 最佳实践：

- 每个服务应该只解决一个问题。上下文应该包含服务。
- 只有与视图相关的逻辑才应该由组件处理。每个附加的逻辑都应该由服务处理。
- 使用简单、可复用的组件创建可复用的服务。
- 创建更紧凑、模块化和可复用的功能。
- 业务逻辑和表示逻辑不应该结合在一起。

第 三 部 分
技术数字化转型

- 遵守 DRY 原则（不要重复自己）。可重用性、可维护性、可测试性和复杂性都由 DRY 方法保证。
- 自适应设计。
- 为了支持各种设备和浏览器，应该使用响应式设计。为了在不同的浏览器和设备上最佳地呈现网页，响应式设计使用了 HTML 5、CSS 3 和媒体查询。
- 使用一种工具，为 Web 和不同的移动设备使用单一的代码库来开发 Web 平台。同构的应用程序在客户端和服务器端使用相同的代码库。例如，在开发混合跨平台应用时，我们可以为 iOS 和 Android 移动应用使用单一源代码。单一代码库增强了可维护性，并显著降低了实现、支持和维护成本。此外，一个代码库减少了上市时间。

关注点分离

要处理数据、用户界面呈现逻辑、业务逻辑和通信逻辑，需要创建单独的模块和组件，每个模块和组件处理一个特定的关注点。该设计提高了代码的可测试性、可重用性和可扩展性。

可测试性

SRP，它分离关注点，应该用于模块和组件的开发。这使得测试代码变得简单。

即插即用架构

服务器 API 必须具有足够的适应性，以支持广泛的客户端（包括浏览器、移动应用程序、平板电脑、可穿戴设备、手表、自助设备等）、部署模型（包括内部部署、云或无服务器架构）、协议（包括 HTTP、HTTPS、REST、SMTP 等）和平台（包括内部部署、云和无服务器架构）（跨云、数据库、UI 框架等）。

可扩展性

API 应该根据企业使用它们的方式进行划分。API 驱动的设计应该使逐渐添加业务功能成为可能。

服务治理

通常，服务治理是通过集成中间件系统提供的。服务治理应该处理以下给定的最佳实践：

■ 解析传入请求以匹配恶意模式。我们可以利用 Web 应用程序防火墙（WAF）来保护应用程序免受 Web 漏洞的攻击。例如，我们可以使用主体解析器中间件来解析 HTTP 请求。

■ 在处理之前，必须对请求进行身份验证。例如，我们可能会使用护照处理许多身份验证方案（例如 OAuth、电子邮件、第三方身份验证等）。使用标头，像 Helmet 这样的中间件可以保护 API。

■ 记录请求和答案。

■ 控制 CORS（跨域资源共享）。

■ 使用 HTTP-PROXY 等中间件代理的请求。

■ 通过解决数据、网络和应用程序问题来管理错误。

■ 减少 HTTP 响应的大小。例如，压缩中间件可用于压缩 HTTP 响应。

■ 缓存所需的静态数据。

■ 执行任何必要的数据转换。

中间件可以组织特定于系统的请求，并通过采用 API 接口设计对调用者隐藏详细信息。

异步 API 调用

大多数当代在线平台使用异步服务器 API 调用。这些异步调用允许我们并发地运行作业，并防止请求处理中的延迟。

处理性能瓶颈

在表 9.1 中，我们定义了各种性能瓶颈场景和 Web 性能优化模式，以避免瓶颈场景。

第 三 部 分
技术数字化转型

表9.1 性能瓶颈和模式

导致瓶颈的组件	高负载瓶颈场景	Web性能优化模式
用户代理层		
页面级Web对象	每个页面的大量对象会影响页面大小和页面加载时间	最小化每个页面的对象并异步加载资源
资源请求	每个页面较高的同步资源请求会影响页面加载时间	最少的HTTP请求,避免长时间运行的脚本,最小化和合并资源以最小化资源请求
内联图像和内联脚本	内联图像和内联脚本增加页面加载时间	外化图像和脚本,避免使用内联脚本和图像
关键路径中的Web对象	HTML解析和JS执行占关键路径的35%,形成瓶颈	避免长时间运行的脚本,使用异步脚本
Web服务器层		
第三方脚本/外部对象	为长时间运行的脚本创建前端SPOF	使用异步脚本并测试第三方对象,使用暂停来避免阻塞
脚本	长时间运行的脚本/文件的同步请求阻塞了页面并创建了单点故障	异步资源请求和按需加载,使用第三方脚本的iframe,对性能指标的真实用户监控
应用服务器层		
服务器响应	影响到第一个字节的时间(TTFB)、延迟和页面加载时间	CDN使用和连接缓存
服务器配置	不适当的连接池大小、连接池设置、线程池大小会影响重载时的性能	微调和测试应用程序服务器设置
网络层		
DNS查找	DNS解析影响关键路径	DNS缓存和连接缓存

性能验证

性能测试期间,核心在于精准模拟用户负载与深入剖析资源利用效率。我们紧贴应用特性及性能服务等级协议（SLA）标准，精心策划并执行多样化的性能测试方案。以下是性能测试的几大核心类型概览：

负载测试：在预定义的负载环境下，计算特定并发用户负载的系统性能。跟踪负载如何改变系统的行为和性能。在整个负载测试过程中，请密切关注系统资源的使用情况，包括 CPU、RAM 和网络。

压力测试：评估系统在压力下的性能和行为。作为测试的一部分，系统将经历峰值负载、意外峰值和长时间高负载情况。我们将确定应用程序的断点和系统在不出现性能下降的情况下所能支持的最高负载。请记住，在此测试期间，系统将经历资源耗尽。在压力测试期间，以下指标受到监控和验证：

- 确定峰值限制，例如最大并发用户数、事务数和可用性。
- 在峰值和平均负载下有多少并发用户。
- 在峰值和平均负载下并发活动的事务有多少。
- 耐久性测试：为了评估系统的性能和行为，将对其进行长时间的负载测试（通常为48至72小时）。在此测试期间，我们可以发现任何潜在的内存泄漏、缓冲区溢出问题和与硬件相关的问题。
- 测试可伸缩性：我们将根据工作负载模型使用不同的工作负载来评估系统。在此测试期间，我们迭代地提高并发用户的数量，同时监控系统的性能。必须确定主要工作负载，并且必须消除妨碍应用程序可伸缩性的瓶颈。我们从10%的数据开始，然后随着数据量的频繁增加而增加到最大值。
- 可靠性和可用性测试：在负载测试和压力测试期间，我们将评估系统的可靠性和可用性。我们还将检查系统的平均故障间隔时间（MTTF）。
- 性能基准测试：我们将应用程序的性能与之前的迭代进行比较。我们还将应用程序的性能与同一类别的应用程序和竞争类别的应用程序进行比较。
- 数据量测试：为了有效地测试系统，必须使用类似于生产的数据量和内容。

第三部分
技术数字化转型

性能指标

利用性能度量，我们能够有效追踪系统的综合效能。以下是关键表现概览：

响应时间——我们评估页面、事务和业务操作的总体响应速度。为此需要测试不同用户负载下的响应时间。此类别中的关键指标是往返时间（RTT）、页面响应时间、到第一个字节的时间、资产加载时间等。

系统可伸缩性——根据工作负载模型使用不同的工作负载，对系统进行测试。我们逐步提高并发用户数，测试系统在不同需求下的可扩展性。此类别中的关键指标是每秒事务数、吞吐量、平均和峰值负载期间的资源利用率指标。

可用性——在负载测试和压力测试期间，我们评估系统的可靠性和可访问性。我们还检查了系统的 MTTF。

资源利用率——在不同的负载期间，我们关注系统的资源，包括 CPU、RAM、网络带宽和输入/输出活动。这个类别的主要指标是平均 CPU 利用率，平均 RAM 利用率等。在不同的负荷期间，我们评估资源消耗是否合理，是否在预定的范围内。例如，我们关注整个负载测试期间 CPU 使用率是否保持在 80% 以内。

弹性——我们评估系统容忍组件故障和从错误中恢复的能力，并管理它们。

性能工具

表 9.2 详细介绍了可用于性能监视和性能测试的工具。

表9.2 性能工具

类别	工具举例
性能监控和可视化	Prometheus and Grafana
综合监测	● DynaTrace（Commercial） ● Selenium ● Lighthouse

续表

类别	工具举例
日志监控	● Splunk ● Fluentd ● DataDog
容器监测	● Node exporter ● Docker stats ● cAdvisor ● Prometheus
Web 页面监控（页面大小、页面响应时间、请求数量、资产加载时间等）	● Site speed ● Google page speed insights ● Pingdom（commercial） ● Silk performance manager（commercial） ● Uptrends（commercial）
开发工具 / 页面审计	● Google Chrome developer tools ● Test my site ● Google Chrome lighthouse ● HTTP Watch ● Fiddler ● Firebug ● Web tracing framework ● Timeline tool
云监控	亚马逊云监测
网站速度测试	
负载测试	● BlazeMeter ● Apache JMeter
网站延迟测试	Ping 测试
真实用户监控（RUM）	● New relic ● SpeedCurve

第三部分
技术数字化转型

总结

基于性能的设计结合了 SDLC 所有阶段的性能最佳实践。在设计和体系结构阶段，我们定义性能设计原则，并开发可在开发和测试阶段使用的性能检查表和性能模式。在开发阶段，将采用基于性能的开发方法，使用迭代的性能代码审查。在验证阶段，我们为端到端性能场景执行迭代性能测试和测量所有确定的性能指标和 SLA。在后期运营期间，我们进行性能监控活动。主要的性能反面模式是关键页面设计不当、登录页面过重、缺乏性能监控和集成设计不当。主页设计的最佳实践是采用以用户为中心的设计、进行迭代性能测试、采用用户友好和直观的信息架构、使用 RWD、轻量级设计等。主要的 Web 性能模式有 MVC 架构、微服务架构、WOA、SRP、自适应设计、单一代码库、关注点分离、可测试性、即插即用架构、可扩展性和服务治理。负载测试和压力测试是评估应用程序整体性能的主要性能验证。主要的性能指标是响应时间、系统可伸缩性、可用性、资源利用率和弹性。

第十章

人工智能与数字化转型

简介

我们生活在一个大多数任务、流程和日常活动越来越被机器自动化的时代。自动化带来了生产力、便利、时间节约和成本节约，使人类能够将时间和精力投入到更有价值和复杂的任务中。以机器为主导的自动化正在彻底改变我们的生活方式、沟通方式、工作方式和商业方式。人工智能驱动的系统正变得无处不在，以多种形式影响现代人类文明，并重新定义我们生活中的日常任务。

人工智能是自动化革命的驱动力。人工智能帮助机器像人类一样"学习"和"理解"。人工智能是一门跨学科科学，它采用自然语言处理（NLP）、机器学习、知识处理、推理、预测等多种方法。

简单来说，人工智能包括使机器执行人类擅长执行的智能和认知任务的方法和系统。这些任务包括游戏、语言翻译、模式识别、图像识别、做出合理决策、解决问题和推理等。

人工智能和机器学习是数字转型过程中的关键工具。机器学习使许多流程实现了数字化转型，如销售和库存预测、基于计算机视觉的自动结账、客户流失预测、欺诈检测等。本章将讨论人工智能的历史、基础和应用。

定义

"智能"这个词意味涵盖了很多含义。让我们来看看它的一些定义：

"获取和应用知识的能力，尤指为了达到目标，所采取的行动。"

- "个体在两个量化指标上的相对地位，即测量所得的智力，以智商表示，

第 三 部 分
技术数字化转型

以及适应性行为的有效性。"（出自美国传统史蒂德曼医学词典。）

"学习、理解、处理新情况或困难情况的能力。"

■ "根据客观标准（如测试）衡量，运用知识来操控环境或进行抽象思考的能力。"（《韦氏医学词典》）

■ "理解力；从经验中参悟和获益的能力。"

■ "学习和解决问题的能力。"（出自《韦氏词典》。）

从本质上讲，智能包含 3 个核心属性：

■ 知识获取/学习/适应：智能体应该能够通过理解、观察、推断、经验、学习、阅读等方式获取知识。智能实体应该能够不断从经验中学习，并适应新的或前所未见的情境。

■ 基于知识的推理：智能体应该能够利用知识来得出最优结果，在各种选项之间做出决定，进行规划，并高效完成任务。智能体应该能够处理不确定性和意外问题。

■ 理解和感知：智能体必须能够通过语言、视觉和模式识别来理解和感知世界。

广义上讲，人工智能是一个致力于使机器变得"智能"的领域。人工智能包含使机器获取知识、利用获取的知识进行推理，并帮助机器理解和合成现实世界的方法。

在所有定义中，人工智能的共同特征如下：

■ 具有类似人类的特质，如思考、学习、决策、推理等。

■ 通过得出给定输入的最优结果或最优地解决问题来展现理性行为。

■ 在处理知识、理解和做出智能决策方面展现出类似人类的智能。

人工智能方法

知识获取、基于知识的推理、理解以及感知是人工智能系统的核心原则。知识有多种形式（如文本知识、图像知识和视觉知识等）、多种格式（如结构化或非结构化等），且不断变化，本质上具有海量性。因此，为了获取知识，人工智能系统应具备以下特性：

- 能够识别和提取知识的关键要素/实体。
- 能够识别知识中的常见模式或将相似元素分组。
- 能够将获取的知识推广到未见或例外的场景。
- 具备处理不准确或模糊知识内容的能力。
- 具备通过消除不必要的知识内容来精简知识的能力。

为了实现上述目标，常用的关键人工智能方法包括：

- 搜索：采用搜索方法，通过启发式搜索和其他搜索策略来解决问题。
- 知识利用：利用知识的结构来解决复杂问题。
- 抽象：从不重要的知识中提取出重要和关键的特征。

关键人工智能方法之间的关系如图 10.1 所示。

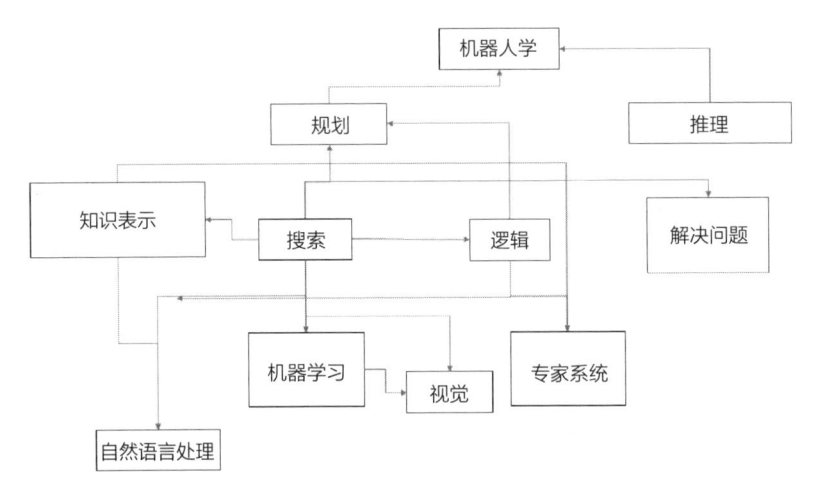

图 10.1 关键人工智能方法关系

人工智能的基础

人工智能的发展和应用依赖于多个科学领域的方法和技术。在图 10.2 中，

第 三 部 分
技术数字化转型

我们列出了对人工智能发展做出重要贡献的学科领域。

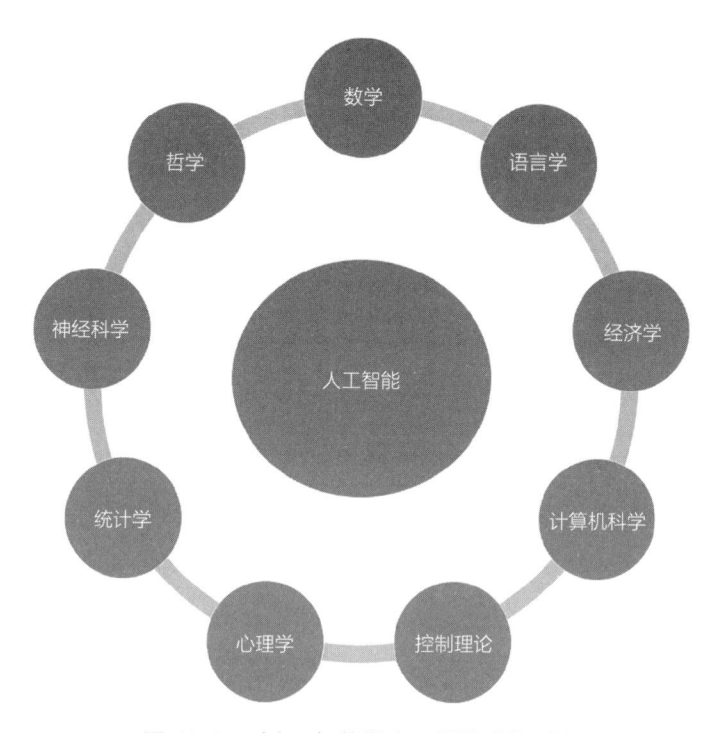

图 10.2 对人工智能做出贡献的科学领域

哲学

诸如逻辑推理、理性理论、语言理论和推理等概念都是哲学的一部分。理性法则定义了支配心智和二元论（描述现实世界的双重形式，即物质/物理的和非物质/精神的，以及心智与身体是彼此分离的）的法律和规则，还有唯物主义（心智、身体以及世界上的其他实体都遵循物理定律）、归纳原则（规则基于感官接触元素的关联性）等。以下是哲学中影响人工智能发展的关键思想：

- 逻辑与推理方法。
- 心智作为物理系统。
- 学习的基础。
- 语言。

- 理性。

数学

在人工智能的发展历程中，数学领域中的诸多概念发挥了深远的影响，包括但不限于概率论、逻辑学（如命题逻辑和谓词逻辑）、算法学、可判定性、形式化表示与证明算法、自动推理、形式逻辑以及知识表示等。从历史角度来看，一些数学概念如难解性（即解决问题所需时间随输入规模呈指数级增长，如 NP 完全问题）、归约（将一个类别的问题转化为已知解法的另一类别问题）、概率论（处理不确定性的方法）等，都在决策制定中得到了广泛应用。

经济学

经济学领域的以下概念对人工智能领域产生了深远影响：

- 博弈论。
- 理性决策的形式化理论。
- 决策理论与概率论的结合。
- 马尔可夫决策过程。

语言学

在人工智能的广阔领域中，语法、自然语言处理以及知识表示等概念，与以下主题一同构成了该领域的关键基石：

- 自然语言的多元理解。
- 形式语言。
- 句法与语义分析。
- 知识表示。
- 语言与思维过程的关联。

第三部分
技术数字化转型

统计学

诸如回归模型、从数据中学习、不确定性建模等主题在人工智能中得到了应用。

神经科学

以下是一些受神经科学启发的关键思想：
- 将神经元视为人工神经网络中的信息处理单元。
- 大脑功能的研究。

心理学

心理学领域对行为主义和认知心理学（即研究大脑如何处理信息）等相关概念尤为关注。心理学中影响人工智能的关键因素包括：
- 感知与运动控制的现象。
- 人类适应能力的分析。
- 人类行为分析（人们如何思考和行动）。
- 人类推理与行为的研究。
- 人类如何学习并处理知识。
- 学习、记忆与思维的研究。
- 为人工智能提供推理模型。
- 将人类大脑视为信息处理机器。

计算机科学

计算机科学中的大部分核心概念（如编程、算法、设计模式、并行计算、数据结构、大规模计算、机器学习、模式检测、网格计算等）均被广泛应用于逻辑推理与决策制定过程中。这些技术为人工智能系统提供了强大的支撑，使其能够模拟人类的思维过程，执行复杂的任务，并不断优化自身的性能。

控制理论

控制理论影响的主要概念如下：
- 系统的稳定性。
- 简单的最优代理设计（即在一段时间内最大化目标函数的系统）。
- 人工制品如何在自主控制下运行。
- 从环境中接收反馈的最优代理。

问题解决

人工智能程序通常用于解决具有明确结构和规则的结构化问题。

在本节中，我们将列出问题解决的主要步骤。图 10.3 展示了问题解决的关键步骤：

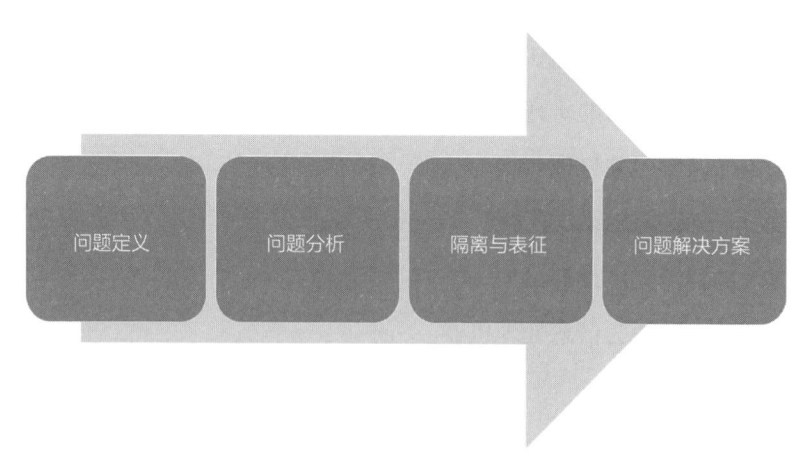

图 10.3　问题解决步骤

问题解决的关键步骤：
- 问题定义：在这一阶段，我们必须提供精确的问题描述，包括初始解决

第 三 部 分
技术数字化转型

方案和最终解决方案。同时，我们还需定义可接受的解决方案标准。

- **问题分析**：在此阶段，我们需要筛选出主要特征，并选择那些对问题解决方案有重大影响且适合技术实施的最重要特征。
- **隔离与表示**：在这一阶段，我们将选定的特征和任务知识转化为知识表示形式。
- **问题解决技术**：在此阶段，我们选择最适合应用于该问题的最优技术。

主要考量因素

- **解决方案保证**：需要确保问题解决者能够提供解决方案。
- **终止保证**：需要确保系统能够始终终止运行，避免陷入无限循环。
- **最优性**：所选的解决方案应达到最优。
- **搜索复杂度**：搜索过程的复杂度也是需要重点考虑的因素之一。
- **降低搜索复杂度**：需要采取措施来降低搜索的复杂度。

基于状态空间搜索的问题解决

搜索是人工智能程序中采用的主要问题解决方法之一。一个用于问题解决的人工智能代理通过在问题空间（即需要解决方案的整体问题陈述）中寻找解决方案来解决问题。搜索策略提供了找到最优解的整体策略。

状态空间正式地表示了问题定义，它通过操作将一种状态转换为解决状态。我们可以通过在问题空间中应用解决方案技术来遍历状态空间，直到达到目标状态。解决方案由从初始状态到目标状态之一的路径表示。

基于状态空间模型的问题解决的关键组件包括：

- **搜索空间**：这表示从初始状态可达的所有状态的集合。在图表示中，每个状态是图中的一个节点，而动作则由节点之间的弧表示。路径由一系列通过一系列动作连接的状态序列表示。
- **搜索树**：提供了从初始状态出发的所有可能性的树形表示。

- **状态**：状态表示给定时刻的所有问题元素。在图形表示中，状态由图节点表示。
- **操作符/动作**：操作符由一个节点到另一个节点的有向弧表示。操作符表示代理可以采取的合法动作，以从一个节点移动到另一个节点。
- **初始状态**：表示搜索过程的起点。
- **目标状态**：表示搜索过程期望的终止状态集合。目标状态满足搜索目标。
- **解决方案**：解决方案由从初始状态到目标状态的路径表示。

在旅行商问题中，初始状态代表起始城市，目标状态代表终点城市，行动/操作符表示从一个城市移动到另一个城市，而解决方案则是从起始城市到终点城市以最小成本进行的一系列行动序列。

状态空间搜索由四元组 [N, A, S, GD] 表示，其中：
- N 代表问题空间。
- A 是节点间弧（操作符）的集合。
- S 代表问题的起始状态。S 是 N 的非空子集。
- GD 代表问题的目标状态。GD 是 N 的非空子集。

我们将解决方案表示为从节点 S 到 GD 中某个节点的路径。

问题特征

为了为问题提供最优解决方案，我们需要从各个维度理解和分析问题。我们需要识别问题的特征，以便我们能够识别和选择解决方案策略、操作符，并得出最合适的解决方案。

以下是一些问题特征：
- **可分解性**：我们需要检查给定的问题是否可以分解为更小的子问题。如果主要问题，可以分解为更小的子问题，我们可以并行地独立解决这些更小的子问题。例如，字符串搜索问题，可以通过使用二分搜索方法进行分解，在该方法中，我们递归地将字符串数组分割，并搜索所需的字符串。

第 三 部 分
技术数字化转型

■ 可忽略/可恢复/不可恢复：解决问题的步骤可以分为可忽略的（即那些可以安全地忽略，而不影响整体解决方案的步骤）、可恢复的（即次优解决步骤，可以通过回溯来改变/纠正）和不可恢复的（即对最终解决方案有直接影响且无法更改的解决步骤）。例如，在解决方案末尾的验证步骤是一个可选功能；即使忽略验证，也不会影响解决方案的方法。在一些解决方案中，如 n 皇后问题、子集和问题，如果未导致最优解决方案，则可以回溯解决步骤。在像国际象棋这样的游戏中，解决步骤是最终的，无法回溯。了解问题的特征（可忽略/可恢复/不可恢复）有助于我们设计适当的控制结构。对于问题的可忽略部分，无须回溯；对于可恢复的部分，我们可以设计回溯机制；而对于不可恢复的问题，我们需要制定稳健的决策过程，因为此时无法回溯。

■ 解决方案的可预测性：有些问题具有可预测的解决方案（如水壶问题），而其他一些问题则具有不可预测的解决方案（如玩纸牌）。对于具有可预测解决方案的问题，我们可以设计解决方案步骤以达成解决方案，并避免所有不必要的解决方案步骤。在不可预测解决方案的情况下，我们可以设计具有很高可能性导向解决方案的步骤。

■ 解决方案的最优性：在这一类别中，我们有两类问题：任意路径问题和最佳路径问题。在任意路径问题中，我们可以通过任何解决方案路径达到最优解决方案。例如，在水壶问题中，我们可以通过多种解决方案路径达到固定解决方案。在第二组问题中，我们有多条解决方案路径可以导向解决方案，而最佳解决方案路径是首选方案。例如，在旅行商问题中，我们有多条从出发城市到目的地的解决方案路径，但成本最低的路径是首选解决方案。

■ 知识依赖性：少数问题严重依赖于知识，并需要大量的训练数据。例如，国际象棋游戏需要了解各种游戏策略，并且机器需要通过大量的游戏进行训练。游戏策略有助于机器缩小搜索范围，并快速找到最优解决方案。

■ 交互性：少数问题需要机器与人类的交互，而另一些问题则可以独立解决。例如，搜索问题、水壶问题可以独立解决，而对话界面系统（如聊天机器人）或医疗诊断问题则需要与人类的交互。

约束满足

约束满足涉及在约束集空间中进行搜索。在初始状态下，约束集包括明确指定的约束。目标状态是满足给定约束集的状态。人工智能程序必须发现满足所有约束的目标状态。

通过应用约束，我们可以消除搜索空间中的许多分支。在做出决策后，传播新出现的任何约束。约束满足也可以应用于规划，其中某个部分计划可能会超出指定的约束，因此可以将其消除。主要有两种规则：

- 定义有效约束传播的规则。
- 在必要时提出猜测的规则。

约束满足问题（CSP）的两步过程如下：

- 在整个系统中识别/发现所有约束并进行传播。
- 通过猜测并向系统添加新约束来逐步进行搜索。

CSP 主要用于调度问题、地图着色问题、时间表问题、分配问题、密码算术问题以及其他问题。

人工智能的应用

随着学习算法的不断革新和信息处理方法的涌现，人工智能正变得愈发普及和强大。它持续有效地解决新问题，处理复杂信息，从而减轻人类的信息/认知负担。在所有认知任务中，人工智能都有效地辅助着人类。我们可以将人工智能的应用大致分为以下几类：

- 知识表示：这一类别涵盖了专家系统。
- 机器学习：这一类别包括深度学习应用、模式识别、推荐系统和自动分类。

第 三 部 分
技术数字化转型

- 推理与问题解决：这一类别包括定理证明器和游戏应用。

人工智能推动的数字转型应用案例

本节详细介绍了人工智能和机器学习在不同行业中推动的各种数字化转型应用案例。

金融行业：人工智能和机器学习模型在以下用例中得到广泛应用。

- 信贷决策：人工智能和机器学习模型可根据与客户的信用历史、还款历史、征信局数据等相关的各种数据点，辅助进行信贷 / 贷款决策。

- 信贷承保：我们可以利用人工智能和机器学习模型，根据这些模型的信用评分来决定合适的信贷额度。

- 预测分析：金融机构主要利用人工智能和机器学习模型进行预测分析，以支持如金融产品升级销售和交叉销售、产品续签倾向模型、违约预测、不良贷款预测、支出提升、客户细分等用例。

- 欺诈检测：人工智能和机器学习模型能够基于客户的消费模式和历史数据，有效地识别信用卡交易中的潜在欺诈行为。

- 文档处理：许多文档处理用例，如索赔处理（针对保险行业）、自动化贷款处理、通过光学字符识别将物理表单数字化为数字表单等，都可以由人工智能和机器学习高效完成。

- 呼叫中心智能：我们可以利用人工智能 / 机器学习实时转录呼叫中心的语音数据，并分析客户情绪、客户满意度，并进行干预以提升客户体验。

- 数字银行：金融机构可以提供一系列数字银行服务，如手机银行、网上银行，并配备视频客户身份验证（KYC）、数字分行、虚拟助手、聊天机器人等功能。

除此之外，人工智能 / 机器学习还可以广泛应用于多种场景，如反洗钱、信用卡欺诈检测、网络攻击检测、文档分类、语音转文本用例以及文本转语音用例等。

零售与电子商务：以下是人工智能/机器学习在零售与电子商务行业中常见的应用案例。

- 个性化推荐：人工智能/机器学习可以根据从客户兴趣、偏好及其他数据点中学到的知识来推荐产品。
- 客户体验：人工智能/机器学习模型为客户提供无缝的注册和搜索体验。人工智能/机器学习还可以自动化许多活动，如票务记录、搜索等。
- 对话界面与聊天机器人：由人工智能/机器学习驱动的聊天机器人和虚拟助手可以快速响应客户，帮助解决查询并执行任务。
- 客户注册：通过视频KYC（客户身份验证）和自动化的数据验证，人工智能/机器学习解决方案可以快速无缝地完成客户注册。
- 产品捆绑：人工智能/机器学习可以根据客户的兴趣、产品关联度及其他属性推荐可以与其他产品一起打包/捆绑销售的产品。
- 情感分析：可以利用人工智能/机器学习模型的先进自然语言处理能力来评估产品评论、社交媒体动态等中的整体客户情感。这有助于为产品团队提供反馈循环，并迅速解决各种投诉。
- 图像分析：企业可以利用人工智能/机器学习提供图像分析功能，如图像搜索、图像记录、图像匹配等。
- 库存管理：人工智能/机器学习模型用于分析和预测库存，以确保在销售高峰期库存中有足够的商品。

资本市场

- 投资组合管理和优化 – 我们可以根据客户的长期目标来优化其投资组合。
- 算法交易 – 利用快速变化的股票价格，使用人工智能模型进行算法交易。

汽车行业

- 运输/配送优化和预测，自动驾驶。
- 制造。
- 路线优化，预测性机器维护，远程设备制造，远程监控。

第三部分
技术数字化转型

医疗和制药

- 自动化理赔处理,加速药物发现,患者健康预测。

农业

- 生成作物洞察。

媒体与娱乐

- 个性化内容推荐,内容审核。

教育

- 学习机器人,个性化学习内容推荐。

生成式人工智能

基于大语言模型(LLMs)的新一代生成式人工智能,通过训练大量数据,可用于多种应用场景。生成式人工智能的基础模型在大量数据上进行预训练,并生成新内容(如文本内容、图像、音乐等)。这些基础模型可应用于多种场景。以下是生成式人工智能在数字化转型中的高级用例:

- 对话界面,通过提供类似人类的对话体验来帮助客户。
- 生成博客、文章、产品文档、营销活动电子邮件。
- 从文档和大量数据中总结和提取关键见解。
- 根据文本提示生成图像,以辅助营销和创意团队。
- 生成学习内容,减轻知识工作者的认知负担。
- 创建问答机器人,利用企业内部数据回答客户问题。
- 实现语言之间的翻译。
- 基于大量数据生成报告。
- 生成代码,并将生成式人工智能作为编程助手。

在后续章节中,我们已讨论了生成式人工智能在各行业领域的多种应用场景。

人工智能在数字化转型趋势中的作用

人工智能在企业数字化转型中发挥着关键作用。人工智能正在重新定义自动化结构化活动的方式，并通过高级自然语言处理任务帮助企业积极与客户互动。以下是我们定义的由人工智能驱动的关键数字化转型：

■ 计算机视觉：人工智能和机器学习提供了高级目标检测能力，这些能力被用于远程监控、视频客户身份验证、数字银行、数字分行、面部识别等数字应用中。

■ 对话界面：由人工智能驱动的应用程序能够以自然语言与人类进行对话。企业将这些对话界面部署为聊天机器人、语音机器人、虚拟助手和数字人，以帮助客户更快地解决他们的查询。

■ 上下文搜索：企业利用人工智能进行语义搜索，以向其客户提供最相关的内容。由人工智能驱动的语义搜索引擎会对企业数据进行索引，并可以为客户提供个性化和相关的结果。

■ 推荐系统：由人工智能驱动的应用程序可以使用客户的历史购买数据，并将当前客户的兴趣和偏好与其他客户相匹配，以提供相关的产品推荐。企业使用由人工智能驱动的推荐应用程序来实施交叉销售和追加销售策略。

■ 预测系统：由人工智能驱动的系统可以使用各种方法来预测库存和销售情况，从而帮助企业微调营销策略并管理库存。

■ 异常检测：企业可以使用人工智能方法来识别销售趋势和报告中的异常情况。

■ 内容生成：基于大语言模型的生成式人工智能能够根据输入提示生成内容。生成式人工智能模型经过大量数据的训练，可用于多种用例，如创作内容（营销内容、产品手册等）、生成图像（如创意图像）、视频创作、问答、逻辑推理、内容摘要、呼叫分析（如呼叫后分析）、文档摘要、生成对话界面等。

第三部分
技术数字化转型

使用人工智能进行数字化转型

现代企业依赖人工智能和机器学习模型来扩展其复杂任务，自动化活动并处理大量数据。启用人工智能的应用程序可以显著减少处理时间，从而提升客户体验。在本节中，我们将深入探讨几个使用人工智能对传统流程进行数字化转型的用例。

人工智能驱动的客户开户

人工智能和机器学习模型使企业能够无缝地引导客户完成开户流程。客户开户的数字化是最常见的数字化转型用例之一。在本节中，我们将描述将客户开户流程数字化的方法。

传统客户开户流程

许多企业，如银行和其他金融机构，都依赖线下渠道来引导客户开户。客户需要亲自前往银行分行，填写申请表并提交身份证明文件给分行负责人。分行负责人随后会验证这些文件，并将客户详细信息录入银行系统。由于这些流程中大部分操作都是手动的，因此客户开户的整体时间通常需要3天到1周不等。

加快开户流程的速度能够让组织迅速完成客户开户，从而对整体客户体验产生积极影响。

客户开户流程的数字化转型

现代企业高度依赖数字化流程来快速引导客户开户。我们在图10.4中描绘了一个数字化开户流程。

以下是启用人工智能的数字化客户开户流程的详细步骤：

（1）客户访问启用人工智能的数字化银行移动应用。

（2）客户需准备好移动应用所需的身份证明和地址证明文件。

（3）当开户流程启动时，移动应用会捕捉客户的照片并检测其活跃度。

（4）在下一步中，移动应用会拍摄身份证明和地址证明文件的照片。

（5）借助人工智能的移动应用会从文件中提取关键信息。这些关键信息包括客户的全名、地址、身份证号等。

（6）如果缺少任何信息，移动应用会请求提供额外信息（如当前电话号码、当前电子邮件地址等）。

（7）客户可以使用移动应用提供额外信息。

（8）启用人工智能的移动应用，会将客户提供的信息与从文件中提取的信息进行比较。例如，移动应用会将实时会话期间捕捉到的客户照片，与从身份证明文件中提取的照片进行匹配。如果图像匹配度超过设定的阈值，则客户的开户流程即告完成。

（9）验证后的客户详细信息将被添加到企业数据库中。

（10）客户可以使用手机或电子邮件地址登录系统。

（11）开户流程被标记为已完成。

从上述流程中我们可以看出，所有步骤都是数字化的，而且许多任务如照片匹配和文件提取都实现了自动化，并由人工智能驱动。因此，我们可以在1小时内完成整个流程，从而实现客户的快速开户。

我们已列出使用数字客户入会流程的关键人工智能和机器学习服务，具体如下：

（1）**计算机视觉**：我们使用图像识别机器学习模型来检测客户的面部。同时，我们也利用这些图像识别模型来检测人员的生命特征，并在验证阶段，将实时会话中的人脸与从身份证件中提取的客户图像，进行匹配。如果匹配度超过设定的阈值（如98%），我们即可确认客户的信息。

（2）**智能文档处理**：我们采用与智能文档处理相关的机器学习模型，从身份证件中提取关键信息。这些机器学习模型经过训练，能够识别姓名、地址、照片等关键信息，并能从图像中提取文本信息。

（3）**语音转文本**：当客户通过语音提供缺失信息时，语音转文本机器学习

第 三 部 分
技术数字化转型

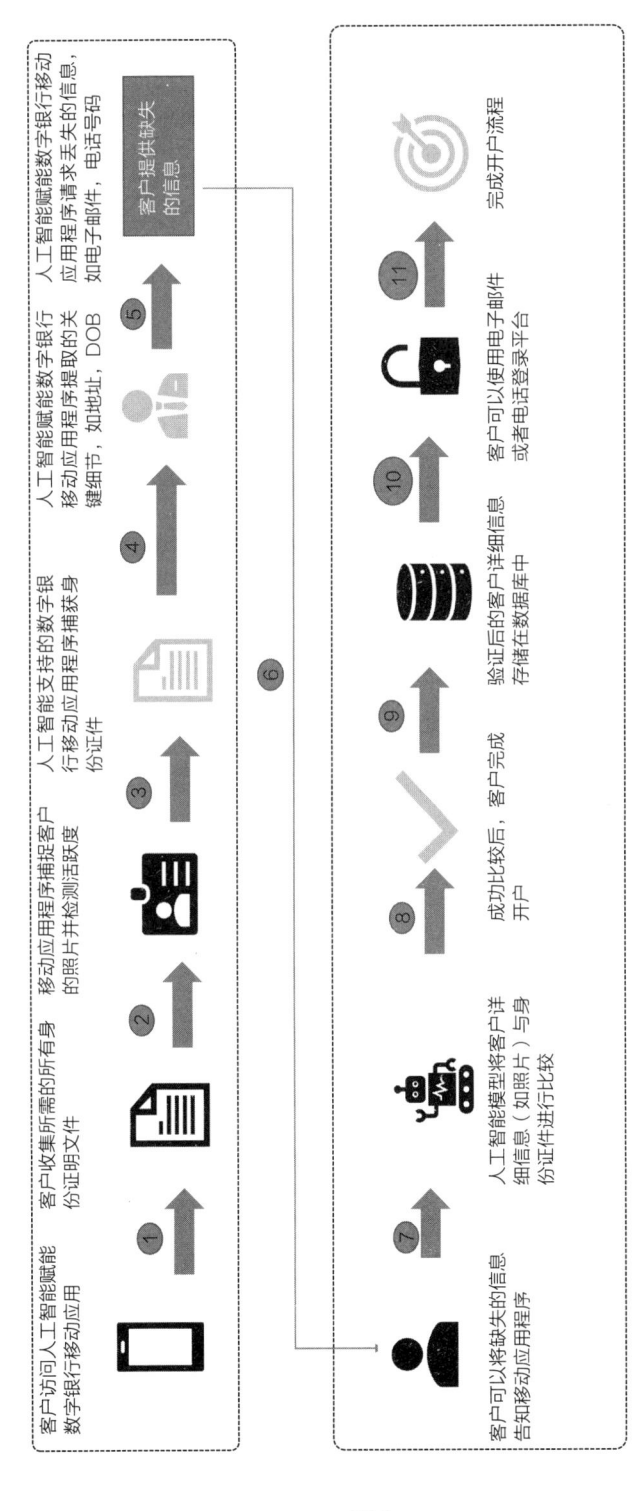

图 10.4 启用人工智能的数字化客户开户流程

模型会将音频转换为文本，并对信息进行处理。

人工智能驱动的信用决策与信贷承销

信用处理是金融机构的关键业务活动。在本节中，我们将详细介绍人工智能和机器学习模型如何重新定义信用决策和信贷承销的运作方式。

传统信用决策与信贷承销流程

在传统的信用决策与信贷承销流程中，客户需亲自前往银行分支机构申请贷款。客户需填写贷款申请表并提供支持文件，如银行对账单和身份证件。随后，银行的信贷团队将开始处理贷款申请。信贷团队会依据一套预定义的标准（如收入水平、过往违约记录等）以及从信用信息局获取的客户信用评分，来评估申请。一旦信用决策完成，便进入承销环节。信贷承销人员会综合考虑多项参数，如现有贷款、当前负债、客户的还款记录等，以确定可批准的贷款总额。整个手动流程耗时较长，根据贷款金额和决策点的数量，可能需要 2 到 4 周不等的时间。

信用决策与信贷承销流程的数字化转型

在信用决策与信贷承销流程的数字化转型过程中，我们利用人工智能和机器学习模型来自动化关键流程步骤，以便我们能够将这些流程扩展至大量应用。图 10.5 展示了人工智能赋能的信用决策与信贷承销流程。

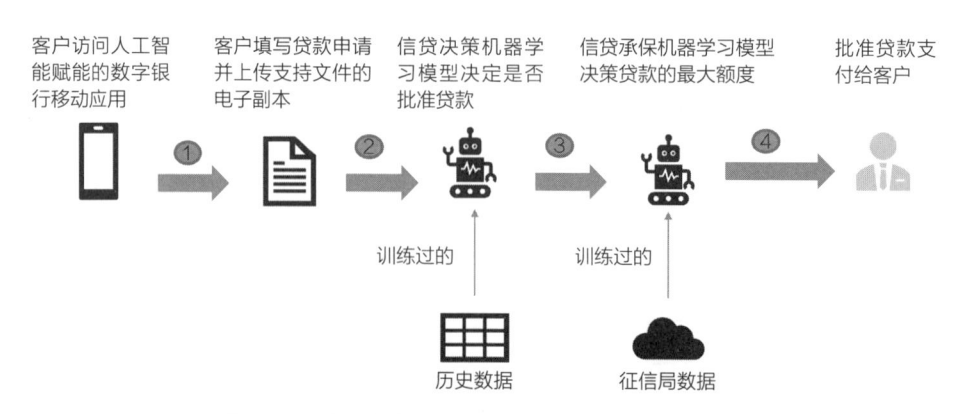

图 10.5 人工智能赋能的信用决策与信贷承销流程

第 三 部 分
技术数字化转型

人工智能赋能的信用决策与信贷承销流程的详细步骤如下：

（1）客户访问人工智能赋能的数字银行移动应用程序。

（2）客户填写数字贷款申请表并提供支持文件的数字副本。

（3）信用决策机器学习模型基于与信用决策相关的历史数据，进行训练。这包括历史信用决策数据、违约数据等。根据训练，机器学习模型可以根据关键属性（如客户的收入、未偿贷款等）做出信用决策。因此，信用决策模型会使用客户贷款申请中的数据来做出决策。

（4）一旦客户的贷款申请获得批准，将使用信贷承销机器学习模型，来决定可贷给客户的最高金额。信贷承销机器学习模型，将使用历史数据以及信用局的数据，来决定可以发放给客户的最高贷款金额。

人工智能驱动的监控、监测与异常检测

我们可以利用计算机视觉人工智能模型来识别感兴趣的事件。在金融服务领域，我们可以使用计算机视觉模型远程监控自动柜员机（ATM）中心的事件，并在出现任何异常情况时发出警报。在制造工厂中，我们可以远程监控机器，以主动识别维护机会。

在本节中，我们将详细介绍远程监控和监测系统的数字化转型。

传统远程监控和监视流程

传统的远程监控和监视流程主要是人工流程，其中安全人员需要实时连续监控视频馈送。此流程容易引发安全事件，并影响事件响应时间。

远程监控与监视过程的数字化转型

我们利用人工智能和机器学习模型进行实时远程监控。图 10.6 展示了关键流程步骤。

人工智能驱动的远程监控与监视过程的关键步骤如下：

（1）监控摄像头持续实时监视机器或设备。

（2）摄像头将实时视频流传输至人工智能和机器学习平台。此外，我们还

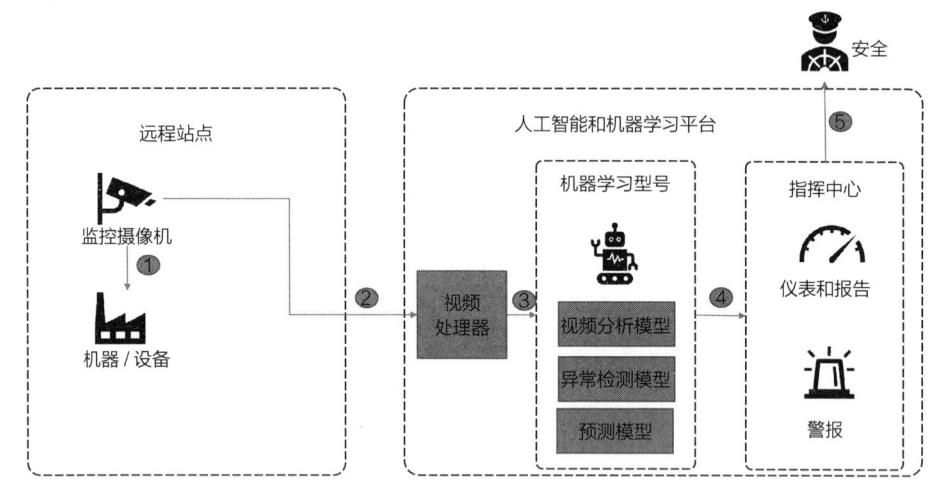

图 10.6　远程监控与监测的数字化转型

可将机器传感器数据发送至机器学习模型。在实时接收视频流后，我们进行视频处理。视频处理步骤包括识别基于时间的帧（例如，每30秒一帧），并调整帧大小，以便将其输入机器学习模型。

（3）机器学习模型通过图像数据，进行训练，以检测异常。例如，机器学习模型经过训练，可以检测诸如设备冒烟、传感器高温等异常事件。基于传感器数据，预测机器学习模型，还可以预测并预警未来的潜在故障。

（4）这些异常会被输入到指挥中心，并在仪表板和警报中显示事件。

（5）关键事件会通知给安全人员，以便他们实时响应事件。

使用生成式人工智能进行数字化转型

生成式人工智能基于大语言模型，也称为基础模型（FMs），这些模型在大量数据上进行预训练。生成式人工智能模型可用于多种用例，如内容生成、聊天机器人、逻辑推理、图像生成、音乐创作、视频创作等。生成式人工智能用于自动化活动、优化成本并减少响应时间。

在本节中，我们定义了生成式人工智能在不同行业中的用例。

第 三 部 分
技术数字化转型

金融服务行业

银行等金融机构，可以利用生成式人工智能的强大功能，实现以下用例：

- 开发对话界面，利用企业数据回应员工、客户和合作伙伴的查询。
- 实时分析呼叫中心对话，了解客户情绪、客户满意度等信息。这有助于组织实时介入，有效吸引客户并减少客户流失。我们还可以总结客户对话内容，发送给领导团队进行审阅。
- 自动生成回复客户投诉的电子邮件。
- 开发由生成式人工智能模型驱动的金融虚拟助理、数字关系经理和数字人格，以有效吸引客户。
- 利用生成式人工智能模型，确保遵守法律和监管政策。
- 在保险行业中，利用生成式人工智能模型实现自动理赔处理。
- 利用生成式人工智能的语言翻译能力，为不同语言的客户提供服务。

制造业

以下是生成式人工智能在制造业中的应用案例：

- 员工聊天机器人：通过生成式人工智能，帮助员工快速完成任务和获取信息。
- 报告生成与洞察收集：利用生成式人工智能，生成报告或从海量数据（如销售数据）中提取洞察。
- 学习与培训：基于企业数据，利用生成式人工智能生成培训内容。
- 图像文档化：结合远程设备监控，利用生成式人工智能实时检测任何异常。
- 图像生成：利用生成式人工智能模型创作创意内容，以辅助设计/营销团队。
- 产品设计：利用生成式人工智能模型，快速制作产品原型。
- 供应链分析：将供应链数据输入生成式人工智能模型，以识别与销售、产品或地区相关的任何异常。

■ 安全与合规洞察：通过将产品和操作手册输入生成式人工智能，验证内容是否符合既定的标准操作程序和安全指南，从而确保安全与合规。

■ 设备预测性维护：利用生成式人工智能，进行设备的预测性维护。

生命科学与医疗保健

以下是医疗保健和制药行业中生成式人工智能的关键用例：

■ 使用生成式人工智能遵守标准操作程序、法规和合规指南。

■ 为医生总结患者的医疗记录和病史。

■ 自动生成患者的出院小结。增强药物发现与研究，并提高运营效率。

■ 提升对患者支持与体验。

以下是生成式人工智能，在组织内各个功能领域中的用例。

汽车

■ 使用生成式人工智能创建 2D/3D 数字孪生模型。

■ 为营销和销售生成个性化视频。

■ 创建产品规格，并验证汽车是否符合指定的监管指南。

■ 创建对话界面，根据产品手册回答客户、现场代理的查询。

■ 利用生成式人工智能进行呼叫中心分析，以了解客户情绪、客户满意度，并提升整体用户体验。

■ 为员工创建个性化培训。

能源

■ 生成运营报告。

■ 为现场培训制作安全视频。

■ 为工厂工人培训创建培训音频和内容。

■ 使用生成式人工智能从数据中创建执行摘要。

营销与销售

以下是可以利用生成式人工智能的营销和销售用例：

■ 营销活动：利用生成式人工智能的内容生成能力，创建个性化电子邮件和视频活动，以有效吸引客户。

■ 自动数据库查询生成：使用生成式人工智能将自然语言查询，转换为 SQL 查询，以简化数据库访问。

■ 文章创作：可以使用生成式人工智能模型，创建关于产品和服务的博客和文章。

■ 情感分析：我们可以分析客户反馈和客户的社交媒体动态，以评估整体客户情绪并做出适当响应。

■ 使用生成式人工智能为营销活动创建有效的广告/创意内容。

■ 从故事板自动生成图像和视频。

产品开发

以下是产品开发中生成式人工智能的主要用例：

■ 代码生成：利用生成式人工智能生成代码，以提高开发人员的生产率。

■ 代码审查和测试：可以使用生成式人工智能对代码进行安全审查，以提高代码的安全性。生成式人工智能模型还可以用于识别代码中潜在的安全问题。

总结

人工智能主要具备三大核心属性：知识获取、学习、适应；基于知识的推理；理解与感知。人工智能涉及开发类似人类能力的方法和系统，如学习、决策和合理化。人工智能可分为四大类：人性化思考、理性思考、人性化行为和理性行为。为了通过图灵测试，机器需要展现模仿人类行为的认知能力。知识获取、基于知识的推理、理解与感知是人工智能系统的关键原则。人工智能的主要方法包括搜索、知识运用和抽象。人工智能的基础学科包括哲学、语言学、数学、计算机科学、经济学、神经科学、统计学、控制论和心理学。人工智能的关键应用领域在于知识表示、机器学习、推理和问题解决。人工智能是数字转型不可或缺的一部分。机器学习模型被广泛应用于金融（如信用决策、预测分析、信贷承保、欺诈检测、文档处理、数字银行等）、资本市场（如投资组合管理、算法交易）、汽车（如物流配送、路线优化）、医疗和制药（如自动理赔处理、药物发现）等多个行业。生成式人工智能建立在大语言模型之上，这些模型通过海量数据进行训练，因此可用于多种应用场景，如对话界面、博客创作、文章撰写、图像生成、报告生成、代码生成等。

第四部分
流程数字化转型

第十一章

数字化转型中的敏捷交付

简介

在数字化转型的征途中，企业力求变得精简、灵活并快速响应客户期望。敏捷交付模式，最适合实现快速创新和更高客户参与度的目标。组织通常面临，将交付流程与业务目标和成果相协调的挑战。交付和发布管理流程，应当灵活且精简，以便组织能够迅速应对变化。

传统的交付流程采用瀑布等开发模型，通过大爆炸式方法交付产品。根据项目的复杂程度，发布时间表可长达6个月至2年。因此，交付风险更高，上市时间也更长。任何变更请求，都需要大量时间来实现和周转。团队规模较大，还进一步加剧了协作挑战、治理挑战和质量挑战。

现代平台承载着非常大的期待——更快的发布速度、对变更请求的灵活适应性、更快的周转时间、更高的质量、更低的维护成本、更低的风险、更低的成本以及更高的协作性。为了提高交付和发布管理流程的整体敏捷性，敏捷交付模型是最受欢迎的选择。作为交付过程数字化转型的一部分，项目经理从传统的瀑布式交付模型转向敏捷执行模型。在本章中，我们将通过实例深入探讨敏捷交付的概念和最佳实践。

敏捷介绍

敏捷是一种项目管理和软件开发方法，它通过迭代（称为冲刺）来逐步交付价值。敏捷交付团队遵循计划—构建—测试—发布的周期，以便在每个冲刺

第 四 部 分
流程数字化转型

中快速交付产品。每个冲刺都定义了具体的任务，并且这些任务，都受到时间限制（通常持续 2 到 4 周）。敏捷团队以"双比萨团队"的形式组织（即团队规模小到可以用 2 份比萨来款待，通常由 6~8 名团队成员组成），他们负责产品的端到端交付。冲刺团队，在冲刺规划会议中规划发布内容，并将需求，定义为用户故事的一部分。随后，团队全权负责产品的构建、测试和发布。

敏捷模型，非常适合具有不断演变需求的现代产品。敏捷模型的一些关键业务驱动力，包括提高客户参与度、提升产品质量、加快发布速度、增强灵活性、降低风险，以及实现持续改进和更好的协作。

敏捷宣言

敏捷性是敏捷模型的核心原则。敏捷价值观旨在促进整体交付的敏捷性。敏捷宣言中提出的 4 个核心价值如下：

个体与互动高于流程和工具。敏捷方法注重团队成员之间的紧密协作，以加速开发进程。相比之下，传统的以流程为导向的方法则被置于较低优先级。通过每日站会、回顾会议和待办事项会议，促进了流畅的沟通和团队成员之间的协作。

可工作的软件高于详尽的文档。在每个冲刺中，都会交付一个可工作的软件版本，并且可工作的软件是衡量进度的标准。初始冲刺交付最小可行产品，而随后的每个冲刺则通过迭代交付软件的增强/增量版本。基于上一冲刺的连续反馈和实验结果，敏捷团队在每个冲刺中迭代地增加价值。

客户合作高于合同谈判。交付团队经常与最终客户合作，以改进产品。客户参与产品测试，并且在初始阶段收到的客户反馈会被添加到冲刺待办事项中，以便在后续冲刺中实现。

拥抱变化优于遵循计划。在敏捷交付模型中，我们鼓励提出变更请求。无论是来自客户的变更请求，还是由于市场动态变化引起的变更，都会根据优先级纳入开发计划。

敏捷原则

以下是12项敏捷原则：

客户满意。敏捷模型的首要关注点，是客户的整体满意度。因此，在敏捷模型中，客户需求、客户反馈以及客户与产品的交互体验被置于优先地位。客户满意度是产品成功的关键因素之一，并享有更高的优先级。

欢迎变化。敏捷模型，欣然接受来自客户或市场动态的变更请求。其对变化的适应性和灵活性，使得敏捷模型在为客户创造价值方面更加有效。即使在项目后期提出的变更，也被鼓励采纳，以便为客户提供与众不同的体验。

频繁交付。敏捷模型采用持续交付和DevSecOps流程，以迭代和频繁的方式交付产品。频繁交付降低了整体风险，并提供了早期纳入客户反馈的机会。

协作共赢。团队成员之间的协作通过每日站会得以促进，在站会上，团队成员讨论各自的任务和遇到的障碍。团队成员接受跨职能技能培训，以有效交付产品。技术和业务团队紧密合作，确保成功交付。

积极向上的团队。敏捷团队是自主和自组织的，对产品拥有完全的所有权，从而激发团队的积极性。领导者为团队成员提供必要的资源、工具和支持，让他们能够独立工作。

面对面交流。鼓励团队成员之间，以及与跨职能团队之间，进行面对面的交流，以促进有效协作和交付。在冲刺规划会议、每日站会、产品演示和冲刺回顾会议中，都提倡进行面对面的交流。

可工作的软件。每个冲刺的目标，都是发布一个可工作的软件版本。基于反馈和待办事项，产品会在每次发布后进行迭代增强。

持续稳定的步伐。所有参与产品交付的团队，都应能够保持持续稳定的交付速度，以确保高水平的客户满意度。

优秀的设计。采用行业最佳实践、过往经验和经过验证的设计模式来构建产品。

第四部分
流程数字化转型

简约原则。在设计用户体验、集成契约、服务以及产品的其他方面时,遵循简约原则。

自我组织。参与产品交付的团队是自我组织的,并承担产品交付的端到端责任。

反思与调整。团队经常反思如何改进交付质量和速度。在冲刺回顾会议中,会讨论学到的经验教训和最佳实践。

敏捷术语表

以下是在敏捷模型中使用的主要术语。

敏捷。一种通过迭代冲刺,来交付业务价值的方法。在每个冲刺中,一个自组织的冲刺团队会在2~4周的间隔内交付一个工作软件,该软件实现了优先排序的需求集。

大需求(Epic)/用例。可以分解为用户故事的高级场景。例如,一个Epic可以定义为,作为一家零售组织,我希望为我的公司提供数字商务服务。

用户故事。从最终用户的角度编写的需求,这些需求可以在1到2周内完成。每个用户故事都提供了递增的业务价值。例如,作为买家,我希望通过产品名称搜索产品。

验收标准。每个用户故事,都需要满足验收标准才能获得批准。例如,给定一个买家想要查找产品,当他使用产品名称搜索产品时,系统应显示与产品名称匹配的产品。

就绪定义。用户故事在被开发团队接受进行开发之前必须满足的标准。

完成定义。用户故事的可交付成果在发布之前必须满足的一系列验证标准。

任务。为实现用户故事所需执行的一系列活动。

冲刺。在限定的时间段内,团队完成计划好的用户故事的一系列迭代。

产品待办事项列表。从产品路线图中提取并排序的需求列表。

冲刺待办事项列表。从产品待办事项列表中派生出的需求。

敏捷主管。负责推动敏捷会议、管理冲刺和冲刺待办事项列表、为团队成员分配任务并支持团队的领导者。

冲刺评审。在冲刺结束时进行的冲刺评审会议，用于回顾冲刺的进度，并在必要时调整待办事项列表。

产品负责人。产品负责人（PO）负责优先排序需求，并与团队合作交付产品特性和产品增量。PO 对需求进行确认并验证最终交付成果。

敏捷与传统瀑布模型对比

敏捷交付模型，通过迭代冲刺迅速实现业务价值而脱颖而出。让我们看看项目经理，可以在哪些用例中将敏捷交付模型与传统瀑布交付模型进行对比评估。

我们在表 11.1 中，描绘了敏捷与传统瀑布模型的对比场景。

敏捷实践

敏捷执行被组织成多个冲刺周期。每个冲刺周期的时间，限定在 2 到 4 周内。我们在图 11.1 和图 11.2 中，描绘了基于敏捷的发布过程中的各种活动。

在冲刺 0（Sprint 0）中，我们进行冲刺规划，重新评估产品待办事项列表，评估冲刺待办事项列表，并讨论用例，从中创建用户故事。跨职能团队齐聚一堂，参加史诗（大需求）/用户故事梳理会议，讨论需求并明确用户故事。敏捷主管根据冲刺的优先级，对用户故事进行排序，并为发布定义冲刺计划。敏捷主管，创建任务并分配给团队成员。我们识别出各种工作流（如测试流、移动应用开发团队、Web 应用开发团队等），并为每个流制定策略文档（例如，测试流的总体测试策略文档）。敏捷主管，根据用户故事的优先级，管理每个冲刺的待办事项列表。团队成员在每日站会上，讨论分配给他们的任务的状态，以及阻碍因素（阻碍其日常工作的挑战）。在每个冲刺结束时，会进行冲刺回

第 四 部 分
流程数字化转型

顾会议，团队讨论在该特定冲刺中有效的实验，以及可以改进的流程和学习成果。初始冲刺的主要成果，包括用户故事、冲刺计划、路线图计划、完成定义（每个用户故事的验收标准）、待办事项列表以及团队成员的培训计划。基于产品待办事项列表，我们制定发布待办事项列表，敏捷主管从发布待办事项列表中，创建敏捷待办事项列表。

在第一个冲刺阶段，团队为用户故事创建设计并开发用户故事。各个开发人员对用户故事进行单元测试。开发完成后，解决方案模块与外部和内部接口进行集成。团队成员展示他们各自的用户故事，并证明已根据完成定义完成了分配的任务。一旦完成，团队成员会在项目管理工具（如Jira）中更新任务状

表 11.1 敏捷与传统交付模型对比

标准	敏捷交付模型	传统瀑布模型
需求性质	最适合需求灵活、不断发展或频繁变化的情况	最适合需求明确且变化非常少的情况
组织流程	最适合精简的组织流程	最适合严格的流程
客户参与度	最适合客户在整个项目中都可用以提供反馈和测试的情况	最适合客户仅在最终测试阶段参与的情况
交付时间线	最适合时间线灵活且周期较短（6-12周）的情况	最适合时间线固定（通常为6~12个月）的情况
交付团队	最适合团队规模小且需要团队成员间紧密协作的情况	最适合团队规模大且可交付合同定义明确、团队间协作较少的情况
交付风险	最适合交付风险非常高的情况，敏捷团队可以经常进行实验以最小化风险	最适合交付风险较低的情况
技术成熟度	最适合开发涉及试验新技术栈或复杂技术栈的情况	最适合开发涉及成熟且经过验证的技术栈的情况
集成与测试	最适合在整个开发周期中，需要持续集成和测试的情况	最适合在开发后，进行集成和测试的情况
开发优先级	最适合根据客户需求和业务价值，来确定构建优先级的情况	最适合按照预定义规格，构建所有功能的情况

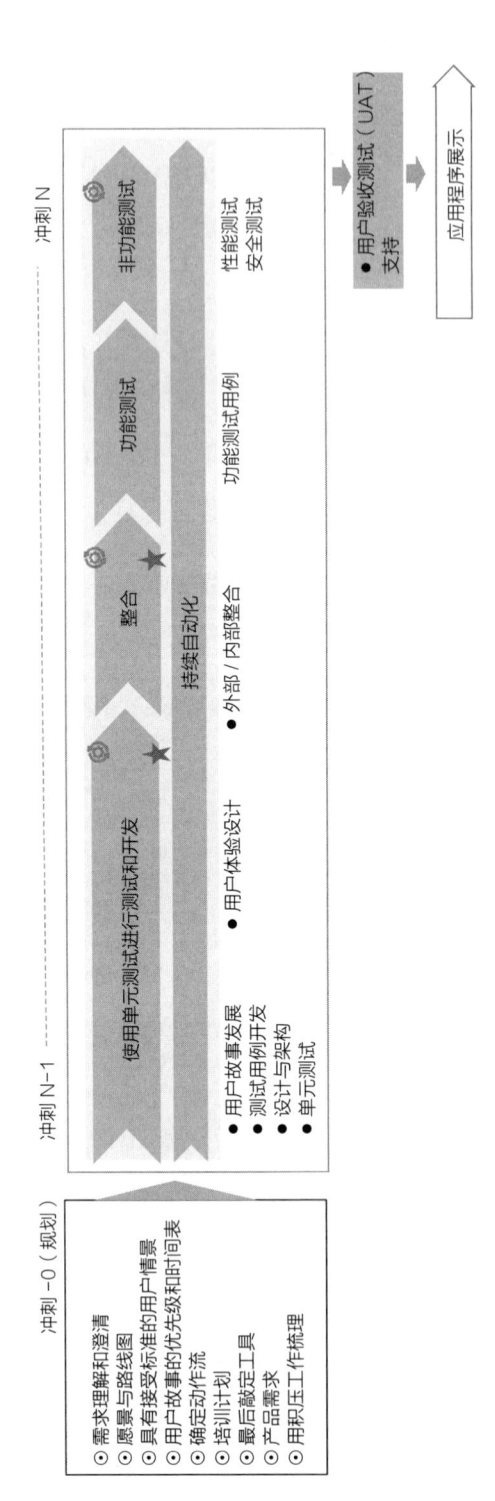

图 11.1 冲刺阶段

第 四 部 分
流程数字化转型

态。测试团队进行功能测试和非功能测试。实施 DevSecOps 流程以自动化构建-测试-部署活动。将经过测试的代码部,署到用户验收测试（UAT）环境中以进行业务验证。在各个冲刺阶段中进行开发和测试，直到所有待办事项都被清除。

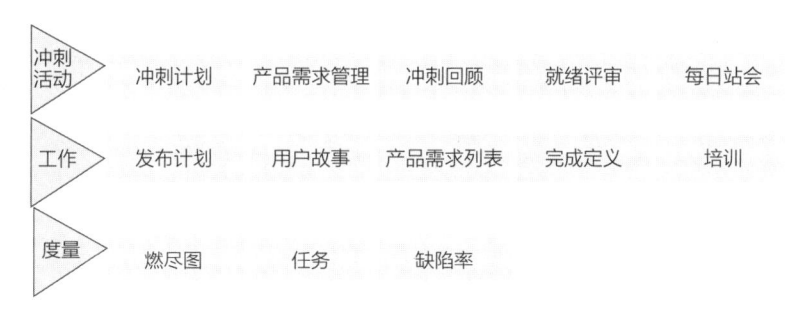

冲刺活动	冲刺计划	产品需求管理	冲刺回顾	就绪评审	每日站会
工件	发布计划	用户故事	产品需求列表	完成定义	培训
度量	燃尽图	任务	缺陷率		

图 11.2　冲刺活动、工件和度量

敏捷主管会不断跟踪各种指标，如任务完成情况、缺陷率、燃尽图（团队为项目花费的小时数）等，以应对各种风险。产品负责人会定期进行产品就绪审查，以跟踪产品就绪的进度。

需求板和交付板

需求板（包括详细说明、审查、设计和规划阶段）和交付板（包括开发和测试阶段）如图 11.3 所示。

冲刺旅程始于一个史诗故事。史诗是一个广泛且高层次的故事，我们最终会将其拆分为多个用户故事。设计团队和业务分析师（BA）可以将史诗故事详细阐述为用户故事，并将这些故事记录在需求板上。每个阶段的完整性定义都会为该旅程中每个阶段定义可量化的指标值。在我们为依赖规划和审查规划挑选故事之前，用户故事和屏幕应该完成 90%，史诗故事应该完成 100%。在规划阶段结束时，如果史诗故事完成 100%，用户故事完成 90%，屏幕设计完成 90%，数据属性完成 100%，我们就会定义其为"准备进行设计"。需求稳定性和变更百分比是此阶段跟踪的关键指标。

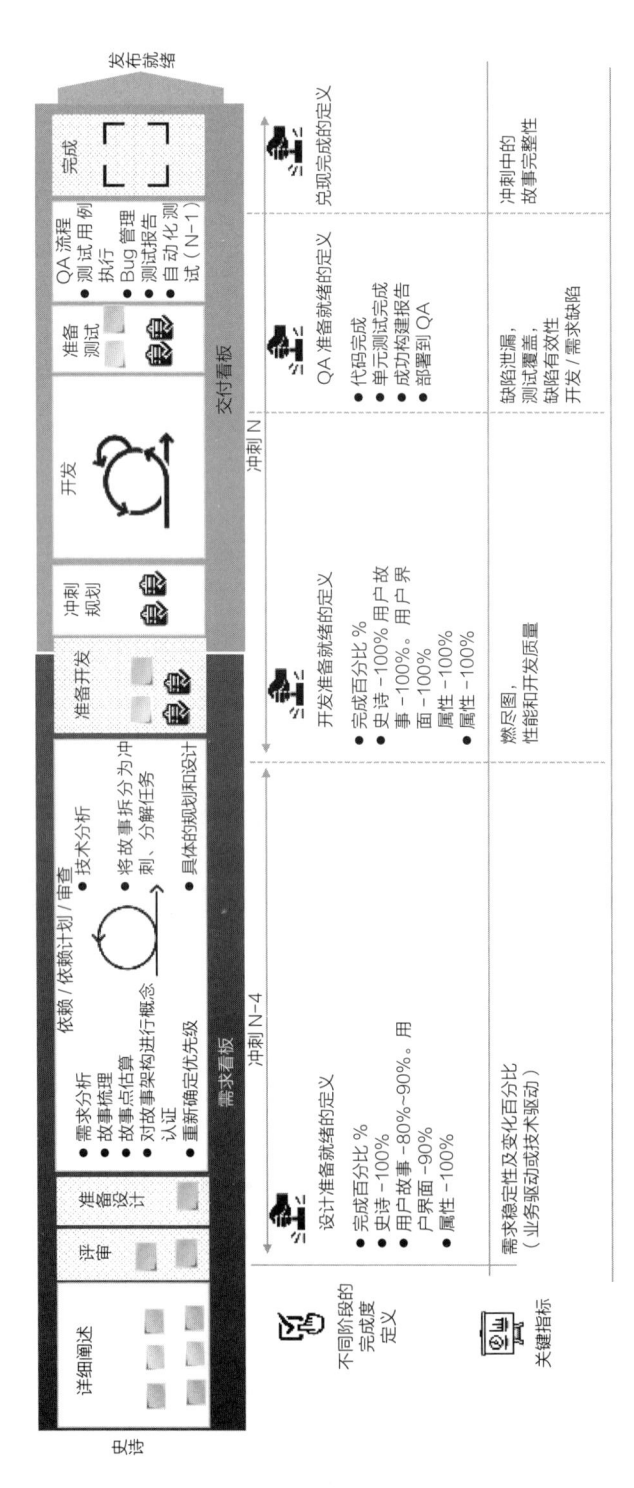

图 11.3 需求看板与交付看板

第 四 部 分
流程数字化转型

在"故事审查、分析和依赖规划"阶段，业务分析师将向开发团队进行故事梳理会议。开发团队会分析这些故事，确定依赖关系，并为这些故事提出技术设计。对于架构上重要的用例（ASU），开发团队计划进行概念验证以评估其可行性。

一旦完成技术低层次设计，开发团队和项目经理就会根据优先级进行冲刺规划；项目经理会决定冲刺速度。技术团队会在迭代中构建功能。

通常，每个冲刺周期，会持续 2 周到 4 周不等。一旦完成开发者级别的单元测试，测试产物，将被移交给质量保证（QA）团队进行验证。QA 团队，将执行测试用例并准备测试报告。项目经理，会密切跟踪缺陷遗漏率、测试覆盖率、缺陷有效性、缺陷密度等关键指标。在设计阶段结束时，若所有重大功能、用户故事、界面、属性及低层次设计均已完成 100%，则视为"开发准备就绪"。在此过程中，将跟踪以下关键指标：燃尽图、速率（团队在一个冲刺周期内，完成的平均工作量）、交付成果的性能和质量。"QA 准备就绪"的定义是：代码已完全开发，单元测试，已顺利完成并附有成功的构建报告，且该构建已部署至 QA 环境。在 QA 阶段，将跟踪缺陷遗漏率、测试覆盖率、缺陷有效性、开发/需求缺陷等关键指标。最终，当团队向利益相关者展示演示版本时，即表示一个冲刺周期完成。测试成功后，我们将把应用程序推广到其他环境。

此外，我们还给出了不同阶段的准入标准定义。

敏捷最佳实践

敏捷实施过程中的一些主要障碍，包括组织对变革的普遍抵触、领导层参与度不足、流程和实践不一致以及组织文化（组织的价值观和信仰）。因此，组织应采用最佳实践，来实施敏捷模型，并培养有效的变革管理文化。

产品负责人（PO）和敏捷主管，需要在每个冲刺执行过程中，不断提高交付质量和交付时间。我们在本节中，提供了经过验证的最佳实践，作为团队的参考。

通用最佳实践

组织主要通过客户满意度、业务价值、准时交付、质量和业务目标达成情况来衡量敏捷的成功。敏捷的三大关键指标是交付的业务价值、客户满意度和速度。因此，敏捷机制应重点关注业务价值、客户满意度和交付速度。

业务价值与目标。了解业务价值和目标，并将用户故事优先级和冲刺活动，与这些目标对齐。例如，如果业务，希望通过一流的用户体验来独树一帜，那么，就要确定哪些顶级用户故事，会对整体用户体验，产生最大影响，并优先推出这些功能。建立反馈循环，将关键用户反馈纳入下一个冲刺中。

跨职能与自组织团队。识别具备跨职能技能的团队，并通过提供所需资源、培训、指导和工具来支持他们。消除任何沟通或流程障碍，以促进协作。赋予自组织团队，端到端的产品责任和快速决策的权力。团队对目标有着明确的承诺，具有强烈的目标感和共同的所有权，这是高效团队的真正特征。

高度关注客户。密切关注客户需求，逆向工作以满足客户期望。简单直观的用户体验、顺畅的流程、快速的增强功能和错误修复，是带来卓越客户体验的主要关注点。

协作承诺。敏捷方法论，主要侧重于增强团队成员之间的合作。有效的协作，也能使团队成员致力于交付和冲刺目标。著名教练文斯·隆巴迪（Vince Lombardi）的名言"个人对团队努力的承诺——这就是团队合作的力量……"总结了，个人对团队成功承诺的价值。

持续改进。敏捷团队，必须不断寻找有效的方法来利用工具和协作，持续改进流程。利用敏捷机制，如每日站会、冲刺回顾会议和持续协作，是消除障碍和持续改进的有效方法。

敏捷会议的最佳实践

在本节中，我们将详细介绍提高敏捷会议生产力的最佳实践。

第四部分
流程数字化转型

冲刺计划会议

冲刺计划会议旨在定义冲刺的总体可交付成果，并为此制订计划。

活动

冲刺计划会议的主要目标如下：

- 产品负责人分享总体目标和产品待办事项。
- 敏捷主管负责引导会议，并确定冲刺目标和冲刺待办事项的优先级。
- 团队成员评估冲刺待办事项的工作量，并承诺完成冲刺目标。
- 进行待办事项梳理会议，深入探讨每个用户故事。
- 为冲刺定义不同的工作流。工作流是根据团队成员处理的工作领域来划分的。例如，我们可以为移动应用开发和 Web 应用开发分别设立不同的工作流，因为这些团队各自专注于不同的领域。
- 确定实现目标的工作方式。这些工作方式定义了协作流程、服务级别协议（SLA）、联系人以及用于各种工作流的工具和框架。
- 定义验收标准或完成定义。

参与者

敏捷主管、团队成员、业务分析师（BA）、产品负责人。

成果

冲刺计划的主要成果如下：

- 团队承诺完成冲刺待办事项。
- 设定了每个冲刺的时间限制和资源容量。
- 明确了冲刺目标，以便团队实施冲刺待办事项。
- 从产品待办事项中，得出了优先排序的冲刺待办事项列表。
- 制定了详细的冲刺计划，涵盖目标、时间表和工作流。
- 为接受产品，制定了明确的验收标准（准备就绪的定义和完成的定义）。

敏捷主管，还将在冲刺计划之后协助进行梳理会议，以详细讨论每个用户故事。团队成员，可以深入了解每个故事的需求和依赖关系。

日常站会

日常站会是一个每天进行的 15 分钟会议，旨在评估分配任务的进展，并在全员参与的会议中，讨论遇到的阻碍。团队成员，以轮流的方式提供更新。日常站会，促进了团队合作和绩效。其主要目标是识别障碍、改善沟通并加快决策速度。日常站会结束后，团队成员会就遇到的阻碍或分配的冲刺任务，进行详细的协作讨论。

活动

日常站会的主要目标如下：

- 团队成员，检查过去 24 小时内取得的进展，并讨论为实现冲刺目标而计划的活动。
- 团队成员宣布当天对自己的承诺。
- 团队成员讨论任何阻碍因素，并寻求同伴团队成员的支持以解决这些阻碍。

参与者

敏捷主管、团队成员。

成果

日常站会的主要成果如下：

- 为当天制订优先工作计划。
- 提供对冲刺进度的可见性。
- 促进团队的自我组织和增强团队成员之间的信任。
- 确保团队成员对阻碍因素做出承诺/解决。

冲刺评审会议

冲刺评审会议，在每个冲刺结束时举行，以检查冲刺成果，并根据需要调整待办事项。团队在此次会议中协作，以改进未来冲刺的工作方式，从而高效地交付价值。冲刺评审会议，有助于我们进行下一次冲刺计划会议。

第四部分
流程数字化转型

活动

冲刺评审会议的主要目标如下：

- 团队根据验收标准/完成定义讨论已完成和未完成的待办事项。
- 团队成员展示已完成的用户故事。
- 团队讨论在冲刺中遇到的主要阻碍以及解决这些挑战的方法。
- 团队讨论后续发布的时间表和预算。
- 团队成员还就进展寻求反馈。
- 产品负责人根据已取得的进展预测发布的目标日期。

参与者

敏捷主管、团队成员、产品负责人。

成果

冲刺评审会议的主要成果如下：

- 展示已完成的用户故事。
- 回顾冲刺成果，并根据需要调整未来冲刺的待办事项。
- 对整体进展进行统一调整。

冲刺回顾会议

冲刺回顾会议，在冲刺评审会议之后、下一个冲刺计划会议之前举行。在冲刺回顾会议中，团队讨论哪些工作有效，以及任何潜在的改进点。团队调整工作方式，以持续改进并更高效地增加价值。冲刺回顾会议，为团队提供了适应不断变化条件的机会。

活动

冲刺回顾会议的主要目标如下：

- 反思现有工具和流程的有效性。
- 讨论冲刺中的主要障碍，以及用于克服这些障碍的最佳实践。
- 探讨现有流程、工具和工作方式可以进行的改进。

参与者

敏捷主管、团队成员、业务分析师、产品负责人。

成果

冲刺回顾会议的主要成果如下：

- 根据持续改进的精神，制定和改进参与规则。
- 对后续冲刺的流程进行微调。
- 利用后续冲刺中的最佳实践和所学经验。
- 明确产品验收的接受标准。

按日划分的冲刺活动

我们在图 11.4 中，展示了按日划分的常见冲刺活动。在冲刺规划阶段，会分析并估算待办事项，并定义用户故事及其验收标准。敏捷主管，负责进行能力规划和用户故事估算。

在每个冲刺中，开发团队都会对用户故事，进行影响分析。产品负责人和业务分析师，会参与用户故事的梳理和设计评审会议。一旦开发团队，完成用户故事的开发，就会根据已定义的验证标准，对这些故事进行验证，并部署到生产环境中。

敏捷数字化转型过程

本节，我们将详细阐述，一个基于敏捷方法的数字化转型过程。数字化转型过程，涉及复杂的设计和前期准备工作。我们需要一个，由多种技能组合成的团队，包括业务分析师、体验设计师、安全架构师、解决方案架构师等。图 11.5 展示了发现阶段和启动阶段的高级流程步骤。

以下，是对发现阶段和启动阶段中，每个步骤的详细说明。

第 四 部 分
流程数字化转型

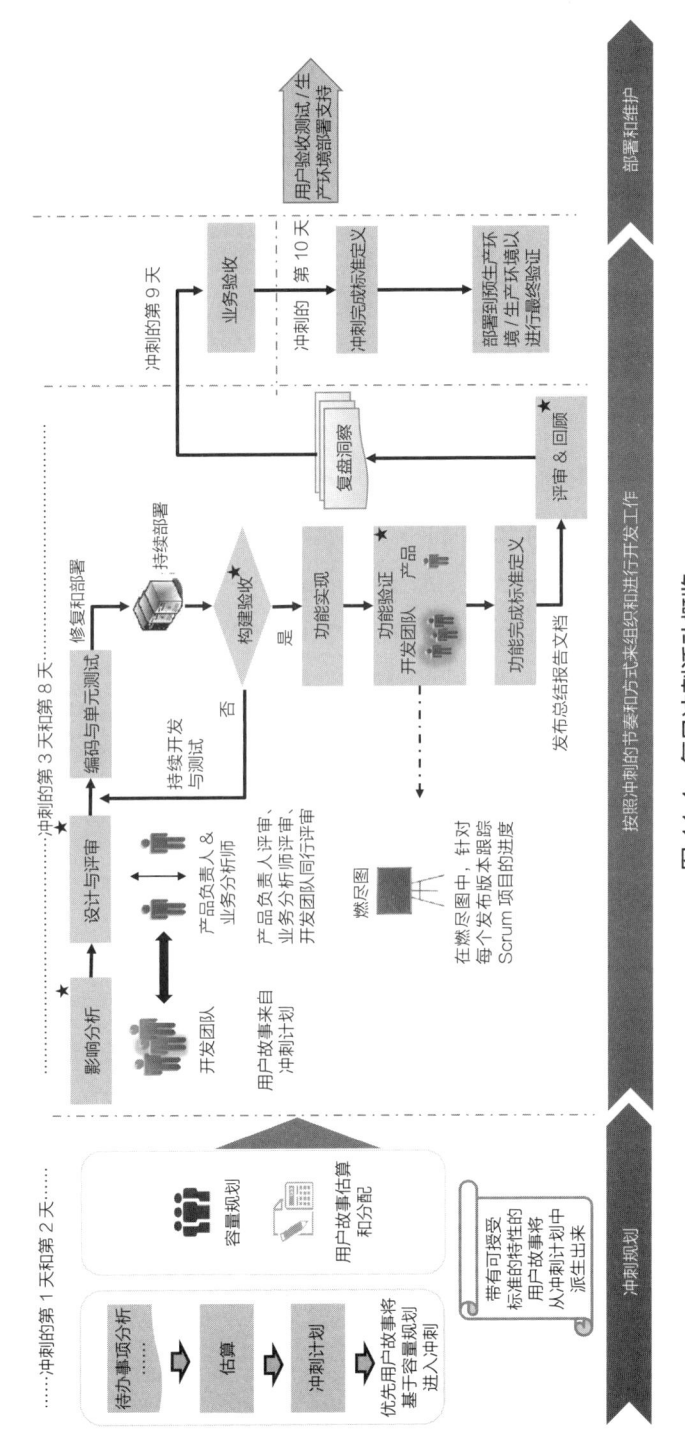

图 11.4 每日冲刺活动概览

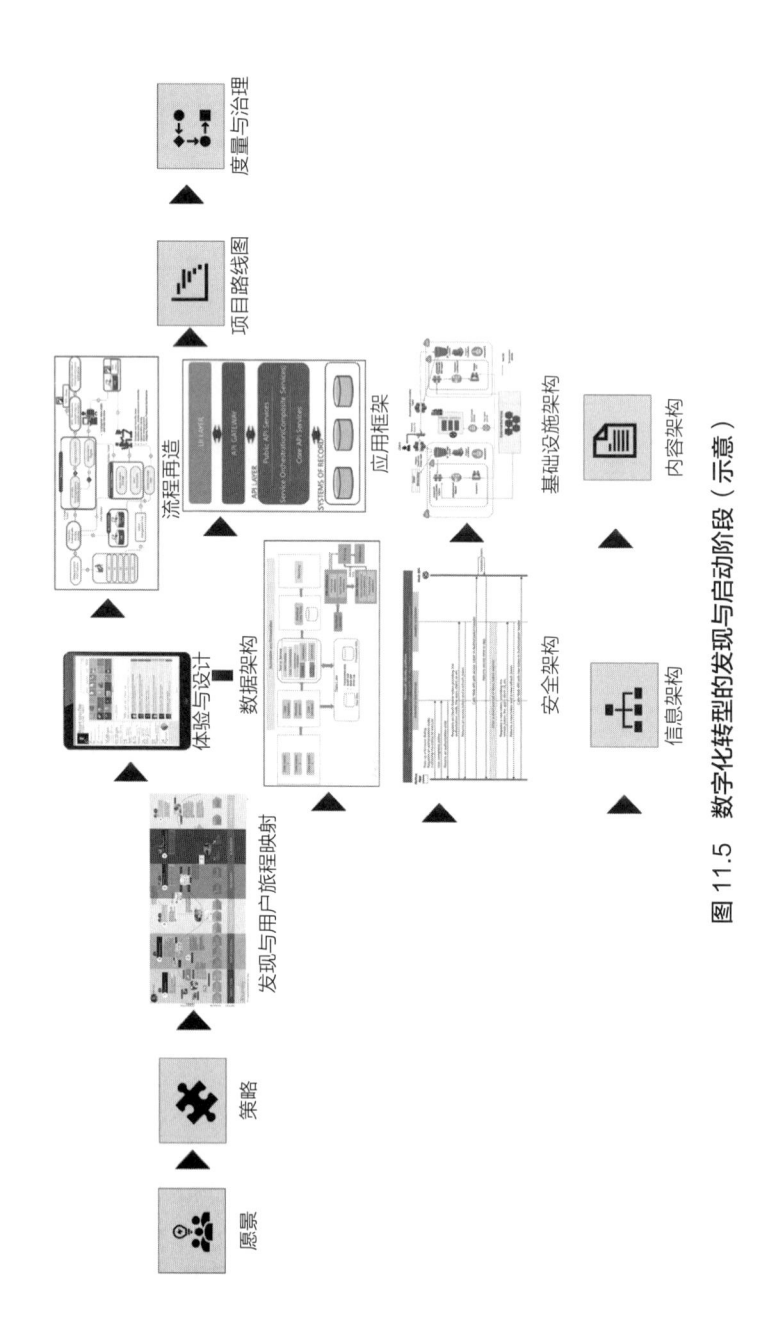

图 11.5 数字化转型的发现与启动阶段（示意）

第四部分
流程数字化转型

愿景

组织应对解决方案的最终状态，有清晰的愿景。高级管理人员和业务领导团队，应明确转型主题、业务目标、品牌目标、时间表、关键绩效指标/成功度量标准等。

策略

领导团队，应明确阐述实现总体愿景并获取业务价值的策略。确定并优先排序目标、发布版本和时间表。作为整体战略的一部分，我们还应该设计用户采用策略，并定义协作和沟通策略，以促进更好的信息共享。

发现和用户旅程映射

我们需要详细阐述该计划的需求和业务规则，并且需要与利益相关者和用户进行访谈，以确定他们的信息需求、目标、当前的痛点和挑战。我们还将举办发现研讨会、专题会议和调查，以了解当前的生态系统。

在探索阶段，还应评估当前状态，并对现有工具、技术和框架进行盘点。

体验设计

作为该阶段的一部分，我们需要定义用户角色，并绘制用户旅程图。所有独特用户角色的集合，应涵盖平台所有独特用户的独特特征、需求和目标。同时，在体验设计过程中，我们还需要定义与用户界面相关的优化措施。

开发可点击的原型，并通过"展示与讲解"演示向利益相关者征求对开发出的原型的反馈。根据反馈，迭代优化用户体验和原型。我们应能够利用用户角色提供个性化体验。

我们应运用设计思维，来映射员工的日常活动，简化流程，并寻找提高他们生产力、参与度和绩效的方法。在设计思维研讨会上，我们遵循同理心、共同创造、边做边学和整体思维的原则。作为体验设计的一部分，我们还定义了视觉风格指南和品牌规范。

协作设计

我们应确定协作工具和流程。由于内部社交媒体平台，会影响员工，我们需要规划内部社交媒体平台，以便员工分享信息、发表意见和进行协作。此外，我们还应设计其他协作工具。

数据架构

我们识别关键数据源，并定义数据在各层之间的流动方式。数据架构，定义了数据在每个阶段的转换方式。从数据角度来看，数据架构，清晰地描绘了上游和下游系统，并详细说明了跨系统流动的数据的特性。

安全架构

在安全架构中，我们描述了认证过程、授权过程和单点登录（SSO）过程。同时，我们还描述了安全通信所需的标准、协议和端口。根据需求，我们还描绘了用户配置过程、联合登录过程、用户同步等。

流程再造

基于我们在发现阶段的分析，我们需要识别现有流程中的痛点、挑战和不足之处，并简化这些流程。同时，我们还应寻求尽可能优化流程，这可以通过减少流程步骤、自动化流程步骤以及其他方式来实现。

应用架构

我们识别和定义技术栈作为基础，并标准化技术和集成。在此阶段，我们还将评估产品和技术，并通过概念验证探索其可行性。所选的技术和产品应与

第四部分
流程数字化转型

项目愿景保持一致，并支持战略的实施。

我们需要通过平台原则构建能力。数字平台应提供所需的工具，并且我们应具有足够的可扩展性，以便轻松集成新的服务和能力。

信息架构

在信息架构部分，我们定义了站点层次结构、导航组件（如菜单、左侧导航）、搜索设计、元数据层次结构、用户界面组件层次结构等。信息架构应直观易用，以便用户可以轻松找到所需信息。

基础设施架构

在此架构视图中，我们定义了用于解决方案的关键基础设施元素和云组件。这包括高可用性设计、灾难恢复设计，以及每个基础设施组件的容量。我们根据需求评估各种基础设施组件，并选择最合适的组件。我们设计了各种基础设施组件，如服务器、虚拟机、网络、存储驱动器、安全服务器、API网关、容器规范等。

内容架构

在内容架构部分，我们定义了内容类型、内容来源、内容模板、数字资产、内容语言、内容转换设计、内容翻译需求、元数据设计、内容层次结构等。在定义内容架构时，我们识别了静态和可重用的工件。

集成架构

我们应评估各种易于扩展，且提供高性能的集成选项。我们可以为集成指定集成方法、协议、端口和数据交换格式。

项目路线图

在项目路线图中，我们定义了优先发布的版本、行动计划、总体项目计划、里程碑以及集成计划的总体能力。我们采用敏捷交付方式，以实现快速、迭代的发布，并缩短产品上市时间。我们通过试点发布，试验小众技术、方法和工具，然后根据学习和发现结果规划主要发布。我们可以通过试点发布，评估技术的可行性以及对业务和组织文化的影响。

指标与治理

在此阶段，我们定义了可以量化和测量的关键指标和目标。我们应建立适当的跟踪和监控机制，以持续监控这些指标。作为治理流程的一部分，我们应明确，团队成员的角色和责任。此外，我们还应定义并建立标准操作程序以及各种流程，如监控流程、事件管理系统、发布管理流程、构建流程、质量保证流程等。对于每个流程，我们都将明确其所有权、责任以及访问控制矩阵。同时，我们还应定义变更管理流程。

数字化转型执行

发现与启动阶段大约需要 8 周时间。一旦我们确定了最终的项目计划，就可以开始功能执行。

功能执行

功能执行是项目的主要构建阶段，在此阶段我们迭代开发解决方案组件。图 11.6 展示了一个示例功能执行流程。

我们将功能执行分为 4 个轨道：

■ **功能与用户体验**：在此轨道中，我们分析需求和现状，开发角色和用户旅程图，并在发现和启动阶段设计体验。在执行阶段，我们整合反馈、进行变更并管理这些变更。

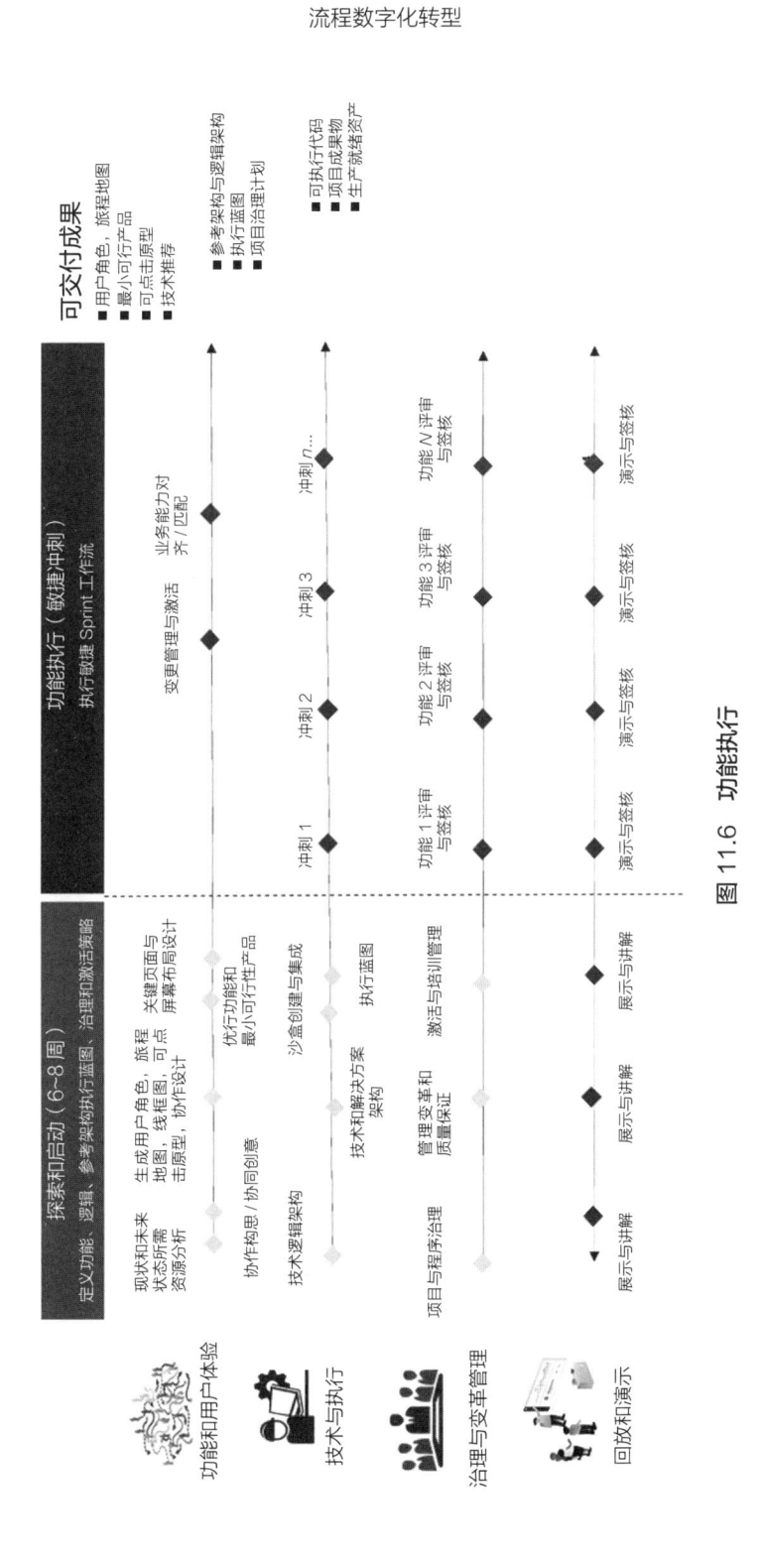

第 四 部 分
流程数字化转型

图 11.6 功能执行

■ **技术与实施**：我们在发现和启动阶段，定义逻辑和解决方案架构，以及集成架构。我们采用冲刺交付方式，通过迭代方式交付功能。我们在执行过程中，采用持续集成、测试和交付的理念。

■ **治理与变更管理**：我们在发现和启动阶段，定义与变更管理和质量保证相关的流程。在执行阶段，治理团队对功能进行审查和批准。

■ **回放与演示**：我们在发现阶段，采用"展示与说明"的理念，向利益相关者展示变更内容。在随后的演示中，我们纳入利益相关者的反馈。在执行阶段，我们获得对演示的批准。

冲刺交付

由于基于冲刺的交付是执行阶段最重要的活动之一，因此我们详细阐述了这一阶段。

下面我们将详细阐述图 11.7 中所示的关键交付原则。

持续交付
- 加速上市时间和提升质量
- 缩短反馈循环
- 利用持续集成 / 持续部署（CI/CD）平台

持续集成
- 构建的无缝集成
- 利用 Jenkins Pipelines 作为持续集成编排器
- 强制进行单元测试和代码质量扫描，使用 SonarQube

集成测试
- 通过自动化和测试指标进行集成测试
- 使用 Selenium 进行功能测试，使用 JMeter 进行性能测试

端到端自动化
- 加速上市时间和提升质量
- 加速上市时间和提升质量

平台哲学
- 模块化和可扩展的构建块
- 基于标准的集成
- 高可用性，按需可扩展性

高效治理
- 从点到点治理转变为自动化治理
- 将治理与工作流程相结合
- 持续实时监控
- 捕获冲刺指标以实现持续改进

图 11.7　交付原则

■ **持续交付**：现代数字平台，通过较短的冲刺周期迭代，部署到生产环境中。每次交付的上市时间为 2~4 周。我们可以利用持续集成平台和持续交付平

第 四 部 分
流程数字化转型

台来快速发布新版本。我们还可以缩短反馈循环，并在后续迭代中纳入反馈。

- **持续集成**：我们可以使用 Jenkins 或基于云的 DevOps 平台，来实现持续集成。我们可以使用 SonarQube，对每次发布的代码进行质量分析，以管理质量指标。

- **集成测试**：我们可以实现持续集成测试，并使用 Selenium、Apache JMeter 等工具进行自动化测试。

- **端到端自动化**：探索和识别项目中的自动化机会。我们可以自动化结构化和常规活动，如回归测试、发布管理、监控、静态代码分析、数据同步等。

- **平台哲学**：我们应该专注于使用模块化、可扩展和可伸缩的构建块来开发应用程序。数字平台应支持按需扩展和高可用性。

- **高效治理**：定义质量保证、发布管理、部署、监控、基于冲刺的持续改进和其他核心项目关注点的流程。

总结

敏捷是一种项目管理和软件开发方法，它通过冲刺来逐步交付价值。敏捷团队以"两个比萨团队"的形式组织，负责产品的端到端交付。敏捷宣言提出的 4 个核心价值是：重视个体和互动胜过过程和工具，重视可工作的软件胜过详尽的文档，重视客户合作胜过合同谈判，重视响应变化胜过遵循计划。敏捷的 12 条原则包括客户满意、欢迎变化、频繁交付、协作工作、激励团队、面对面交流、可工作的软件、可持续的开发速度、好的设计、简洁性、自我组织和反思与调整。

敏捷是一种敏捷方法，它通过迭代的冲刺来交付业务价值。敏捷的执行，被组织成多个为期 2~4 周的冲刺。敏捷的最佳实践，主要包括关注业务价值和目标、跨职能和自组织的团队、高度关注客户、协作承诺和持续改进。冲刺规划会议，旨在定义冲刺的总体可交付成果和相应计划。每日站会，是一个 15 分钟的会议,用于评估分配任务的进度,并在全员会议上讨论阻碍因素。冲刺评审会议,在每个冲刺结束时进行,以检查冲刺成果,并根据需要调整待办事项列表。冲刺回顾会议,在冲刺评审之后、下一个冲刺规划之前进行。

表 11.2 为敏捷性评估检查表。

表 11.2 敏捷性评估表

维度	子纬度	评估项
文化	技能	技术团队是否接受了敏捷概念的培训?
	技能	业务团队是否接受了敏捷概念的培训?
	技能	敏捷主管是否接受了敏捷概念的培训?
	技能	产品负责人是否接受了敏捷概念的培训?
	技能	开发团队成员是否接受了跨职能技能(如构建、测试、部署)的培训?
	自我组织	是否为团队分配了专职的产品负责人?
	行为	团队是否使用回顾会议进行持续改进?
	行为	团队是否接受了跨职能技能的培训?
	行为	团队是否了解迭代和冲刺发布?
方法论	产品负责人	产品负责人是否促进了用户故事分析和故事优先级排序?
	敏捷主管	敏捷主管是否帮助团队实践敏捷行为并解决挑战?
	方法论	团队是否使用看板管理流程?
	方法论	团队是否对用户故事进行资格审核?
	方法论	团队是否对用户故事所需的工作量进行估算?
	方法论	团队是否对每个用户故事遵循计划 – 构建 – 测试周期?
	方法论	验收标准/完成定义是否明确?
	方法论	团队是否共享设计责任?
维度	子维度	评估项

第 四 部 分
流程数字化转型

续表

维度	子纬度	评估项
方法论	敏捷活动	团队是否在每个冲刺开始时进行冲刺规划？
	敏捷活动	团队是否进行每日敏捷会议？
	敏捷活动	团队是否进行敏捷评审会议？
	敏捷活动	团队是否进行敏捷回顾会议？
		团队是否进行敏捷优化？
	行为	敏捷主管是否优先处理特性待办事项？
		团队是否遵循持续集成和持续部署？
		团队是否进行结对编程？
		团队是否执行自动化测试？
		代码审查是否自动化？
	持续改进	持续集成和自动化测试是否到位？
可交付成果	待办事项列表	团队是否迭代减少待办事项？
	冲刺待办事项列表	团队是否定义了当前冲刺的目标和待办事项？
	指标	团队是否跟踪关键指标，如代码覆盖率、发布速度和其他代码质量指标？
		团队是否制作周状态报告？
		是否已制定路线图？
		团队是否在每个冲刺中交付产品？
工具		团队是否使用工具跟踪待办事项？
		团队是否使用工具进行协作和跟踪用户故事状态？
		团队是否能够在待办事项中轻松添加/编辑用户故事？
		团队是否跟踪与努力消耗率、项目财务、燃尽图等相关的指标？

第十二章

事件管理流程的数字化转型

简介

数字化转型项目的数字化运营，和治理包括持续进行的后期生产活动。数字化运营，确保数字平台以最佳性能运行，最大限度地减少中断，并确保服务达到适当的服务级别协议。数字化运营，包括服务器和应用程序修补、事件管理（或工单管理）、基础设施维护、基础设施迁移等活动。

事件管理（或工单管理），是数字化运营的一个重要方面。事件管理，定义了处理生产事件的过程。系统和基础设施，相关事件包括与生产系统停机、服务器性能问题、计划内服务器管理等相关的事件。用户相关事件，包括由最终用户记录的事件，如应用程序错误相关事件、用户呼叫记录的事件、与用户访问请求、操作指南等相关的事件。

作为事件管理流程数字化转型的一部分，我们需要通过自动化、避免事故的设计、主动维护等措施，来优化事件管理流程。我们可以基于，对事件解决过程的深入分析，以及通过对历史事件根本原因分析的洞察，来设计事件优化措施。自然，优化事件管理流程，可以减少周转时间，确保应用程序的高可用性，并改善用户与数字平台交互的整体体验。

在本章中，我们将讨论如何为零售功能领域确定优化方法。我们还将深入探讨事件优化流程，包括主动维护、左移、事件响应自动化、自动化监控和警报系统。

第四部分
流程数字化转型

事件管理优化流程

事件管理流程，可以在设计事件响应流程时进行优化，或者基于对记录事件的性质和相应事件管理响应的深入理解进行优化。

下面，我们将详细讨论事件管理优化流程。

基于预定义响应的事件管理优化

基于事件预定义响应，可进行优化的事件管理活动属于此类。维护事件、服务器重启事件等就是这类事件的例子。

企业通常需要为基础设施维护（如服务器补丁、服务器升级、服务器加固等）定义流程。处理大多数维护活动的流程，是结构化的（涉及预定义的一系列已知步骤），因此组织会为维护活动定义标准操作程序（SOP）。因此，与维护相关的活动，成为自动化的首选对象。在设计维护活动的 SOP 时，我们可以识别出在维护过程中可以自动化的步骤。

服务器重启过程，也是一个结构化的活动，其中，我们知道重启服务器，所需的脚本和步骤顺序。因此，计划内的服务器重启，是自动化的理想选择。

其他运营活动，如补丁管理、配置管理、数据备份、健康检查、资源利用监控和计费警报等，都有明确定义的步骤可以自动化。与基础设施维护和服务器重启相关的事件响应，可以很容易地进行优化。

基于历史数据分析的事件管理优化

数字平台的最终用户，会记录影响他们体验的事件。对于这类事件，我们需要对事件的根本原因，进行深入分析。历史分析，会揭示事件解决方案的模式，以及问题更为集中的领域，为我们提供优化相关事件的机会。我们可以采取一些主动措施，如问题规避设计和使用自动化，来优化属于此类的事件管理。

事件管理优化分析

作为历史事件分析的一部分，我们更深入地探究了历史事件的根源。我们更加关注那些占比更高、反复出现的事件。我们分析了常见事件的补救步骤，并为每一项识别出了自动化机会。

我们在表 12.1 中列出了常见事件请求的自动化机会。

表 12.1 常见事件请求的自动化机会

	常见事件请求	补救步骤	自动化机会
1	服务器宕机	重启服务器	服务器重启脚本
2	访问请求	提供相关访问权限	自助服务工具进行访问配置
3	报告生成请求	使用所需数据生成报告	批处理作业进行报告生成
4	发布内容请求	发布相关内容	按需内容发布
5	应用程序不可用	重启服务器	服务器重启脚本
6	用户创建请求	创建具有所需权限的用户	用户创建作业
7	数据质量问题	检查数据的正确性和完整性	数据对账作业
8	重复应用程序错误（如 HTTP 40X, HTTP 500 错误）	基于 HTTP 错误码的具体补救步骤	基于 HTTP 错误码的修复机器人
9	操作指南请求	提供相关内容（如操作指南文章、博客、文档）	智能搜索提供上下文相关结果

表 12.2 展示了常见维护活动的自动化机会。

表 12.2 维护活动的自动化机会

	维护活动	补救步骤	自动化机会
1	服务器补丁	应用最新补丁	计划补丁脚本
2	应用程序监控	设置监控基础设施	端到端监控设置
3	服务器维护	重启服务器	系统维护作业

第四部分
流程数字化转型

续表

	维护活动	补救步骤	自动化机会
4	用户培训	使用知识库完成用户培训	基于现有知识库的培训门户，开发对话界面处理用户问题
5	数据备份	定期备份数据	计划备份作业
6	变更管理	实施变更管理	为每项变更管理活动创建机器人
7	配置管理	实施配置管理	为每项配置管理活动创建机器人

事件管理优化方法

在分析了常见事件的优化机会后，我们设计了，优化事件管理过程的机制（称为事件管理优化方法）。

自动化、自助服务、主动维护和避免事件发生的设计，是最常用的事件管理优化方法。在自动化方面，我们使用作业或使用机器人，来自动化结构化的重复性步骤。自助服务机制，提供自助服务工具，如自助服务门户，通过为用户提供完成任务的用户体验和相关信息，使最终用户能够完成任务。

对于具有预定义响应的事件（如服务器维护、服务器重启等），我们可以采用，自动化和避免问题发生的设计，相结合的方法。对于其他事件，我们采用避免事件发生的设计、自动化和自助服务方法相结合的方式。

在后续部分，我们将讨论事件管理优化方法，以及这些优化方法的详细内容。

自动化方法

自动化框架

自动化，是事件管理优化的核心要素之一。智能自动化的第一步，是识别和自动化工单。

工单自动化框架

我们根据样本工单分析，在图 12.1 中描绘了工单自动化框架。

第一步，我们需要确定工单类别及其所占百分比。我们给出了样本类别，如外部集成、数据质量、FTP（文件传输协议）连接等。在样本数据中，我们发现大多数历史事件与外部集成相关。其他主要问题类别与数据质量、FTP 连接、HTTP 连接等有关。

第二步，我们将这些主要工单，分类到各自的类别中。在图 12.1 中，我们确定了两大类别——连接问题和数据质量问题。我们将工单类别归入这两大类别之一。

第三步，我们确定了，可以实施的自动化潜在领域。在此示例中，连接性测试和监控，是可以自动化的结构化活动。

第四步，我们实施了自动化以最大限度地减少工单。设置监控作业、连接性测试脚本和数据质量机器人，可减少工单量。

我们在表 12.3 中定义了针对重复问题类别的常见自动化解决方案。

自动化机器人

在本节中，我们将讨论，可用于在示例用例中，自动化常见识别问题模式的机器人。

认知辅助系统

工单解决系统，涉及一组机器人和认知服务，这些服务和机器人，可自动分类和解决常见工单。工单管理机器人的详细步骤如图 12.2 所示。

认知辅助聊天机器人，是终端用户查询的第一线联系人。认知辅助机器人，使用经过训练的认知服务，来解决常见和非复杂的查询。

认知辅助系统的详细步骤如下：

（1）用户记录描述问题或查询的工单。

（2）认知辅助聊天机器人，是终端用户查询的第一线联系人。认知辅助机器人，使用经过训练的认知服务，来解决常见和非复杂的查询。

（3）认知辅助机器人会为无法解决的查询记录工单。

（4）认知辅助机器人，将工单分配给适当的解决机器人，这些机器人，使

第四部分
流程数字化转型

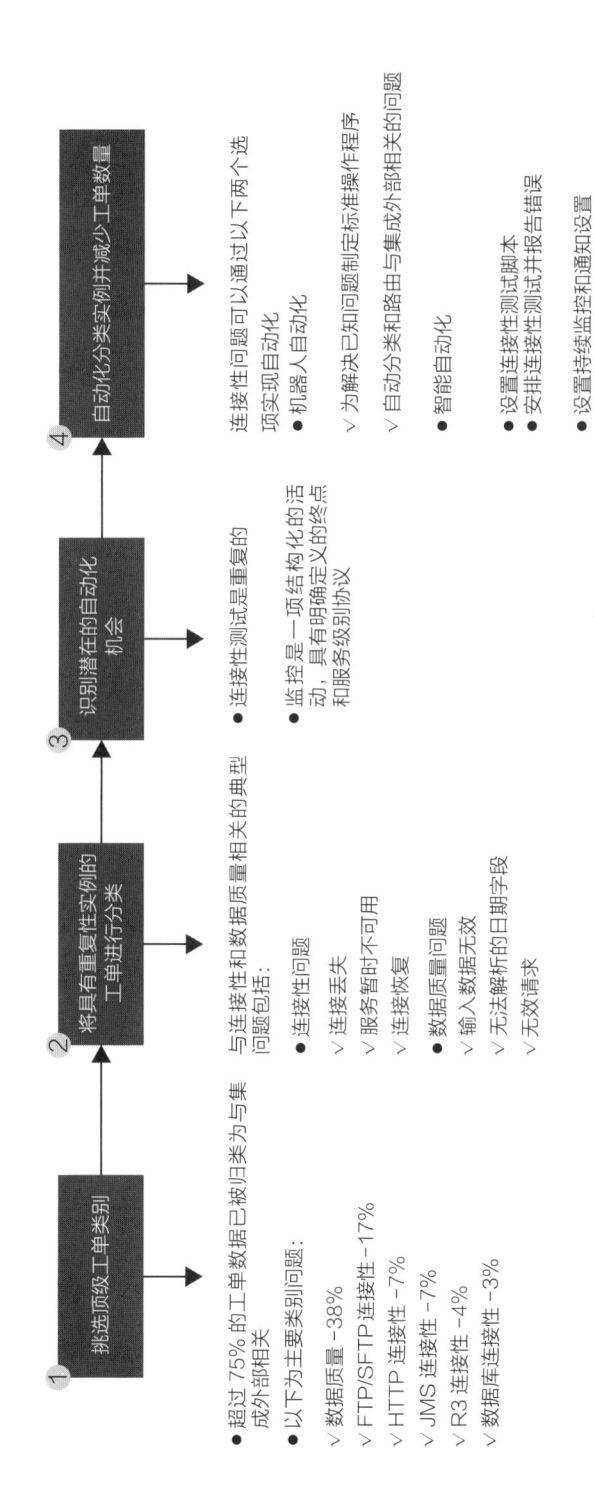

① 挑选顶级工单类别

- 超过75%的工单数据已被归类为集成外部相关
- 以下为主要类别问题：
  √ 数据质量 -38%
  √ FTP/SFTP连接性 -17%
  √ HTTP连接性 -7%
  √ JMS连接性 -7%
  √ R3连接性 -4%
  √ 数据库连接性 -3%

② 将具有重复性实例的工单进行分类

与连接性和数据质量相关的典型问题包括：
- 连接性问题
  √ 连接丢失
  √ 服务暂时不可用
  √ 连接恢复
- 数据质量问题
  √ 输入数据无效
  √ 无法解析的日期字段
  √ 无效请求

③ 识别潜在的自动化机会

- 连接性测试是重复的
- 监控是一项结构化的活动，具有明确定义的终点和服务级别协议

④ 自动化分类实例并减少工单数量

- 连接性问题可以通过以下两个选项实现自动化
  • 机器人自动化
  √ 为解决已知问题制定标准操作程序
  √ 自动分类和路由集成外部相关的问题
  • 智能自动化
  √ 设置连接性测试脚本
  √ 安排连接性测试并报告错误
  √ 设置持续监控和通知设置
  • 设计数据质量处理机器人以解决常见的数据质量问题

图 12.1　带有示例数据的工单自动化框架

245

用预定义的方法来解决工单。根据工单的优先级和解决时间，对其进行分类处理。

（5）解决机器人，采用各种方法，如服务器重启、访问配置等，自动解决问题。

（6）支持团队持续监控工单仪表板，以确定各种工单的服务水平协议。

工单监控和求解系统

工单监控和求解系统，持续监控已记录的工单，并使用求解机器人，自动处理这些工单。

表12.3　重复问题的自动化解决方案

类别	问题	自动化解决方案
培训	用户创建工单以检查应用程序的功能/流程/用户管理问题	创建会话式人工智能和持续学习机制；使用智能流程自动化；提供带有智能搜索功能的自助知识库
数据质量	由于旧迁移数据已损坏且存在重复数据	实施基于规则的数据质量机器人来监控和修复数据问题；创建批量监控和数据核对机器人流程自动化机器人
数据质量	由于接口问题，数据未同步	监控数据流和数据质量；实施基于规则的机器人来监控仪表板，修复数据问题并将其发布到下游系统
用户管理	用户无法更改或重置其密码，他们需要联系支持团队	为用户管理和密码重置创建机器人
用户管理	支持团队正在手动管理用户管理	为用户管理创建自助服务门户；创建访问配置机器人，以批处理模式或实时方式提供系统访问权限
系统管理员	系统管理员手动部署和监控	为应用程序部署和监控创建机器人
数据访问	需要按需数据访问和报告	创建一个按需生成基于筛选条件的仪表板的机器人；创建一个报告机器人以提供定期、特定标准的报告
维护任务	服务器停止/启动/重启 系统补丁更新	为补丁更新和服务器重启创建维护机器人；开发自我恢复脚本以实现自我恢复和数据核对；进行健康检查和清理工作以监控可用性和性能

第四部分
流程数字化转型

续表

类别	问题	自动化解决方案
系统或网络问题	连接失败	**智能分类器**：使用历史数据、自然语言处理（NLP）和规则上的机器学习模型来识别连接性票据； **人机交互方法**：在分类器学习中使用 HIL 方法——预测分数低于 100% 准确性的票据； **机器人自动化**：编写脚本来检查与应用服务器/数据库的连接性，以验证票据
培训	培训新用户	为描述性用户，培训创建对话式人工智能/聊天机器人

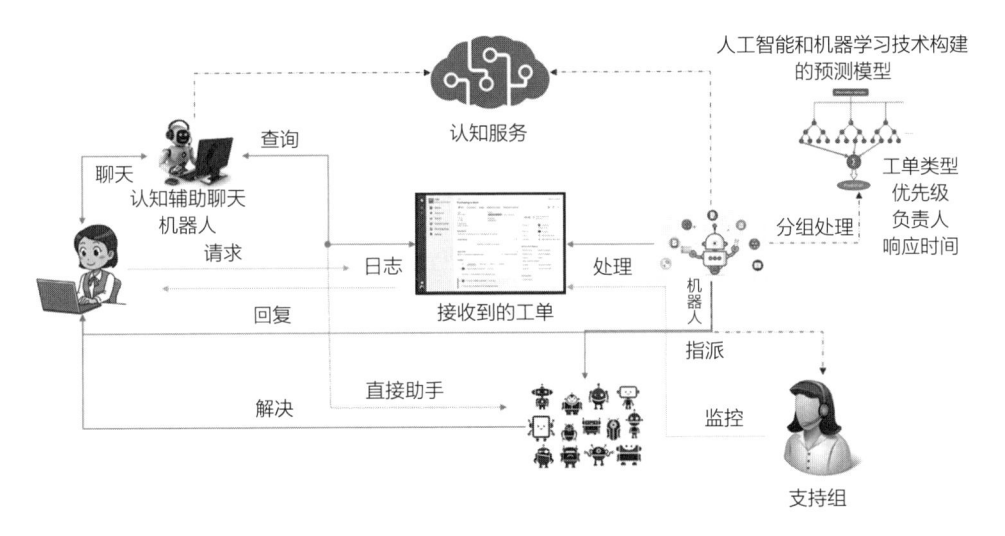

图 12.2　认知辅助系统

图 12.3 展示了监控和解决机器人的详细步骤。

工单监控和解决系统的详细步骤如下：

（1）L1（呼叫中心）或业务和 IT 团队，在工单系统中记录工单。用户也可以使用聊天机器人，来获取初步响应并记录工单。

（2）分派机器人，使用基于历史工单数据，训练的机器学习分类器，将工单分类为已知类别（如访问相关、数据库相关等）。然后，分派机器人，会向监控机器人发送，包含工单类别等详细信息的电子邮件或消息。

（3）监控机器人，会监视调度机器人发送的消息，并根据具体类别选择相

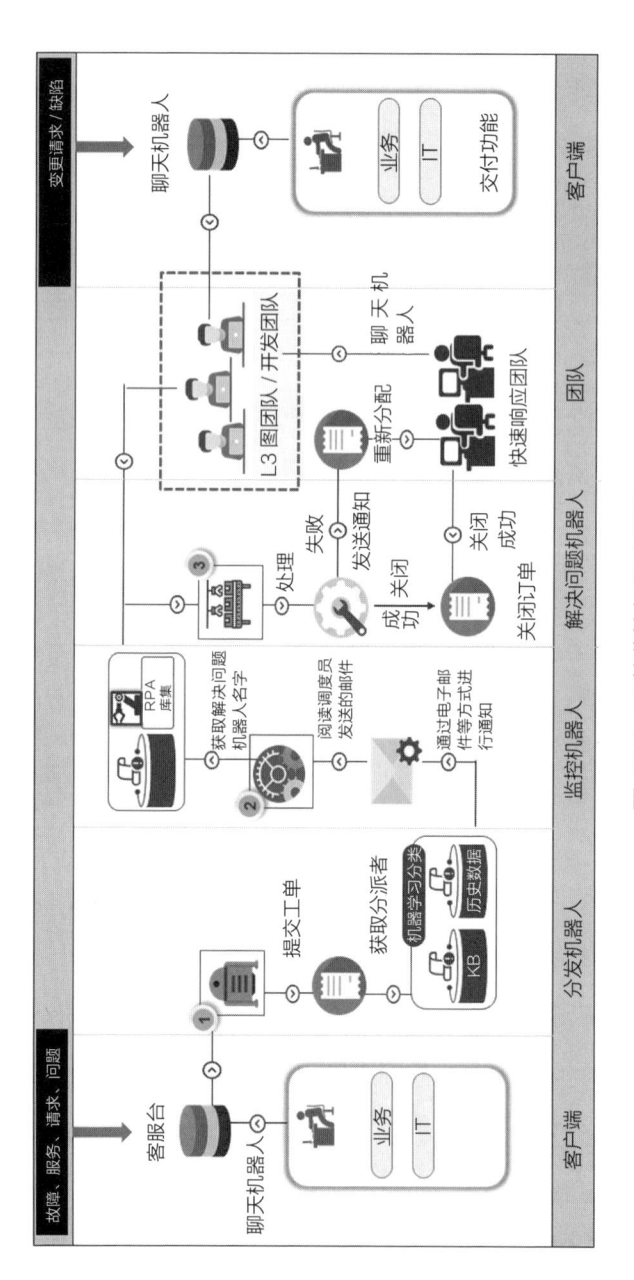

图 12.3 工单监控与解决系统

第 四 部 分
流程数字化转型

应的解决机器人。

（4）解决机器人经过训练，专门处理特定类别的问题。例如，对于与访问相关的问题，解决机器人会自动分配权限，以关闭该问题。

（5）如果解决机器人，成功处理了工单，则该工单将被关闭。

（6）对于无法通过解决机器人解决的复杂问题，该问题将被重新分配给 L3 团队。L3 团队专门负责处理与复杂产品或应用相关的问题。

（7）工单状态在缺陷管理系统中进行管理。

数据质量机器人

数据质量机器人，通过执行相应的数据更新和数据完整性，检查来解决任何与数据相关的问题。数据质量机器人的详细步骤如图 12.4 所示。

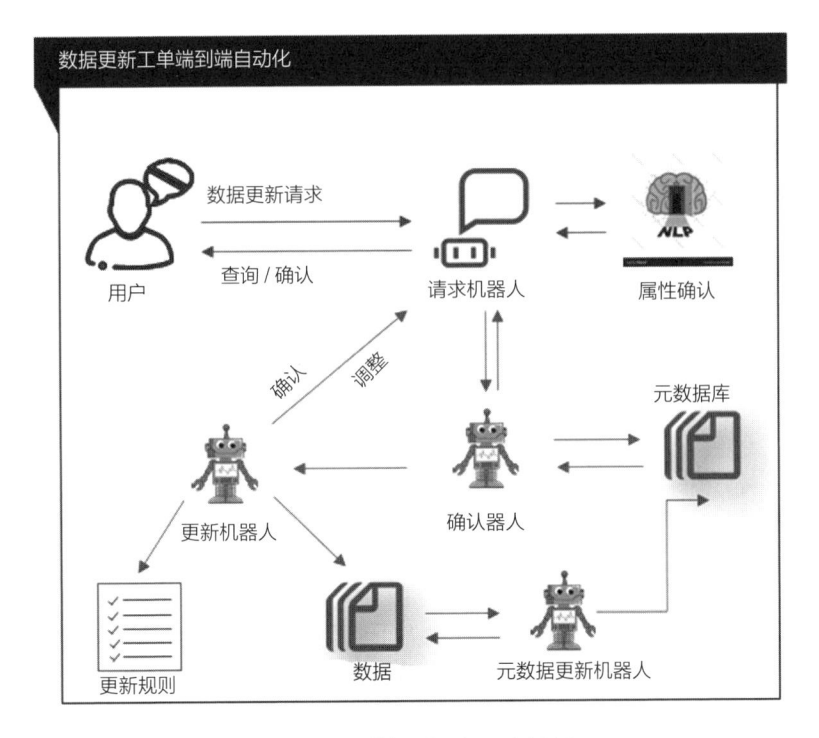

图 12.4　数据质量机器人设置

数据质量机器人，是一个基于规则的机器人，能够识别源系统，并根据规则更新数据。当用户请求数据更新时，我们可以利用，数据质量机器人，来自动化数据更新活动。

数据质量机器人的详细步骤如下：

（1）用户向需求机器人发送数据更新请求，包含所有必要的详细信息（如实体、属性详情等）。

（2）需求机器人验证并确认这些属性。属性的确认来自一个集中的属性存储库。

（3）需求机器人调用验证机器人，后者获取属性的元详细信息（如数据类型、数据大小、约束条件等）。

（4）验证机器人，将所有详细信息提供给更新机器人，进行最终更新。更新机器人，更新数据及其更新规则。如果元详细信息有任何更改，元数据库也将被更新。

（5）更新机器人，将数据更新确认或理由（如果无法进行数据更新）转发给需求机器人，后者通知用户。

使用对话界面/聊天机器人的自动化培训

自动化培训系统利用知识库中的结构化数据来响应用户查询。

我们在图 12.5 中展示了使用对话界面进行自动化培训的过程。

该系统包含一个知识图谱，用于管理结构化知识及其层次结构。对话框架由多个组件组成，包括内容构建器（用于检索和构建响应内容）、动态对话（用于以自然语言与用户交谈）、动态表单（为用户提供输入选项）、上下文（用于理解用户上下文）、状态、分析（用于测量指标）、阈值管理器（用于识别响应的置信度得分）、查询历史和模型管理器。

训练和知识管理机器人的详细步骤如下：

（1）用户通过查询与需求机器人进行交互。

（2）需求机器人将查询转发给对话框架。

（3）对话框架与知识图谱进行交互，以获取合适的响应。对话框架管理上下文和同用户的对话。

第四部分
流程数字化转型

（4）需求机器人使用对话框架响应用户查询。

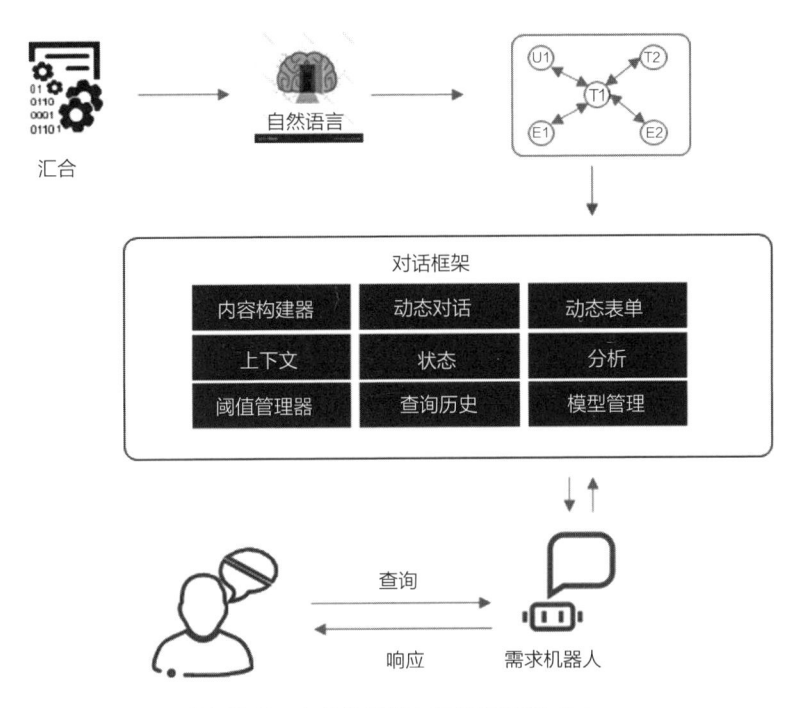

图 12.5　自动化培训与知识管理机器人

用户管理机器人

用户管理机器人，负责处理用户的访问请求。我们在图 12.6 中详细描述了使用机器人，进行用户访问管理的过程。

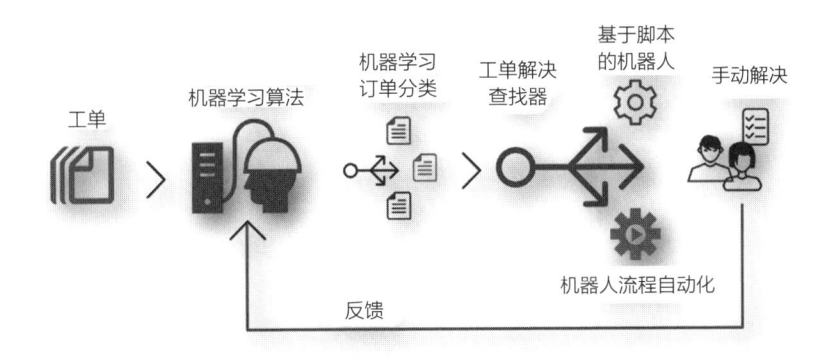

图 12.6　用户访问管理机器人

一旦工单被记录，机器学习算法会根据历史工单数据对工单进行分类。根据访问请求的类型，将采用基于脚本的机器人、机器人流程自动化或手动解决方法。

用户管理机器人，使用自动化脚本，来执行授权访问操作，如用户配置、访问授权、访问撤销等。

连接检查机器人

如图 12.7 所示，最高级别的事件类别之一，与连接性有关。连接检查机器人会验证与目标端点的连接性。

我们在图 12.7 中，描述了使用机器人，进行系统连接性检查的过程。

连接检查机器人的详细步骤如下：

（1）记录与连接性相关的工单。

（2）机器学习工单分类器利用历史数据和规则将工单分类为子类别。如果工单与连接性相关，则机器学习工单分类器会调用连接机器人进行解决/重新分配，以便进行手动调查。

（3）连接机器人从语义表示中收集关于源和目标端点的信息。语义表示系统包含有关服务器端点、其属性、特性和连接查询语法的知识。

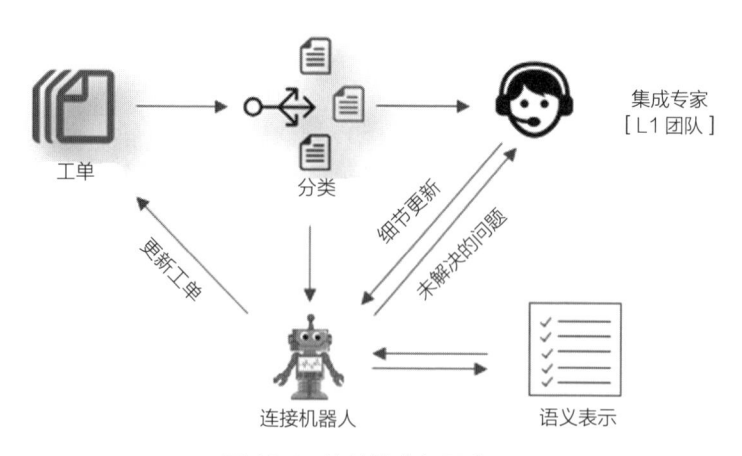

图 12.7　连接检查机器人

第 四 部 分
流程数字化转型

（4）从语义表示中获取端点详细信息后，连接验证的步骤如下：

- 使用所需的凭据，登录到生产服务器。
- 根据从语义表示中推断出的详细信息，对相关服务器执行连接测试。
- 验证会话响应是成功还是失败。

（5）根据连接测试结果，机器人将关闭或重新分配工单。

自动工单应答器

自动工单应答器利用机器人的组合，来自动处理整个工单流程。

我们在图 12.8 中描绘了智能应答器工作的主要步骤和方法。

自动工单应答器工作的详细步骤如下：

（1）用户提交工单描述错误。

（2）错误处理框架（EHF）捕获错误，并利用日志和预定义解决方案，为已知问题，提供自助修复选项。如果问题已解决，则关闭该问题。如果未解决，系统将工单记录在工单处理工具中。

（3）服务台可以与聊天机器人生态系统，进行交互以查询问题。聊天机器人，会查阅知识库以提供回复。

（4）如果问题仍未解决，机器人流程自动化机器人，将接管该问题。RPA 机器人被设计用来处理具体且定义明确的变化。RPA 机器人执行基于规则的结构化变更，如用户访问权限配置、系统重启、数据更新、取消进程等。

（5）机器学习过程从知识库中学习，并训练机器人流程自动化机器人。训练后的机器人流程自动化机器人，用于工单分析和解决方案推荐。基于人工智能 / 机器学习的支持使用各种方法，如分类、实时预测等来解决工单。

（6）如果问题仍未解决，将被转交给支持团队。L2/L3 团队的支持人员将解决该工单。

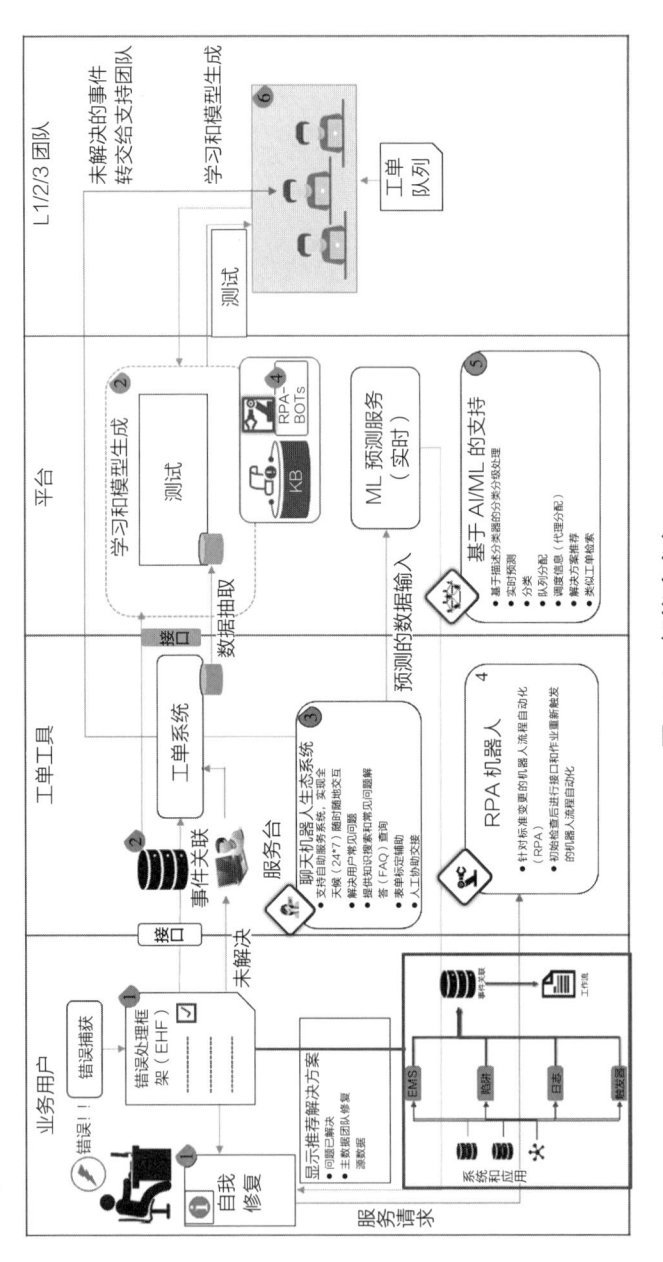

图 12.8 智能响应者

第四部分
流程数字化转型

自助服务方法

在本节中，我们将描述可作为避免工单框架一部分的多种自助服务方法。

自助服务门户和工具

自助服务，是事件管理优化的重要组成部分。在此类别中，我们为用户提供自助服务工具、自助服务应用程序，和业务自助服务管理界面。自助服务的几个例子，包括但不限于以下内容：

为业务经理提供的管理工具。该工具改进了自助服务和用户交互界面帮助功能。管理工具的使用者，可以控制各种应用程序配置，设置并管理应用程序。

客户自助服务门户。用于客户加入流程，以便更快更便捷地引导客户加入。客户可以在自助服务门户中，创建账户、重置密码、购买产品并搜索产品。

其他自助服务工具，包括自助报告（按需生成报告）、自助计算器（计算产品价格）、产品比较器（比较产品特性）、搜索工具（进行搜索）、产品推荐工具（根据历史数据推荐相关产品和服务）以及生产力提升工具（如日程安排器、闹钟、账单支付等）。

事故避免设计

避免工单和减少工单模型，涉及采取多种主动措施，来最小化工单数量。我们在本节中，讨论了一些关键措施。

主动维护

主动维护工具，会监控应用程序，并主动采取纠正措施以避免潜在事件。

作为主动维护的一部分，一个连续的实时监控代理，会监控应用程序和服务器。根据配置的阈值〔如持续性能时间、系统健康检查阈值（CPU、内存、网络利用率）和错误率］，维护机器人会对问题进行分类。表 12.4 提供了主动维护步骤。

表 12.4　主动维护步骤

问题症状	问题分类	主动维护步骤
应用程序性能持续超过 5 分钟且持续超过 10 分钟	性能问题	增加服务容器数量以处理高流量，记录性能问题工单以便进一步调试
心跳检测响应以 40x 状态码返回	系统宕机	尝试自动重启系统及相关服务，以高优先级记录生产事件工单
CPU 和内存阈值持续超过限制超过 10 分钟	资源问题	增加服务容器数量以处理高流量，记录资源问题工单以便进一步调试

左移设计

左移设计涉及构建和自动化，涉及人工干预的复杂活动。左移设计的目标，是使 L1 支持团队（第一级值班支持团队）能够处理原本由 L2（第二级团队）管理的事件。这包括但不限于以下步骤：

- 创建标准操作程序（SOP），将知识编码化。SOP 有助于管理团队为处理特定场景定义基于最佳实践的步骤。
- 识别高容量问题和交易，并为它们创建 SOP。
- 创建智能搜索工具，帮助 L1 团队为常见问题提供已知解决方案。
- 创建工具，以自动化最常用的活动或常见请求，例如报告、内容发布、日志记录和缓存维护等。
- 为服务器维护（服务器重启），创建管理访问工具。

根本原因分析与质量改进

对顶级类别工单进行根本原因分析，可以揭示潜在问题。基于这些潜在的根本问题，我们需要主动解决。例如，如果某个解决方案模块中，经常出现与

第四部分
流程数字化转型

代码质量相关的缺陷，我们应该提高代码质量，并进行彻底的单元测试。

维护活动的自动化

我们已经讨论了各种维护活动的多种自动化方法，如服务器重启、补丁安装、数据备份、系统监控、用户培训等。我们通过机器人、计划任务和脚本来自动化这些结构化的维护活动，以最大限度地减少因缺乏维护而可能引发的事件。

系统监控与健康检查

我们需要建立，端到端的日志记录和监控基础设施，以监控资源指标、服务级别协议和关键绩效指标。健康检查则持续监控基础设施、应用程序和服务的健康状况。

应设置基础设施监控工具，以监控基础设施资源的健康状况，如 CPU 利用率、内存利用率、存储利用率、吞吐量等。我们需要为每个资源指标定义阈值，并在达到配置阈值时触发通知。例如，我们可以为 CPU 利用率配置 5 分钟内达到 70% 的阈值，如果任何受监控的资源超出此阈值，监控系统将触发通知，以便系统管理员可以采取纠正措施。

应用程序监控服务，应监控已部署的应用程序和服务的健康状况。健康检查，会调用应用程序或服务的端点并监控响应。如果健康检查工具收到错误或非健康响应（如 HTTP 500 状态码），则会触发通知。应用程序监控服务，检查应用程序和服务，以及其他依赖的第三方服务的可用性。作为服务级别协议监控的一部分，应用程序监控服务，还会检查应用程序的第 95 百分位数，和第 99 百分位数的响应时间。错误率、页面流量、成功和失败的交易次数、总页面点击次数等，是应用程序监控服务监控的一些关键指标。

企业还会监控业务关键绩效指标，如转化率、促销成功率、支付成功率、收入值、订单数量等。

总结

事件管理，是企业运营的一个重要方面。事件管理定义了处理生产事件的过程。我们可以采用自动化手段，基于预定义响应来优化事件（如维护事件、服务器重启事件、补丁管理、配置管理、数据备份、健康检查、资源利用率监控、计费警报）。我们可以通过深入分析事件的根本原因，基于历史数据，分析来优化事件管理。自动化机会，涉及计划任务或批处理作业、脚本和自动执行活动的机器人。我们讨论了各种自动化框架，如工单自动化、框架和自动化机器人，如认知辅助系统、工单监控和求解系统、数据质量机器人、用户管理机器人、连接检查机器人，以及使用会话界面/聊天机器人的自动化培训。在这些自动化方法中，我们使用机器学习分类器来分析工单元数据，并使用适当的求解机器人来处理事件。自助门户和工具，是减少事件的有效方法。我们可以采用主动维护、左移设计、根本原因分析和质量改进、维护活动自动化、系统监控和健康检查等方法，作为避免事件设计的一部分。

第五部分
运营的数字化转型

第十三章

运营中的数字化转型

简介

数字运营，涉及管理企业的日常活动。系统维护、补丁管理、事件管理、日志记录和监控、业务连续性、配置管理、变更管理，是数字企业的一些关键数字运营活动。为确保业务价值，数字运营及其相关流程应持续改进。

本章中，我们将探讨运营的数字化转型及相关流程，讨论补丁管理流程的最佳实践、日志记录和监控框架，并查看日志记录和监控设置的示例。我们还将讨论变更管理、配置管理以及数字运营的最佳实践。作为数字运营最佳实践的一部分，我们还将讨论一个迁移运行手册示例，以及迁移后的测试。

补丁管理

产品供应商，发布补丁以解决安全问题、修复功能缺陷或为平台添加新功能。补丁管理，定义了将补丁应用于平台的过程。补丁管理涵盖操作系统、系统软件、应用软件、数据库、浏览器和其他平台的补丁。

为确保高安全态势以及符合监管和组织要求，有必要实施稳健的补丁管理。补丁管理流程的关键属性如下：

集中管理。补丁管理基础设施，应为所有环境和平台提供一个单一且集中的补丁管理控制台。

自动化配置和部署。补丁管理基础设施，应提供方法，以跨环境自动化补丁配置和部署，确保最小停机时间并减少手动操作。

第 五 部 分
运营的数字化转型

合规性综合视图。补丁管理基础设施，应提供一个仪表板视图，展示所有系统和环境的补丁合规性综合视图。这有助于系统管理员解决差距并确保合规性。

优先级排序。补丁管理系统，应能根据其关键性和影响程度，对补丁进行优先级排序。针对零日漏洞的安全，热修复补丁应被优先处理，并设定严格的部署时间表。

可测试性。系统管理员应能够测试补丁，以验证其对现有应用程序和平台是否存在任何副作用。

监控。补丁管理控制台，应监控所有平台和环境中的补丁部署状态。任何失败的部署，都应通知系统管理员，进行进一步分析和重新部署。

最小化停机时间。补丁过程应尽量减少系统停机时间，并确保高可用性（HA）。应能够定义维护窗口，以安排对补丁的部署，同时将对现有用户的影响降至最低。

补丁管理流程的数字化转型

本节中，我们定义了跨所有环境的转型补丁处理流程的步骤。

补丁管理流程的前提条件

我们应设置治理流程，作为补丁管理流程的前提条件，具体如下：

补丁发布的持续监控。补丁管理解决方案，应持续扫描产品供应商端点，以获取新的补丁发布。

自动化补丁部署作业。应部署补丁管理解决方案，以便在所有环境中，自动部署补丁。

补丁审批流程。应建立基于优先级的，手动或自动审批的补丁审批流程。

系统库存。库存管理系统应识别基础设施生态系统的完整库存。基础设施库存将接受合规性检查和监控。

我们在图13.1中描绘了经过优化的补丁管理过程。

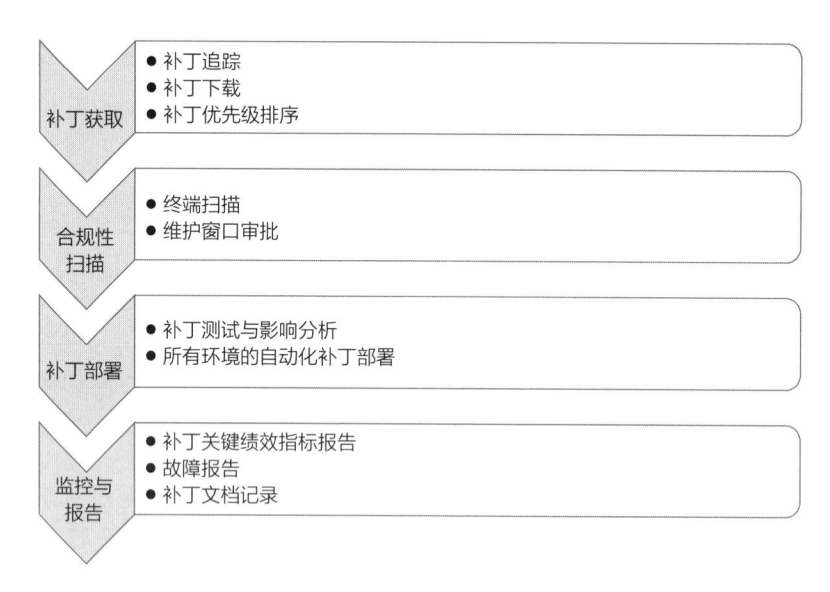

```
补丁获取      • 补丁追踪
              • 补丁下载
              • 补丁优先级排序

合规性扫描    • 终端扫描
              • 维护窗口审批

补丁部署      • 补丁测试与影响分析
              • 所有环境的自动化补丁部署

监控与报告    • 补丁关键绩效指标报告
              • 故障报告
              • 补丁文档记录
```

图 13.1　补丁管理流程

补丁获取。补丁管理过程的初步步骤，是跟踪最近发布的补丁，并下载它们。根据补丁的关键性，补丁管理工具，会为补丁分配优先级和相关的部署时间表。

合规性扫描。补丁管理工具，应扫描企业基础设施组件（如笔记本电脑、台式机、服务器等）的端点，以检查其在补丁方面的合规性水平。端点扫描，会提供需要应用最近下载的补丁的端点列表。根据补丁的关键性，补丁部署需要获得批准。安全热修复补丁，可以自动获得批准，而其他严重级别的补丁，可以手动获得批准。获得批准后，将安排补丁维护窗口。

补丁部署。补丁首先在较低的环境中进行测试，以评估补丁对现有应用程序和平台的影响。一旦在较低环境中，成功完成补丁测试，补丁就会自动部署到所有环境中。

监控与报告。在补丁部署后，补丁管理工具会监控端点的 KPI。所有补丁错误，都会通知给系统管理员。补丁 KPI 包括，补丁合规性（符合补丁要求的系统百分比）、补丁错误率（补丁过程中的错误百分比）、停机时间（补丁过程中系统停机的时间量）和补丁部署时间（基于补丁优先级的平均部署时间）。我

第五部分　运营的数字化转型

们还应该记录，补丁部署的最佳实践、发现和经验，以改进未来的补丁过程。

高可用性和业务连续性管理

高可用性（HA），确保应用程序和服务，能够根据定义的可用性服务级别协议提供服务。HA 设计涉及创建跨多个数据中心或云区域的多节点集群服务器。

图 13.2 展示了基于亚马逊网络服务云（AWS）的高可用性设计。

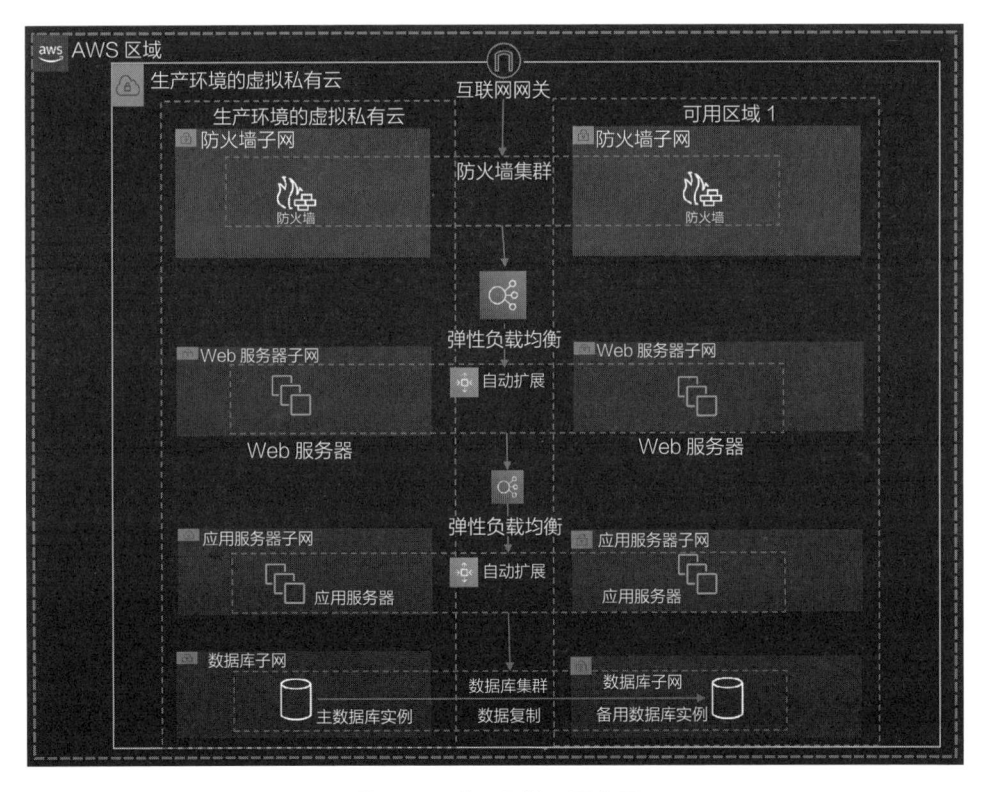

图 13.2　高可用性三层应用

图 13.2 中所示的三层应用的高可用性设计元素解释如下：

多实例多区域服务器

在 AWS 区域中，Web 服务器、应用服务器和数据库服务器的实例分布在多个可用区（AZ）中。这些服务器（如 Web 服务器、应用服务器、数据库服务器）在多个可用区中，以主动–主动模式部署，所有服务器实例都在处理流量。负载均衡器负责将流量分配到各个服务器实例。

健康检查监控

负载均衡器，定期执行后端服务器实例的健康检查。如果任何后端服务器出现故障，健康检查器会将该实例标记为不健康，并停止向不健康的服务器发送流量。

自动化实例故障处理

在主动—主动模式下，负载均衡器利用健康检查器仅将流量发送到健康的实例。因此，即使其中一个后端服务器实例出现故障，最终用户也不会感受到任何中断。

数据同步

在高可用性设计中，数据会在不同可用区（或数据中心）的多个存储卷之间进行复制。图 13.2 中的数据库集群，会从主数据库实例，向备用数据库实例执行同步数据复制。如果主数据库实例发生故障，备用数据库实例将被提升为主实例，并承担所有数据库流量。

作为高可用性设计数字运营的一部分，应配置健康检查工具，以持续检查服务器实例的可用性。数据备份和数据同步作业，应实时复制数据。

通过灾难恢复实现业务连续性流程

业务连续性流程（BCP），定义了在主要数据中心遭遇灾难时确保业务连续性的操作流程。BCP 由灾难恢复（DR）流程管理，这些流程包括处理应用 DR、数据库 DR、存储 DR 以及其他相关组件。

DR 流程主要由恢复点目标（RPO）和恢复时间目标（RTO）驱动。RPO 指

第五部分
运营的数字化转型

定了可接受的最大数据丢失量,而 RTO 则指定了可接受的最大停机时间。

根据 RPO 和 RTO,我们设计 DR 设置和数据备份频率。为实现 DR,我们主要使用远程地理位置作为 DR 站点。然后,我们在远程 DR 站点备份数据并部署备用应用实例。

表 13.1 定义了各种解决方案组件的灾难恢复流程。我们可以使用脚本和备份作业来自动化数据,同步和复制任务。

表 13.1 灾难恢复流程

解决方案组件	灾难恢复流程
虚拟机	根据恢复点目标和恢复时间目标,定期将机器镜像,复制到灾难恢复站点
数据库数据	对远程灾难恢复站点执行数据的同步 / 异步复制
存储数据	根据恢复点目标和恢复时间目标,定期将数据备份到远程灾难恢复站点
卷	根据恢复点目标和恢复时间目标,定期创建卷的快照,并将快照备份到远程灾难恢复站点
基础设施设置	使用基础设施即代码(IaC),在灾难恢复站点,创建主基础设施的镜像副本

由于灾难恢复流程,主要由恢复点目标和恢复时间目标要求驱动,我们在表 13.2 中,针对特定的 RPO/RTO 需求定义了灾难恢复方法。

表 13.2 基于恢复点目标 / 恢复时间目标的灾难恢复流程

恢复点目标 / 恢复时间目标要求	灾难恢复流程
实时恢复点目标 / 恢复时间目标,零数据丢失	● 在主站点和灾难恢复站点之间,建立全双活配置 ● 从主站点到灾难恢复站点,设置数据、快照和机器镜像的实时连续复制
恢复点目标 / 恢复时间目标 < 30 分钟	● 在灾难恢复站点,建立减容双活配置,例如,如果主站点有两个 Web 服务器实例,则在灾难恢复站点设置一个 Web 服务器实例 ● 每 15 分钟,从主站点到灾难恢复站点,设置数据、快照和机器镜像的异步复制

续表

恢复点目标/恢复时间目标要求	灾难恢复流程
30分钟<恢复点目标/恢复时间目标<60分钟	● 定义在灾难恢复事件期间,创建灾难恢复环境所需的基础设施模板 ● 每30分钟,从主站点到灾难恢复站点设置数据、快照和机器镜像的异步复制
恢复点目标/恢复时间目标>60分钟	● 在主站点和灾难恢复站点之间,每小时设置数据备份作业 ● 当灾难恢复事件发生时,建立灾难恢复环境

在图 13.3 中，我们定义了灾难恢复流程，以及主要的灾难恢复活动和所使用的工具。

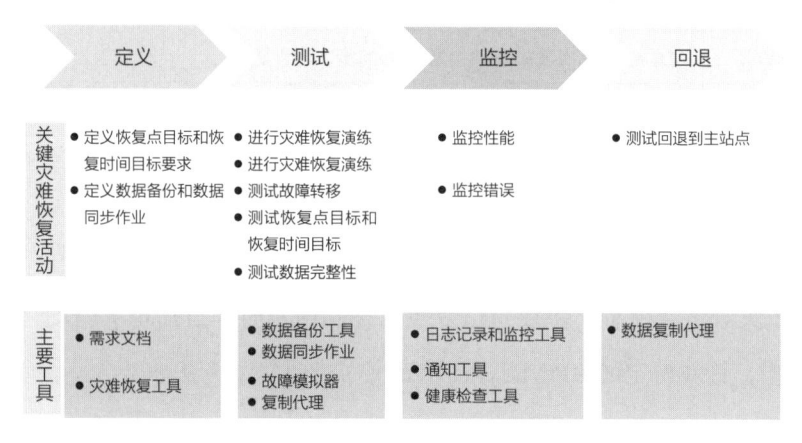

图 13.3 灾难恢复流程

在"定义"阶段，我们主要确定 RPO 和 RTO 要求，并据此设计数据备份和数据同步作业。我们还确定了，主要的灾难恢复工具（用于处理故障转移和故障恢复）。然后，我们将灾难恢复流程，作为"测试"阶段的一部分，进行测试。我们使用故障模拟器，来注入故障，并监控应用程序的弹性。我们还模拟灾难情况，并监控 RPO 和 RTO，以便将系统切换到灾难恢复站点。在此阶段，我们主要使用数据备份工具、数据同步作业和数据复制代理。在"监控"阶段，我们使用日志记录和监控工具，以及健康检查工具，来监控灾难恢复站点中应用程序的性能和响应时间。最后，在"故障恢复"阶段，我们使用数据复制代

第五部分
运营的数字化转型

理,将系统从灾难恢复站点故障恢复到主站点,并测试恢复点目标、恢复时间目标和数据正确性。

日志记录和监控

对事件进行日志记录和监控,对于改善平台的整体健康状况至关重要。这也有助于更快地响应事件,有助于进行根本原因分析和故障排除。应设置一个集中的日志记录和监控仪表板,以实时监控关键绩效指标并采取必要的纠正措施。

监控工作负载,还可以深入了解流量模式和请求处理管道中各组件的响应时间。

监控

我们监控与基础设施、应用程序和业务关键绩效指标相关的重要指标。与基础设施相关的业务关键绩效指标,包括 CPU 利用率、内存利用率、磁盘利用率、网络使用情况等。在应用程序方面,我们监控响应时间、错误率和可用性等指标。

为了主动响应问题,我们为每个业务关键绩效指标设置了阈值。例如,当我们为磁盘利用率,设置 2 分钟内,达到 90% 的阈值时,如果任何磁盘的利用率,在 2 分钟以上超过 90%,监控系统将通知系统管理员。

端到端性能监控,是一个重要的用例。应用程序监控软件,提供跨应用程序层,所有调用的服务图和响应时间。

我们在图 13.4 中展示了日志和监控设置。云资源和本地资源,由各种日志和监控工具进行监控。日志和监控工作,主要分为三个主要类别——基础设施指标(如 CPU/ 内存利用率、存储利用率、磁盘指标等)、应用程序指标(如可用性、响应时间、错误率、依赖的第三方服务健康状况、吞吐量、流量速率等)

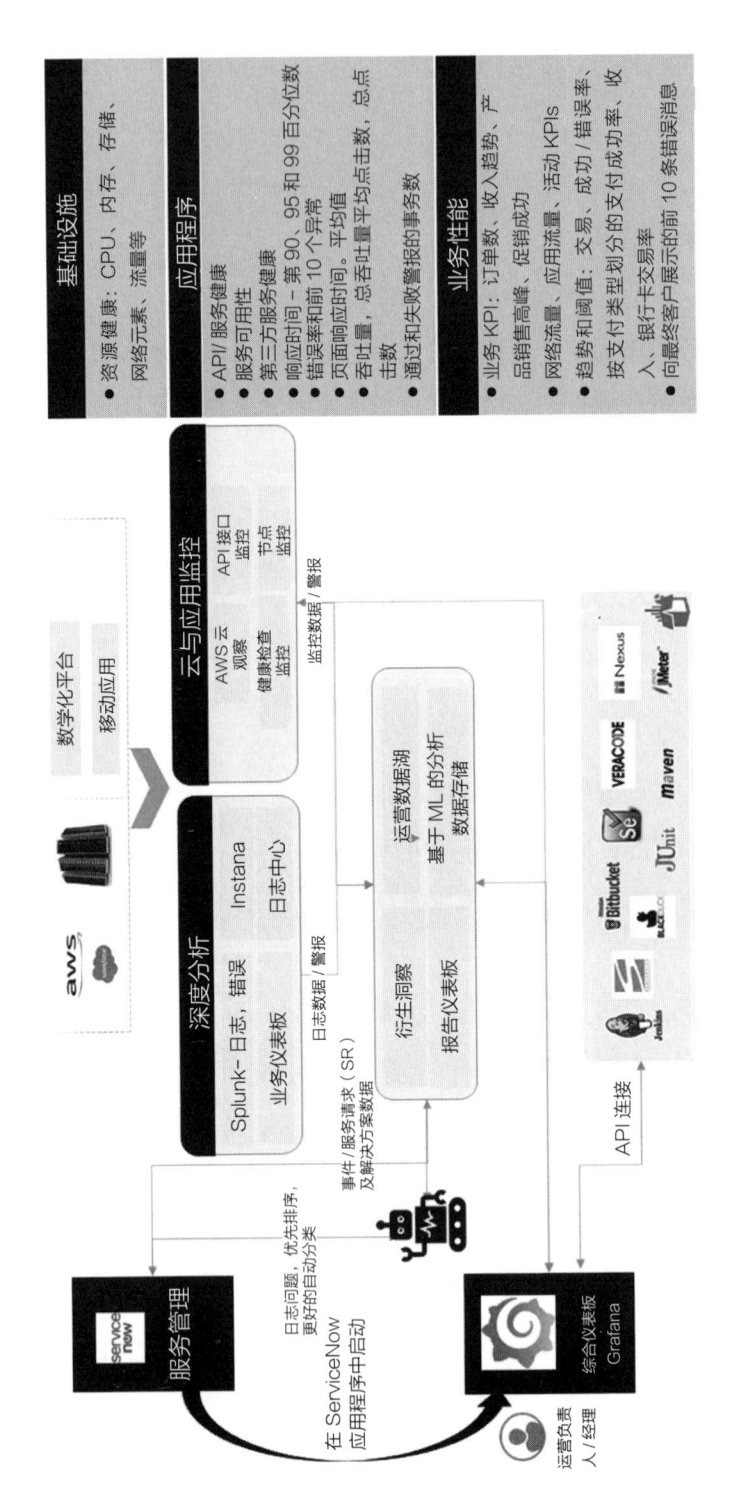

图 13.4 示例日志和监控设置

第 五 部 分
运营的数字化转型

和业务指标（如转化率、平均订单价值、成功率、错误率等）。

我们使用 Splunk 等工具对日志进行深度分析，并构建业务仪表板。云原生工具如 Amazon CloudWatch 会记录云中的事件。从深度分析和监控系统中，获得的见解，被用于构建运营数据湖和报告仪表板。

我们还将事件数据和事件解决数据，导入数据湖，以构建基于机器学习的分析数据存储。我们可以在 Grafana 仪表板中，可视化日志详细信息。

表 13.3 列出了数字平台的常见监控场景。

表 13.3 监控场景

类别	监控指标	简要详情
可用性	平台/服务/应用/API/依赖的第三方服务可用性	监控整个端到端平台以及各层服务和组件的可用性
	平台/服务/应用吞吐量	监控处理的总事务数
	移动应用/服务可用性	监控应用的总体正常运行时间
服务级别协议（SLA）	应用/服务 SLA	监控与性能、应用可用性、服务及其他组件相关的预定义 SLA
功能	应用功能	使用合成监控器验证关键应用功能，如身份验证、表单提交、搜索和结账等
错误	JavaScript 错误	
	HTTP 错误	监控非 HTTP 200 错误代码
	移动应用崩溃	
性能	页面响应时间	监控首字节时间、服务器响应时间、页面加载时间
	API 响应时间	监控总体 API 响应时间
	依赖的第三方服务响应时间	
基础设施	CPU 指标	监控平均利用率
	内存指标	
	网络指标	

安全信息和事件管理（SIEM）

对于潜在的安全威胁和漏洞，进行安全事件监控，对于提升平台的安全态势，至关重要。组织可以迅速响应安全事件。安全事件管理工具，用于监控安全事件。该工具将从各种来源（如流量日志、应用日志和数据访问日志）收集的日志数据导入中央存储库，如图 13.5 所示。安全事件管理工具，持续监控流量中的威胁模式，并在发现漏洞时向管理员发出警报。

我们在图 13.5 中描绘了 SIEM 的关键特性。SIEM 平台，负责管理和监控企业中的安全数据和安全事件。安全数据管理，用于审计和合规目的，而 SIEM 工具则分析和关联安全事件，以检测潜在威胁，并向系统管理员发出警报。

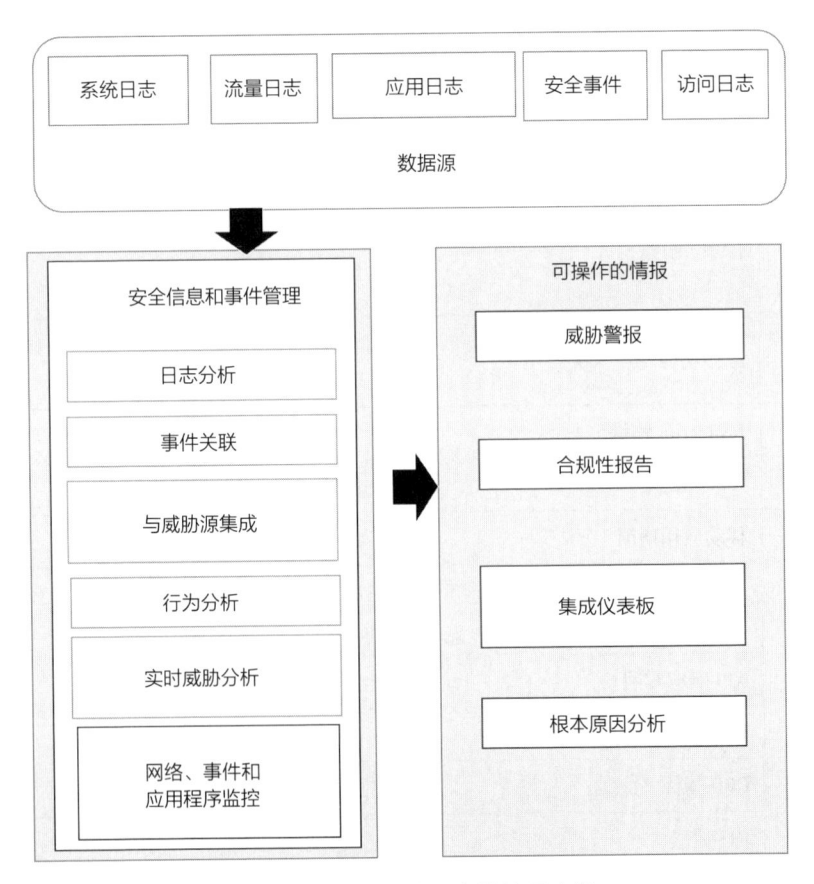

图 13.5　**安全信息和事件管理功能**

第 五 部 分
运营的数字化转型

安全数据来源于系统日志、应用日志、流量日志、访问日志及其他安全事件等多种渠道。SIEM 工具，对收集到的日志数据和事件数据进行各种分析。SIEM 工具的分析，包括与内外部威胁特征相关的安全事件关联。现代 SIEM 工具，还实时进行行为分析，以识别网络异常和数据泄露企图。利用来自各种来源的日志数据，SIEM 工具可以监控应用、网络和事件。

我们可以从 SIEM 工具中，获取可操作情报。基于集成日志数据的分析，我们可以获得实时威胁警报和日志数据的综合仪表板。我们还可以，根据审计日志信息生成合规性报告，并对事件进行根本原因分析。

变更管理

企业的数字运营，需要变更管理流程，来有效跟踪运营变更。企业变更管理框架定义了请求、审批、实施和报告运营变更的流程。

企业变更管理软件，有助于我们为配置和运营变更创建维护窗口。我们可以在该维护窗口期间，运行自动化作业，来执行配置和运营变更。

配置管理

随着时间的推移，应用和基础设施配置会发生变化，以适应增强功能和合规性要求。配置管理框架，会为配置设置基线，并记录一段时间内的配置变更。组织可以根据已批准的标准发布产品和服务。例如，组织可以强制开发人员，使用经过加固以符合组织安全策略的已批准机器映像。开发团队可以使用已批准的机器映像，来构建产品和服务。配置管理软件，会实时跟踪机器上的更改，并在发生未经批准的更改时向管理员发出警报。

数字运营最佳实践

为了高效运行数字运营，我们应该定义流程、工具、标准操作程序和检查清单。数字运营工具和流程，确保运营团队具备运营就绪性，从而能够高效地管理运营，进而提高运营态势。

数字运营最佳实践，降低了使用过去的学习和最佳实践的成本，并为用户培训创建了知识库。在本节中，我们将详细介绍运行手册、运营场景测试等运营最佳实践。

运行手册

运行手册详细记录了运营活动的各个步骤。手册中明确了先决条件、执行步骤、检查清单、所需审批、活动负责人、时间线、依赖关系和验证步骤。运行手册为执行复杂的任务（如迁移、解决方案故障排除、平台设置和平台配置）提供了一种可重复且一致的方法。运营团队会不断验证运行手册中的活动，并在需要时对其进行更新。

我们在附录中，提供了一个应用迁移的示例运行手册。

运营场景测试

运营场景测试定义了用于验证特定场景的基线测试用例。我们确定了详细的测试步骤、负责的利益相关者，以及备选场景。同时，我们还会参考运营运行手册以获取特定场景的详细信息。

我们通过确定关键测试用例和所需利益相关者，来准备运营场景测试，并确定测试的时间段。我们会向所有团队寻求必要的批准，以测试这些场景。在测试过程中，我们会记录关键指标，如响应时间、资源利用率（如 CPU 利用率和内存利用率）、错误率、故障转移时间、SLA 等。测试结束后，我们会记录测试结果并向利益相关者报告。同时，我们还会在需要时，更新运营操作手册并

第 五 部 分
运营的数字化转型

利用测试中的经验,来改进未来的测试场景。

灾难恢复场景测试

我们以灾难恢复场景为例,进行了讨论。作为灾难恢复演练的一部分,我们需要执行与灾难恢复相关的测试用例,以验证设计的弹性。我们在表13.4中,给出了迁移后场景测试的示例、测试用例。

我们可以为其他常见场景(如数据迁移、环境设置、应用程序托管、应用程序迁移、服务器升级、服务器修补等)创建操作场景测试用例。

表13.4 迁移后测试场景

场景名称	简要情况	测试步骤	备选场景
服务器弹性测试	目的:测试服务器的弹性,通过停止一个Web服务器实例来测试服务的故障转移能力	● 操作团队,故意停止集群中的一个Web服务器实例 ● 操作团队,检查已停止实例的故障转移情况 ● 操作团队监控,Web服务器集群端点的可用性、响应时间和错误率	测试依赖服务(如文件系统、存储服务和数据库服务)的弹性
应用程序备份测试	目的:测试n层应用程序的备份和恢复,根据恢复点目标从备份中恢复n层应用程序	● 操作团队根据恢复点目标和恢复时间目标,从备份中重新部署n层应用程序 ● 操作团队验证,操作手册中的所有恢复步骤 ● 在恢复后测试应用程序的功能	测试备份服务器的许可证使用情况,测试应用程序恢复后关联的网络组件、IP/端点变更,测试数据库服务的恢复
网络故障测试	目的:测试网络组件的恢复时间,两个数据中心之间的连接中断,在恢复时间目标内重新建立连接	● 操作团队模拟两个数据中心之间的网络连接故障 ● 测试应用程序的行为和响应时间 ● 验证防火墙规则和配置,验证IP变更的影响 ● 操作团队恢复两个数据中心之间的网络连接 ● 验证网络恢复时间及相关操作手册	验证防火墙规则和配置,验证IP变更的影响

续表

场景名称	简要情况	测试步骤	备选场景
依赖影响测试	目的：测试应用程序依赖项失败的影响，停止其中一个应用程序的依赖项，并测试应用程序的行为	● 团队停止应用程序的一个依赖项，如数据库或Web服务 ● 测试监控系统的通知功能 ● 运维团队验证应用程序的行为、应用程序响应时间以及错误处理机制 ● 在恢复点目标内恢复依赖项	
应用程序回滚测试	目的：测试应用程序部署失败时的回滚过程	运维团队验证回滚过程	

应用程序迁移指南

我们已提供一份应用程序迁移指南的样本，用于指导从一个数据中心迁移到另一个数据中心，或从主数据中心迁移到云端的应用程序迁移工作。

迁移方案包括将Web应用程序、其数据库以及相关的网络和安全组件迁移到新的数据中心或云端。

应用程序迁移指南主要包含3个核心部分：迁移前活动、迁移活动和迁移后活动。在迁移前活动中，我们执行准备工作，如寻求批准、安全检查、审查和其他检查。在迁移活动中，我们涵盖核心迁移任务，如数据迁移、服务器迁移、在新环境中设置连接性、进行应用程序冒烟测试等。迁移后，我们主要进行应用程序、数据、连接性、安全性、性能以及集成方面的验证，并监控资源使用情况。此外，该指南还记录了各阶段的负责人联系方式、日程安排和时间槽。

第 五 部 分
运营的数字化转型

迁移前阶段

迁移指南中的迁移前活动，已在表 13.5 中详细列出。我们可以根据需要捕获其他详细信息，如开始时间、结束时间和依赖项。

表 13.5 迁移前活动

	迁移前活动	简要情况	负责人
1	确认迁移范围	获得所有利益相关者对迁移范围的认可	迁移负责人
2	确认所有负责人的参与	从迁移团队、运营团队、测试团队、安全团队和网络团队获取关于范围和时间表的确认	迁移负责人
3	确定迁移日期和时间段	获得所有团队，对迁移日期和时间段的批准	迁移负责人
4	完成迁移计划	确认每波迁移的波次和范围	迁移负责人
5	影响分析和应急计划	审查所有利益相关者，对迁移影响和停机处理应急计划的反馈	迁移负责人
6	停机通知	向所有利益相关者发送关于停机窗口的通知	迁移负责人
7	设置数据迁移脚本	配置数据迁移脚本，以将数据从源服务器，迁移到目标服务器	迁移负责人
8	验证服务器	验证源服务器和目标服务器的安全性和规格	基础设施团队
9	验证连接性	测试源服务器和目标服务器之间的连接性	网络团队
10	在目标环境中创建服务账户	在目标环境中，创建具有足够权限的服务账户	基础设施团队
11	影响分析与应急计划	回顾所有利益相关者对迁移影响及停机处理应急计划的反馈	迁移负责人
12	定义回滚计划	详细说明失败迁移所需的回滚活动	所有团队
13	执行目标服务器的信息安全审查	根据组织的信息安全标准，审查目标环境的安全状况	安全团队
14	决策（执行/不执行）	利益相关者根据决策检查表决定是否执行	所有利益相关者
15	变更请求	提交变更请求以实施迁移变更	迁移负责人

核心迁移阶段

核心迁移活动在表 13.6 中进行了描述。该部分记录了数据迁移、应用程序迁移以及所有依赖组件的迁移。

表 13.6 核心迁移活动

	迁移活动	简要情况	负责人
1	数据迁移	使用脚本执行数据迁移。验证迁移后的数据	数据库管理员
2	服务器迁移	将服务器镜像迁移到目标环境	基础设施团队
3	关闭源系统	关闭源环境中的服务器	基础设施团队
4	数据导入	将数据导入目标环境	数据库管理员
5	启动目标服务器	启动目标环境中的所有服务器	基础设施团队
6	重新配置目标服务器	为目标服务器获取新的 IP 地址	基础设施团队
7	重新配置服务器设置	创建 SSL 证书。配置 DNS 记录	基础设施团队
8	重新配置网络设置	配置代理、NAT 规则、白名单规则、防火墙规则及其他所需网络设置	网络团队
9	重新配置安全设置	启用身份验证、授权规则并定义权限	安全团队
10	测试连接性	验证连接性以检查是否存在访问或性能问题	网络团队
11	应用冒烟测试	测试核心功能并进行基本性能测试	测试团队
12	日志记录和监控	为应用和基础架构资源启用日志记录。启用端到端监控。启用 SIEM 工具和流量监控工具。启用威胁检测工具	运维团队
13	启用备份作业	启用数据备份作业	基础设施团队
14	［可选］回滚迁移	如果应用迁移失败，执行回滚操作	基础设施团队
15	交接给支持团队	迁移完成后，将应用交接给支持团队	基础设施团队

迁移后阶段

迁移后，我们主要验证端到端连接性，并确认所有监控和日志记录作业是

第 五 部 分
运营的数字化转型

否按预期运行。迁移后的活动已在表 13.7 中详细列出。

表 13.7 迁移后活动

	迁移后活动	简要情况	负责人
1	监控应用性能	监控应用的响应时间、应用错误率	运维团队
2	监控基础设施资源性能	监控关键基础设施资源指标，如 CPU 利用率、内存利用率、存储利用率等	运维团队
3	验证日志	检查所有必需的应用数据、流量数据和监控数据是否已记录在日志文件中	运维团队
4	验证备份	从备份中恢复实例，以验证备份的有效性	运维团队
5	监控安全事件	持续监控任何安全事件	运维团队
6	验证灾难恢复	验证灾难恢复过程步骤	运维团队
7	更新文档	记录迁移过程中的步骤和收获	运维团队

总结

在本章中，我们讨论了数字运营的最佳实践，包括补丁管理、日志记录和监控、业务连续性、配置管理和变更管理。

补丁管理过程的关键属性，包括集中管理、自动化配置与部署、合规性综合视图、优先级排序、可测试性以及最小停机时间。补丁管理过程的主要步骤，包括补丁获取、合规性扫描、补丁部署、监控与报告。高可用性设计需要多实例和多区域服务器、健康检查监控、自动化实例故障处理以及数据同步。灾难恢复流程包括定义（确定恢复点目标和恢复时间目标以及数据备份流程）、测试（灾难恢复演练、故障转移测试）、监控（性能监控、错误监控）以及回退（回退测试）。日志与监控过程的主要阶段为定义、摄取与分析。安全信息和事件管理工具，从各种来源（如流量日志、应用日志和数据访问日志）摄取日志数据，存储到中央存储库中，并监控流量以识别威胁模式。数字运营最佳实践，主要使用操作手册来处理运营问题和进行运营场景测试。操作手册详细记录了运营活动的步骤。运营场景测试则定义了用于验证特定场景的基准测试用例。

第十四章

通过 DevSecOps 实现自动化

简介

DevSecOps 即开发安全运维一体化，是一套实践、文化、工具和流程的组合，它利用自动化手段，来实现业务价值的频繁，且安全交付。DevSecOps 助力组织快速、迭代、安全、可靠且一致地交付业务价值，对组织文化、流程和工具产生了深远影响，我们在图 14.1 中描绘了每个类别中的要素。

客户端	流程	工具
• 持续改进 • 敏捷方法	• 迭代交付 • 配置管理 • 自动化测试 • 微服务模式 • 减少技术债务 • 最小可行流程 • 版本管理	• 代码仓库 • 持续集成 • 持续交付 • 监控工具 • 日志记录工具

图 14.1　DevSecOps 的影响

DevSecOps 为组织文化（如团队间的协作）和运营文化（如最大化自动化）带来了变革。同时，通过采纳 DevSecOps 实践，与产品交付、配置管理和测试相关的现有流程，也得到了改进。DevSecOps 实践采用了许多工具，如集中式代码仓库、持续集成（CI）、持续交付以及监控和日志记录工具，这些工具帮助我们自动化并优化流程。

第 五 部 分
运营的数字化转型

DevSecOps 通过迭代和增量发布功能来实现业务目标。DevSecOps 流程的主要阶段如图 14.2 所示。

图 14.2　DevSecOps 阶段

DevSecOps 集成了组织的开发、运维和安全实践。它确保了管道的安全性、管道中的安全性和通过管道实现的安全性。组织内的各个业务部门，都渴望以更安全的方式更快地发布产品和服务。如图 14.3 所示，DevSecOps 流程使组织能够以更高的质量、增强的安全性、可重复的流程，带来的稳定性和提高的业务敏捷性来交付成果，从而缩短产品上市时间，使组织能够更快地创新。

图 14.3　DevSecOps 流程的优势

采用 DevSecOps 实践，有助于组织在不同团队之间有效协作。DevSecOps 中的自动化实践，有助于实现快速且高质量的可交付成果。组织可以通过这种方式，提高产品上市的速度和规模。通过采用 DevSecOps 流程，组织可以加快创新速度并实现大规模增长。DevSecOps 通过实施安全策略和管理风险，使组织能够实现其业务目标（如更快的市场投放、更快的创新、更快的产品改进）。DevSecOps 将必要的规定性、预防性和检测性安全护栏引入发布管理流程，从而改善整体安全状况。

DevSecOps 流程，可以设计为强制执行安全规范（例如，仅在通过安全审查后才允许代码部署）、预防性防护栏（例如，如果单元测试覆盖率低于 90%，则停止代码部署）和检测性防护栏（例如，如果代码质量百分比降至 70% 以下，则通知管理员）。

我们将静态验证（如静态代码分析）、动态验证（如安全测试）和运行时监控（如威胁监控、响应监控、性能监控、审计、日志记录）作为 DevSecOps 流程的一部分。

DevSecOps 概念

在本节中，我们将探讨 DevSecOps 的关键成功因素和基本原则。DevSecOps 管理员和组织，可以利用这些关键成功因素和 DevSecOps 原则中的最佳实践，来构建稳健的 DevSecOps 体系。

DevSecOps 的关键成功因素

实施稳健的 DevSecOps 体系，涉及构建 / 使用各种工具和实施相关流程。以下是构建稳健 DevSecOps 体系的主要成功因素。

工具集成

DevSecOps 流水线，需要各种工具来支持构建、测试和部署。对于静态代

第 五 部 分
运营的数字化转型

码分析和安全测试，我们可以集成静态应用程序安全测试（SAST，用于静态分析）和动态应用程序安全测试（DAST）工具（用于动态分析）。

DevSecOps 管理员，需要识别合适的工具，将它们与主流水线集成，并确保流水线各阶段的安全性。

流程定义

DevSecOps 管理员，必须为管道的每个阶段定义明确的流程，以实现业务目标。例如，DevSecOps 管道的构建阶段应包括代码审查和批准步骤，以确保仅在通过适当审查后才构建代码。

作为敏捷交付模式的一部分，团队应定义一个最小可行性产品，且只包含产品采用所需的功能。团队应频繁地进行较小的发布。故障应自动回滚。

技能集开发

组织必须培训 DevSecOps 工程师，以培养他们在管理 DevSecOps 工具方面所需的技能。DevSecOps 管理员，应记录 DevSecOps 流程和标准操作程序，以帮助 DevSecOps 工程师。组织应发展跨职能团队，他们独立地开发和拥有特定服务。

安全策略实施

DevSecOps 管理员，应实施安全策略，以确保遵守组织的安全政策。如果管道中使用的底层工具，缺乏提高整体安全态势所需的安全控制，DevSecOps 管理员应填补安全漏洞。例如，如果所选的构建工具缺少用户认证功能，DevSecOps 管理员应添加一个额外的认证层，来保护管道中的构建阶段。

集中监控

端到端的 DevSecOps 流程，应可通过集中式仪表板进行可视化。DevSecOps 使管理员能够集中实施统一的标准和治理。整个团队，最终确定 KPI 和其他指标，如上市时间、代码覆盖率百分比和构建成功率百分比。业务利益相关者、项目经理和 DevSecOps 工程师应能够可视化流程进度、项目的整体健康状况以及 KPI 和指标。错误（如构建失败）和违反指标阈值的流程阶段（如代码覆盖率低于 90%），应触发向利益相关者的通知。部署作业应受到监控，并在部署失败时自动回滚。

自动化

自动化是 DevSecOps 的首要原则。DevSecOps 流程步骤的自动化，可加快发布周期并提高质量。我们整合工具和脚本，来自动化核心发布管理活动，如构建、测试、部署等。

流程自动化是 DevSecOps 流程的主要优势所在。测试、代码质量检查和部署等核心流程都实现了自动化。以下是部署流程自动化的一个示例。

开发人员将代码签入/提交到代码仓库的主分支。部署流程监控源代码仓库的变更，代码提交触发静态代码分析。静态代码分析成功后，流程将自动调用单元测试阶段，在该阶段对代码进行自动单元测试。如果整体测试覆盖率超过 90%，则部署流程将自动构建并将代码部署到开发环境。

在上述示例中，完整的构建—测试—部署周期，由部署流程自动完成。用户仅在任一阶段，出现错误时才会收到通知。

成本控制

DevSecOps 管理员，应选择工具和服务器，以最小化管道的总体成本。DevSecOps 管理员，可以利用开源工具和按需公共云资源，来降低总体成本。

管道执行时间

应尽可能缩短整体管道执行时间（从构建到部署），以减少中断，并实现频繁的增强和漏洞修复。自动化管道阶段可减少整体管道执行时间。

最小化停机时间

DevSecOps 流程不应干扰现有的生产环境，并应尽量减少停机时间。确保最小化停机时间的最佳做法之一，是使用蓝绿部署模型，在该模型中，将更新版本部署到"绿色"环境中，而"蓝色"环境则运行当前版本的代码，并处理实时流量。最初，我们可以将一小部分流量（例如 5%）发送到"绿色"环境，而大部分流量由"蓝色"环境处理。我们监控"绿色"环境的指标（如准确性、

第五部分
运营的数字化转型

性能），一旦用户对"绿色"环境的性能和功能感到满意，我们就可以将更新后的代码部署到"蓝色"环境。

版本管理

所有 DevSecOps 组件，如代码、基础设施、配置和文档，都应进行版本控制，并应像代码一样对待。

表 14.1 总结了 DevSecOps 实践可以为组织带来的关键价值差异。

表 14.1 DevSecOps 价值效益

类别	无 DevSecOps	有 DevSecOps
基础设施配置	手动过程，耗时数天	自动化过程，几分钟内即可完成
应用程序部署	手动过程，耗时数小时，存在潜在安全风险	安全且自动化的持续交付管道，几分钟内即可完成
安全性	临时性安全措施	集成到管道中的集中且统一的安全策略
监控	非集中式监控	跨所有应用程序和环境的集中且整合的监控
运营流程	不同平台上的流程不一致	标准、一致且自动化的流程

DevSecOps 原则

在本节中，我们将讨论 DevSecOps 的主要原则，如集成开发、跨职能协作、持续集成（CI）等。

集成开发

集成开发实践，旨在为开发人员和项目经理提供一个协作和集成的环境，用于开发、代码版本控制和项目管理。GitHub 和 AWS CodeCommit 等工具作为强大的代码版本控制系统；AWS Cloud9、Eclipse 和 IntelliJ 等集成开发环境（IDE）提供了无缝的代码开发平台，而 Atlassian Jira 等工具则可用于项目规划。

跨职能协作

组织内的各个项目团队，如开发团队、安全团队、运维团队和测试团队，可以通过 DevSecOps 流程作为一个团队进行协作。

持续测试

我们采用迭代的方式，进行单元测试、功能测试、安全测试和性能测试。我们秉持着"尽早测试，频繁测试，快速失败"的理念。持续测试能够尽早发现缺陷，从而降低整体风险。

持续集成

CI 是一系列用于提高整体交付质量，并优化交付时间表的流程和工具。CI 主要关注代码提交、构建和单元测试，如图 14.4 所示。

作为 CI 的一部分，我们定义了整体的流水线。开发人员将代码签入，并合并到公共源代码控制系统（如 GitLab）中。一旦代码被签入，流水线就会自动触发代码质量检查、代码单元测试和其他自动化检查。

CI 使得不同团队的开发者能够同时编写代码并行工作。每位开发者完成单元测试后，都会将代码合并到公共的代码源控制系统，该系统会自动通过流水线对代码进行单元测试。

开发者可以利用 CI 快速发布功能请求和改进。持续交付流程，负责打包和构建可在各种环境中部署的制品。这些打包好的制品，随后被部署到部署服务器上，以进行额外的测试，如性能测试和安全测试。

持续监控

这种实践，有助于识别端到端流水线中的问题或障碍，并帮助提高流水线的效率。我们执行各种自动化监控实践，包括服务器健康检查监控、应用监控、性能监控、安全监控、可用性监控等。

迭代发布

作为敏捷交付模型的一部分，我们通过多次迭代来交付功能。

模块化开发

代码组件被开发为松散耦合、可重用且独立的模块。

第 五 部 分
运营的数字化转型

持续部署（CD）

持续部署是一系列旨在逐步快速发布改进的流程与工具，其目的在于优化软件交付过程。CD能够自动将更改部署到预生产环境，并安全地将其部署到生产环境。这一过程，不仅提升了整个流水线的可靠性，还缩短了修复漏洞的时间，降低了整体风险，并提高了部署频率。

图14.4展示了CD中的常见步骤。

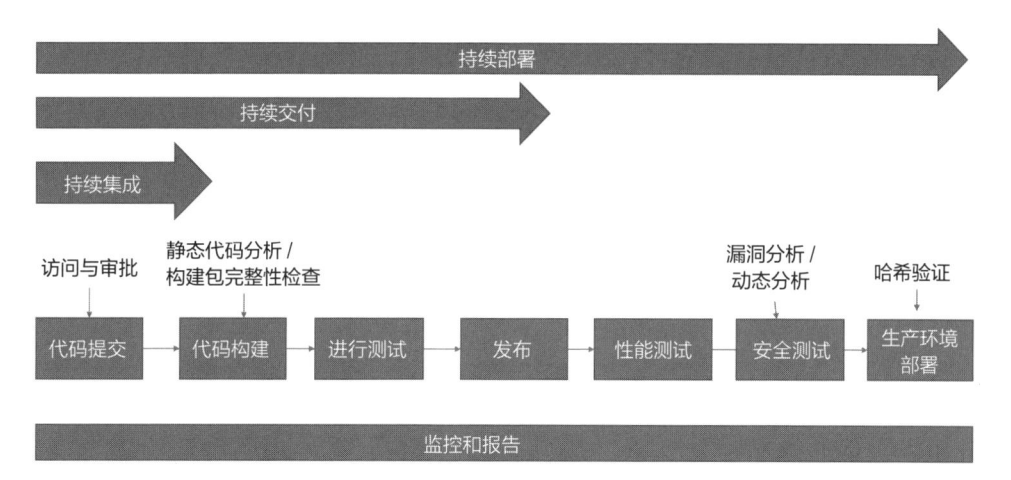

图14.4　持续部署步骤

在持续集成过程之后，CD自动进行构建制品的创建和部署。如图14.4所示，持续集成通过代码合并的方式，整合了不同开发者提交的代码。代码合并将触发自动代码构建，以运行预配置的活动，如代码审查、单元测试等。而持续交付，则自动将代码制品可靠地交付并发布到各种环境中。

我们在图14.4中定义了CD的步骤。只有获得适当访问权限的开发者，在通过必要审批后，才能进行代码提交。流水线的每个阶段都内置了最佳安全实践。

例如，在代码提交阶段，需要为开发人员提供适当的访问权限和审批，以完成代码提交。我们在代码构建阶段，执行静态应用程序安全测试（SAST），以识别任何代码级别的漏洞。我们还对构建包进行完整性检查，以确保构建的完整性。在安全测试阶段，我们可以进行动态应用程序，安全测试（DAST），以发现漏洞（如 SQL 注入漏洞、跨站脚本漏洞等）。通过哈希验证，我们可以确保生产部署的安全性。此外，我们还在流程中纳入了额外的组织特定安全流程。

我们监控流程的所有阶段，并报告度量指标（如完成时间、错误代码等）。当我们自动化软件交付流程时，可以频繁地进行部署，使每次部署都能带来渐进的业务价值。持续部署中的自动化，也提高了交付质量和变更管理流程，并减少了安全漏洞。

持续集成以及持续交付和持续部署，使组织能够扩展开发和发布管理流程。持续集成和持续部署流程还自动化了发布管理活动，并改善了整体安全态势。

基础设施即代码（IaC）

通过将基础设施视为代码，我们可以创建标准化且可重复的结构，以快速在不同环境中配置基础设施。基础设施即代码模板，作为基础设施的单一事实来源，并由 GitHub 等版本控制系统进行管理。当 IaC 模板位于源代码控制系统中时，我们可以将其插入 DevSecOps 管道，以自动创建环境。IaC 补充了基础设施管理，并利用软件管理的最佳实践来管理 IaC 工件。我们可以使用 IaC 在各种环境（生产和非生产）中复制基础设施。

DevSecOps 管道跨越发布管理的各个阶段。该管道包括基础设施、应用程序和数据组件，并与许多工作负载集成。我们还以代码形式管理管道。

我们通过预防和检测安全控制来确保 DevSecOps 管道的安全性。作为预防性安全控制的一部分，我们限制谁可以运行管道，以及他们可以在哪些环境中运行管道。作为管道检测控制的一部分，我们监控登录用户、提交代码的用户、运行构建和部署作业的用户、代码提交导致构建作业失败的用户、代码覆盖率百分比、静态和动态测试报告等。

第 五 部 分
运营的数字化转型

微服务架构

在单体架构风格下，开发的传统应用程序，即使是很小的改动，也会影响到整个应用程序，因此需要更多的时间来测试和修改。为了更频繁地推动小规模的变更，我们将细粒度的业务功能创建为微服务。

微服务是独立可扩展的功能逻辑单元，实现了单一职责原则（即执行单一功能）。与单体应用不同，微服务可以使用最适合用例的不同编程语言进行开发。微服务之间，通过定义良好的 API 契约进行通信。

微服务由更精简的团队（通常称为"两比萨团队"）开发，这些团队可以独立做出决策。每个团队都负责微服务的端到端工作，包括规划、设计、开发、安全测试、运维、故障修复、文档编写以及微服务的其他活动。

微服务的开发生命周期（构建、集成、测试、部署和监控）频繁进行，从而实现了更快的部署。我们在第五章中详细地讨论了微服务。

配置管理

配置管理系统管理所有环境的配置。例如，我们使用源代码控制系统，来管理将在不同环境中部署的代码和配置。制品仓库管理各种环境的可部署代码制品。

可观测性（监控和日志记录）

我们部署工具来测量和监控关键指标。我们持续监控影响客户体验和系统性能的指标。我们记录应用程序事件和指标、安全事件、基础设施指标（如 CPU 利用率、内存利用率），并执行主动预警。

我们可以为已知补救步骤的警报设置自动修复流程。例如，当警报系统检测到服务器宕机情况时，自动修复流程可以使用启动脚本来重启服务器。

DevSecOps 工具

我们在表 14.2 中列出了 DevSecOps 常用的工具。

表 14.2　DevSecOps 工具

类别	工具
构建工具	Maven, AWS CodeBuild, Gradle, Jenkins
源代码控制系统	GitLab, SVN
持续集成	Atlassian Bamboo, AWS CodePipleines, BitBucket Pipelines, Jenkins, CircleCI, GitLab
持续交付	Shippable, Jenkins
容器平台	Docker
日志与监控	New Relic, Datadog, Splunk, Sysdig, Amazon CloudWatch, SumoLogic, Nagios
基础设施即代码	Terraform, Chef, Puppet, AWS CloudFormation
应用性能监控	AppDynamics, Dynatrace, New Relic
配置管理	Puppet, Chef, Ansible
负载测试自动化	Apache JMeter, SmartBear, Qmetry, LoadRunner
移动应用质量概况	SonarLint, SwiftLink, Android Kotlin, SonarQube, OWASP Dependency Check
代码质量	SonarQube, FindBugs, Checkstyle, JSLint
代码覆盖率	Clover
安全工具	Burp Suite, AppScan
移动应用分发	AppCenter, Playstore alpha/beta, TestFlight
制品仓库	AppCenter, JFrog

DevSecOps 指标

我们在图 14.5 中，展示了 DevSecOps 管道中的主要指标。DevSecOps 流程的关键指标，包括上市时间（从产品诞生到发布到市场所需的总时间）、总拥有成本和安全性。

第 五 部 分
运营的数字化转型

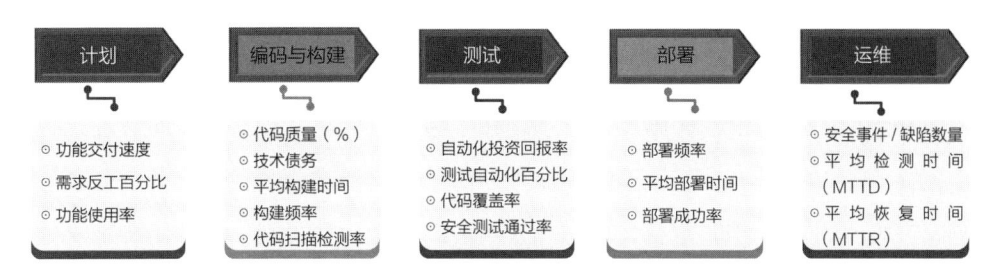

计划	编码与构建	测试	部署	运维
○ 功能交付速度 ○ 需求反工百分比 ○ 功能使用率	○ 代码质量（%） ○ 技术债务 ○ 平均构建时间 ○ 构建频率 ○ 代码扫描检测率	○ 自动化投资回报率 ○ 测试自动化百分比 ○ 代码覆盖率 ○ 安全测试通过率	○ 部署频率 ○ 平均部署时间 ○ 部署成功率	○ 安全事件/缺陷数量 ○ 平均检测时间 （MTTD） ○ 平均恢复时间 （MTTR）

图 14.5 DevSecOps 指标

在软件开发生命周期（SDLC）的每个阶段，我们主要衡量功能交付的速度（团队交付计划功能的速度），以及规划阶段的需求返工百分比。在代码构建阶段，我们监控代码质量（使用诸如代码复杂性、耦合性、安全性、代码重复性、代码可移植性等变量）、构建频率（代码构建的频率）、平均构建时间和代码扫描检测率（通过代码扫描检测到的缺陷率）。在测试阶段，主要指标包括测试自动化百分比（自动化测试的总百分比）、代码覆盖率（测试用例覆盖的源代码百分比）和安全测试通过率。

部署阶段的主要指标，包括部署频率（每天部署的次数）、平均部署时间和部署成功率。在运行阶段，主要指标包括安全事件百分比、平均检测时间（部署问题存在到被检测出来所需的时间量）和平均恢复时间（从故障中恢复所需的平均时间量）。

DevSecOps 迁移案例研究

尚未采用健全的 DevSecOps 流程的组织，很可能正在使用分散的流程和不一致的安全策略。转向 DevSecOps 设置，使这些组织能够确保集中和统一的运营流程，并实施一致的安全策略。

在本节中，我们将详细介绍一个从现有发布管理和部署流程迁移到云原生 DevSecOps 设置的案例研究。

当前发布管理状态

在当前的设置中，代码发布管理是在本地进行的。在现有的发布管理过程中，使用了多种工具、安全策略和流程。由于缺乏标准化的代码合并和分支流程，开发人员经常相互覆盖代码，导致集成问题和构建失败。构建工程师必须手动执行构建，从而导致延迟。由于没有自动化的测试流程，测试团队必须手动将代码部署到服务器，并进行功能测试。项目经理无法全面了解项目的整体状况（如构建失败、代码质量指标、代码覆盖率指标等）。代码向生产的推广是手动完成的。

由于流程未标准化，且缺乏自动化，即使只有微小的代码更改，也需要 5 到 7 天的时间，才能将测试代码部署到生产环境。缺乏自动化，也影响了各个团队的生产力。

迁移设计

我们已经描绘了现有发布管理流程，向云原生 DevSecOps 迁移的设计，如图 14.6 所示。

图 14.6 DevSecOps 迁移设计

第 五 部 分
运营的数字化转型

初步步骤是，设置 DevSecOps 流程，以自动化构建、部署和代码质量活动。我们可以在本地环境或云上实施 DevSecOps。云设置是首选，因为它提供了与 DevSecOps 工具的本地集成，并优化了总体成本。

一旦实施了 DevSecOps 流程，我们就设置连续监控工具，以实时监控指标和关键绩效指标。这些指标有助于我们快速采取补救措施。

我们在整个 DevSecOps 流水线中实施统一且集中的安全策略。我们还与静态应用程序安全测试工具（如 SonarQube）和动态应用程序安全测试工具（如 OWASP ZAP）集成，以识别模块中的安全漏洞。

我们为整个流水线启用了事件驱动架构，其中流程步骤是自动化的，并由感兴趣的事件驱动。例如，代码签入事件会触发代码构建，而代码构建完成事件会触发流水线中的代码部署过程。

DevSecOps 提供了更快的反馈循环，有助于我们验证安全和测试流程，并持续改进这些流程。我们还可以设置自动修复步骤，以自动缓解已知解决步骤的常见问题（如需要重启服务器的服务器停机）。

DevSecOps 实施案例研究

在本节中，我们将讨论如何实施本地和基于云的 DevSecOps，以解决当前面临的挑战。在设置本地或云原生 DevSecOps 时，自动化和流程优化是主要目标。

基于本地的 DevSecOps

我们在图 14.7 中描绘了基于本地的 DevSecOps。为了自动化发布管理流程，我们选择了 DevSecOps 流程中的最佳工具。

在"计划和开发"阶段，我们在 Jira 中规划用户故事、功能和待办事项。基于 Java 的代码在 Eclipse IDE 中开发，并使用 Apache JUnit 进行本地单元测试。一旦代码通过本地单元测试，就将其签入集中的 Bitbucket 存储库中。我们在 Bitbucket 中创建各种分支，来管理代码部署。生产代码在 Master 分支中管理；

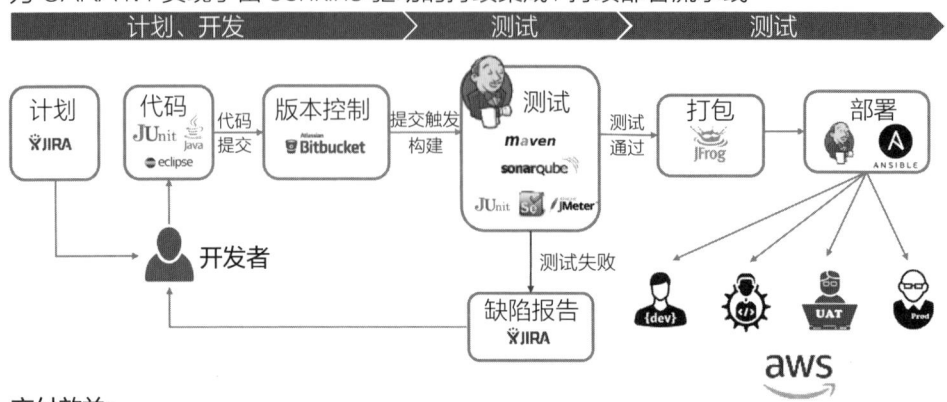

为 CARA1.1 实现了由 Jenkins 驱动的持续集成/持续部署流水线

交付效益：
- 生产环境部署时间不超过 60 秒
- 通过多阶段部署流水线，实现了多层应用的持续部署
- 所有非生产区域实现了最小停机时间的增量部署
- 在生产环境中，部署回滚时间保持在 60 秒以内
- 严格的基于角色的访问控制（RBAC）策略，确保了代码合并、代码解决和拉取请求（PR）审批的有序进行
- 工具集成，实现了自动部署通知、错误解决、提交信息和工作失败通知

图 14.7 本地 DevSecOps 设置

trunk 分支管理开发代码，而 hot-fix 分支用于管理生产中的热修复。

在"集成与测试"阶段，我们在流水线中设置了事件驱动的自动化。一旦代码被签入 Bitbucket 的开发分支，Jenkins CI 就会触发构建流水线。构建流水线会拉取代码，使用 Apache Maven 构建代码，Junit 进行单元测试，Selenium 进行功能测试，以及 SonarQube 进行代码质量分析。所有流水线活动都是自动化的。在流水线过程中，检测到的错误都会记录在 Jira 中，以便跟踪和解决。

在"部署"阶段，我们将成功完成代码质量分析和测试的代码制品进行打包，并将包存储在 JFrog 制品库中。Jenkins 部署作业，会从 JFrog 制品库中拉取代码制品，并将其部署到各种环境中。

基于云的 DevSecOps

与本地 DevSecOps 相比，云原生 DevSecOps 提供了更优的操作弹性、更高的安全性和更低的成本。此外，基于云的 DevSecOps，还具有提供预构建和集成服务的优势，这些服务更易于实施。图 14.8 展示了基于 AWS 云的 DevSecOps

第 五 部 分
运营的数字化转型

架构。

我们可以使用 Jira 来规划和开发用户故事并管理缺陷。云原生工具提供了更好的可追溯性和管理功能。AWS CodePipelines 与原生工具集成，以管理端到端的部署。开发人员将代码签入 AWS CodeCommit，进行代码版本控制、分支和合并，以创建结构化的代码库。我们将开发人员安全工具（如 WhiteSource）、代码审查工具（如 SonarQube）和单元测试工具（如 Apache JMeter）与流水线集成。流水线还与 Selenium 集成，后者是一个用于自动化功能测试的功能测试工具。

持续交付通过 AWS CodePipelines 实现，该流程从 AWS CodeArtifact 中提取工件，并将其部署到开发、质量保证、预生产和生产虚拟机上。我们使用 Amazon CloudWatch 持续监控部署情况。

DevSecOps 的优势

DevSecOps 设置带来了以下关键优势：

- 缩短了生产部署时间。
- 实现了多层应用的持续交付。
- 非生产环境的增量部署与最小停机时间。
- 生产环境无错误回滚。
- 严格的基于角色的访问控制（RBAC）政策，确保了代码合并、代码冲突解决和拉取请求（PR）审批过程中的有序性和纪律性。
- 工具集成带来的自动化功能（包括自动部署通知、错误解决、提交信息记录和作业失败通知）。

AIOps

我们正生活在一个大多数任务、流程以及日常活动日益被机器自动化替代的时代。自动化带来了生产效率、便利、时间节省和成本节约，使人们能够将

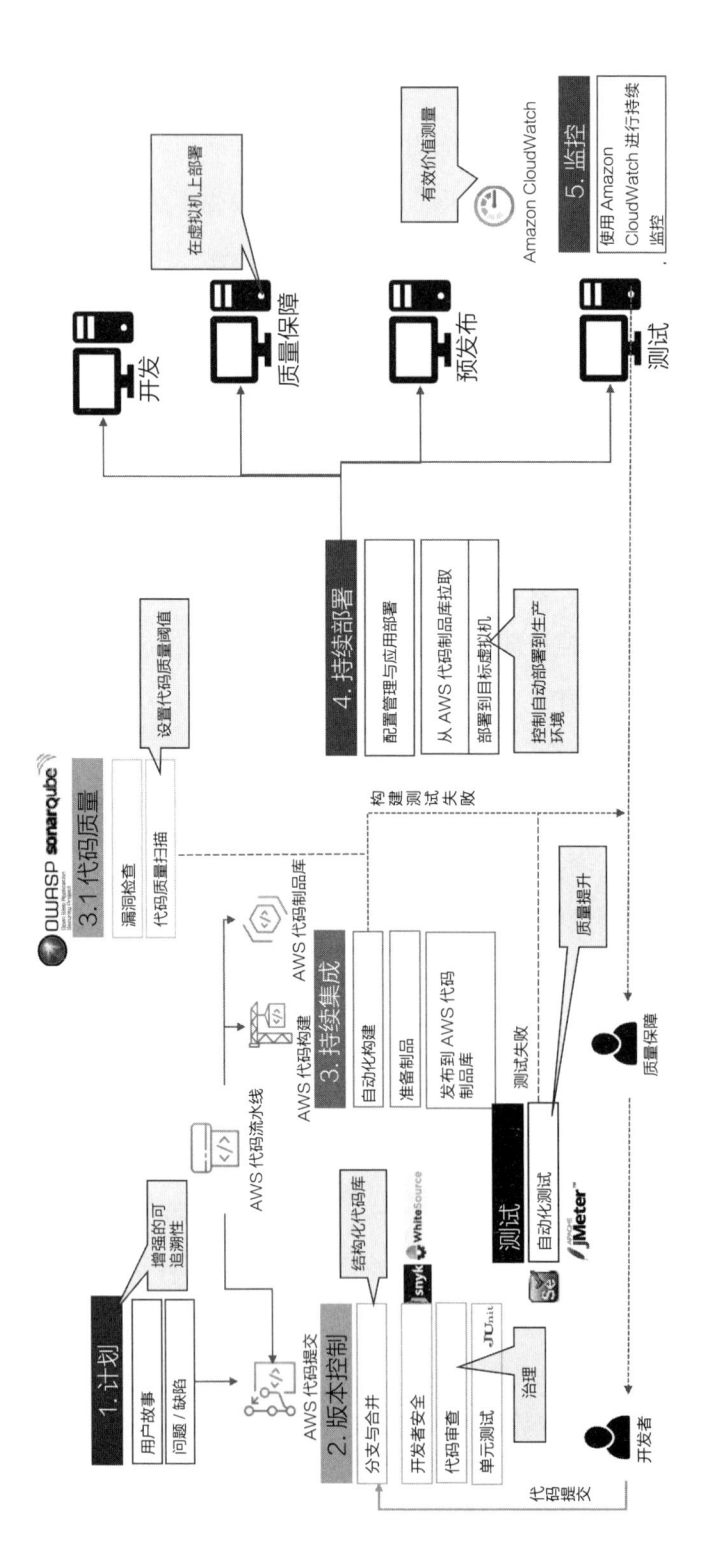

图 14.8 云上的 DevSecOps 设置

第五部分
运营的数字化转型

时间和精力投入更有价值和更复杂的任务中。机器驱动的自动化正在彻底改变我们的生活方式、沟通方式、工作方式以及商业运作模式。人工智能驱动的系统正变得无处不在，以多种形式影响着现代人类文明，并重新定义了我们日常生活中的各项任务。

AIOps——在 DevSecOps 中运用人工智能

我们可以在 DevSecOps 的多个阶段利用人工智能方法。图 14.9 展示了可以在哪些 DevSecOps 阶段启用人工智能。

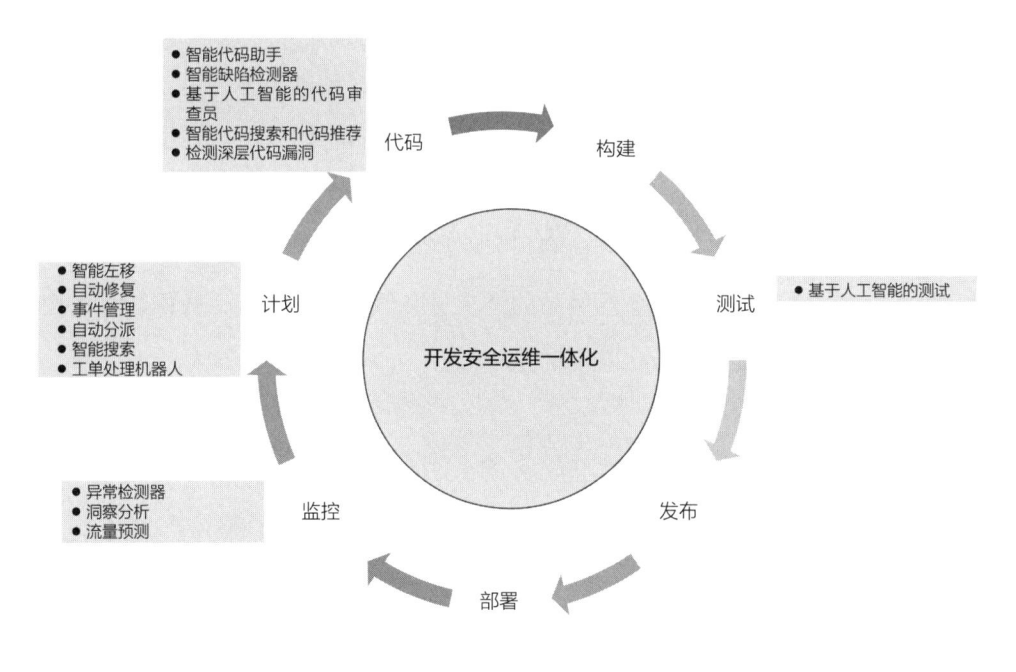

图 14.9 AIOps

在"计划"阶段，可以利用人工智能服务来创建左移设计。诸如调度和依赖解析等结构化活动，可以实现自动化，并可以"左移"到自助服务模型。我们还可以构建自动修复工具，利用已知的修复方法，自动采取纠正措施。可以使用机器学习模型构建自动分派工单功能，根据工单元数据，将工单分配给适当的解决组。我们还可以构建工单解决机器人，来处理具有结构化问题描述和明确定义解决步骤（如授予访问权限、重启服务器、运行作业、回答查询等）的工单。此外，我们还可以启用人工智能搜索功能，以提供上下文相关和个性化的结果。

DevSecOps 的"代码"阶段，拥有许多实现人工智能赋能的机会。基于人工智能的代码助手，可以协助开发者完成诸多活动，如代码补全、协同编码以及根据自然语言描述推荐代码片段等。开发者还可以利用基于人工智能的智能代码搜索工具和代码推荐工具，来应用经过验证的编码模式。而基于人工智能的深度代码审查员则能检测出漏洞和缺陷。

在"测试"阶段，我们可以采用基于人工智能的测试方法，来识别应用中的深层漏洞。在"监控"阶段，我们建立了实时监控基础设施，以监控应用的 KPI 和其他指标，以及基础设施资源、网络等。我们将相关的监控指标，记录到集中式日志平台上，然后利用基于人工智能的方法，实时检测这些指标中的异常。例如，人工智能方法可以检测到与网络相关的异常模式，如来自外国地区的请求量突然激增，或向恶意网站的请求量突然激增。此外，我们还可以使用人工智能方法，来预测流量和资源利用率。

> **案例研究 1　基于 GitLab 的 DevSecOps**
>
> 在本节中，我们详细介绍了使用 GitLab（一款流行的 DevOps 工具）设置的 DevSecOps 环境。DevSecOps 的各个阶段如图 14.10 所示。
>
> 在规划阶段，我们使用 Jira，进行项目管理活动，包括用户故事管理、任务创建、任务分配与跟踪、项目规划、问题跟踪等。对于代码构建和单元测试，我们采用 Eclipse 等工具。
>
> 为了管理源代码，我们创建了 GitLab 仓库，并设置了分支。作为一般最佳实践，我们使用特性分支，进行用户故事和特性开发；开发分支用于开发；发布分支用于稳定版本发布；主分支用于生产代码，而热修复分支则用于紧急修复。

第 五 部 分
运营的数字化转型

| 计划 | 开发 | 提交 | 持续集成/部署 | 监控 | 分析 |

Atlassian Jira
- 计划
- 发布管理
- 问题管理

Eclipse
- 构建代码
- 单元测试

GitLab 仓库
- 分支策略
- 自动化代码审查

GitLab 流水线
- 任务
- 自动化构建
- 环境变量
- 代码质量配置文件
- 制品发布
- 安全性
- 静态/动态应用程序
- 安全测试
- 依赖检查
- 容器扫描
- 许可证管理

应用监控
- 指标
- 日志记录

Splunk
- 数据分析
- 仪表板
- 警报与通知

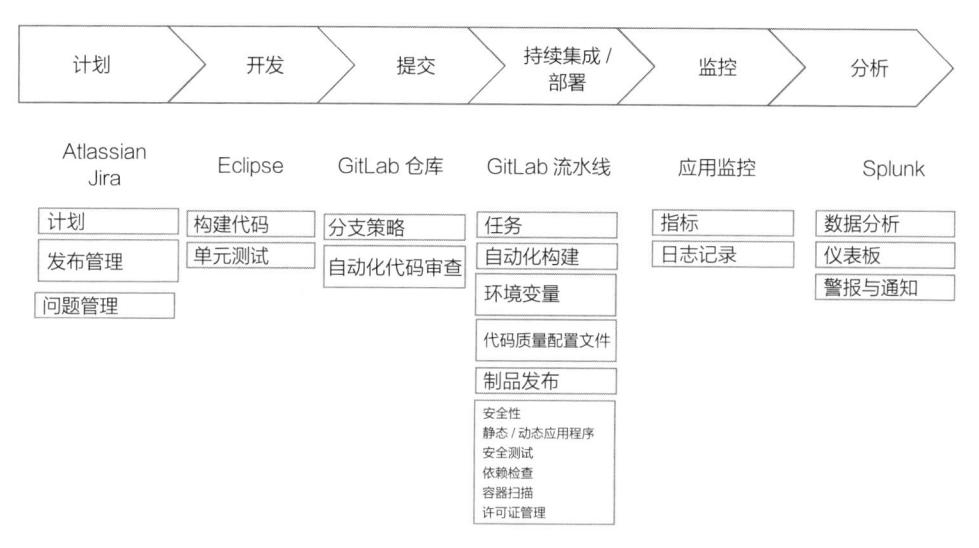

图 14.10　基于 GitLab 的 DevSecOps

GitLab 流水线，提供了从构建到发布的完整流程，其中使用了多种工具。GitLab 的 pipeline.yml 文件，作为包管理器，用于管理构建和编译所需的依赖项，如 Maven 和 NPM。我们采用 SonarQube 等工具，进行代码质量检查，使用 Selenium 进行功能测试，并应用如 OWASP ZAP 等 DAST（动态应用程序安全测试）工具，来识别安全漏洞。一旦构建成功，并且已签名的构件被上传至构件仓库（如 JFrog 构件仓库），依赖扫描工具将识别外部依赖项。同时，许可证管理流程会编译构建过程中使用的所有许可证。

一旦制品部署完成，我们将监控与应用程序性能和可用性相关的关键绩效指标（KPI）和度量标准。我们使用日志分析工具（如 Splunk 或 SumoLogic）在仪表板中监控日志，并获取实时警报和通知。

> **案例研究 2　使用 DevSecOps 实现测试自动化**
>
> DevSecOps 流水线可用于自动化各种测试活动。我们在图 14.11 中描绘了可以自动化的测试场景。

通过 DevSecOps 流水线中的验证步骤，可以自动化针对各种应用程序（如 Web 应用程序、移动应用程序、API 和微服务）的测试。为测试工具（如 Selenium 和 Appium）编写的驱动程序脚本或插件，可以作为自动化框架的一部分，来执行各种测试（如功能测试、回归测试、基于 Web 的测试、数据驱动测试等）。测试结果将被记录，并在缺陷管理工具中，创建已识别的缺陷。

REST API 和微服务的测试，可以使用 Rest Assured 和 Postman 等框架，进行自动化。API 响应，将通过自动化工具进行验证。

总结

DevSecOps 是一套实践、文化、工具和流程，它通过自动化手段来频繁且安全地交付业务价值。DevSecOps 的主要阶段包括计划、编码、构建、测试、发布、部署和监控。DevSecOps 融合了组织的开发、运维和安全实践。它确保了流水线安全、流水线中的安全以及通过流水线实现的安全。DevSecOps 的主要优势在于，提高了安全性、稳定性、敏捷性和高质量。其成功的关键因素，包括工具集成、流程定义、技能集发展、安全策略实施、集中监控、自动化、成本控制、流水线执行时间和最小停机时间。DevSecOps 的主要原则，包括集成开发、跨职能协作与沟通、持续集成、持续部署、基础设施即代码（IaC）、微服务架构、自动化、可观测性（监控和日志记录）以及配置管理。持续集成是一套用于提高整体交付质量，并优化交付时间表的流程和工具。持续部署是一套用于快速增量发布改进，从而改进软件交付的流程和工具。基础设施即代码将基础设施视为代码构造，通过配置文件部署环境。DevSecOps 迁移设计的主要步骤，包括将现有流程，迁移到本地/云原生 DevSecOps、监控设置、安全设置、自动化设置和持续创新。AIOps 在 DevSecOps 的许多阶段中利用人工智能方法，如在编码阶段的智能代码助手、计划阶段的自动修复，以及在监控阶段的异常检测。

第五部分
运营的数字化转型

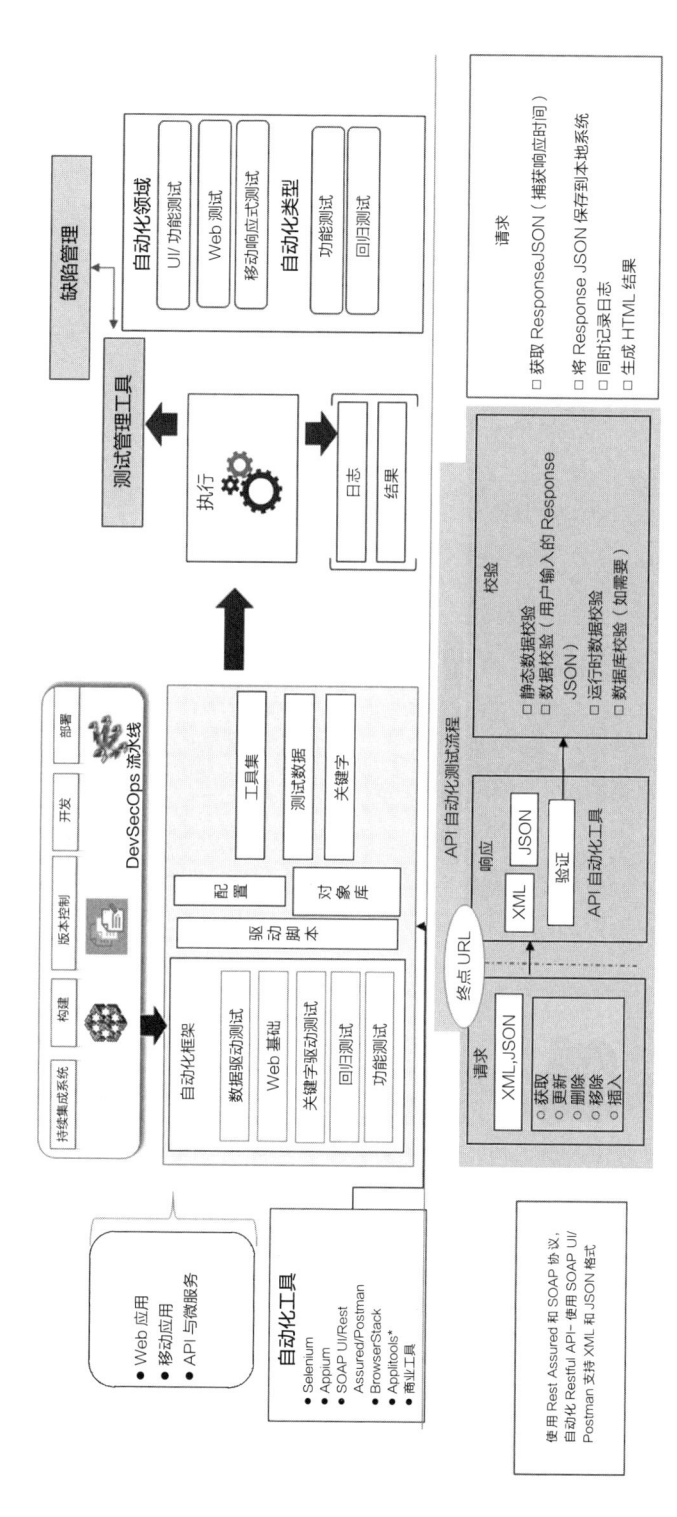

图 14.11 使用 DevOps 进行自动化测试

第六部分
数字化转型实战

第十五章

数字化转型案例研究

简介

组织踏上数字化转型之旅，旨在重塑用户体验、业务流程，并迁移到最新技术以获取竞争优势。数字化转型涉及多种活动，如用户体验重新设计、数据/内容迁移、云迁移、服务重建等。

数字化转型案例研究，提供了对数字化转型之旅实际场景的深入洞察。数字化转型案例研究的主要类型可分为四大类——以战略（商业模式）为中心的行动、以客户为中心的行动、以组织为中心的行动和以技术为中心的行动。

以战略（商业模式）为中心的行动，与行业的颠覆性变革有关，这些变革创造了新的商业模式，或重新定义了当前的商业模式和价值主张。以客户为中心的行动通过从外到内的方式，将物理和虚拟体验相结合，重新设计以客户为先的用户体验，从而吸引客户。以组织为中心的行动涉及组织变革，如培养数字文化、了解数字化转型的关键成功因素和组织重点。以技术为中心的行动，则专注于技术变革，如系统集成、分析驱动的洞察和跨平台开发。

在本章中，我们将详细讨论以客户为中心的行动和以技术为中心的行动，各一个案例研究。第一个案例研究是关于电子商务平台混合云实施的，这是一个以技术为中心的行动，该公司利用云技术来提高业务敏捷性并降低成本；第二个案例研究是关于公用事业门户数字化转型的，这是一个以客户为中心的案例研究。

我们利用第一章中讨论的数字化转型的四个核心要素来详细阐述这些案例研究。

第六部分
数字化转型实战

> **案例研究 1 电子商务平台的混合云之旅**
>
> 该案例研究概述了一个基于云、成本效益高、可扩展且高性能的解决方案,旨在阐述电子商务平台云迁移解决方案的详细情况。
>
> XYZ 电商,是一家领先的电子商务平台,致力于加速创新,并有效实现与客户的数字化互动。自去年以来,XYZ 电商的用户基数翻了一番,用户越来越难以访问该平台。在节假日期间,该平台面临性能问题和可用性问题。XYZ 电商平台建于 15 年前,运行在基于 Java 的服务器上,依托于 WebSphere 应用服务器。XYZ 电商希望利用云技术来加速创新并降低成本。
>
> 目前,XYZ 电商的客户基数为 1 万名用户,在高峰时段约有 1000 名并发用户。平台的性能下降,每页响应时间长达 20 秒。工程团队已查明性能问题的根源在于底层基础设施无法扩展以满足高峰需求。
>
> 因此,XYZ 电商组织决定启动数字化转型计划。主要的技术决策,是迁移到公有云,以利用其弹性、可扩展性并降低成本。

接下来,我们将探讨这一数字化转型之旅的各个要素。

战略与愿景

XYZ 电商的长期愿景,是成为最以客户为中心的电子商务平台。为实现这一长期愿景,该组织明确了目标、云技术以及价值链影响,如图 15.1 所示。

XYZ 电商想要实现的首要目标,采用云优先的设计,以利用云的固有特性。XYZ 电商希望将当前的大型单体平台,重构为轻量级的微服务架构,并应用 DevOps 进行无缝发布管理。

该公司还希望,从专有 API 转向开放标准。为了实现按需可扩展性,公司计划将微服务容器化。为了提供引人入胜且鼓舞人心的用户体验,公司计划采

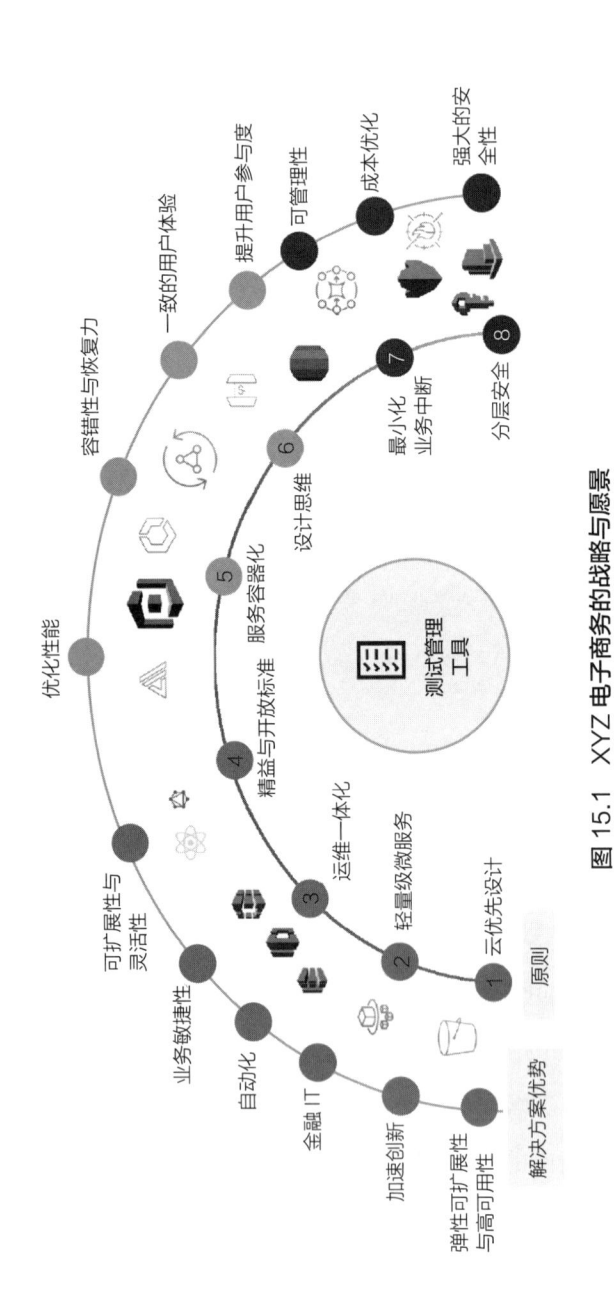

图 15.1 XYZ 电子商务的战略与愿景

第 六 部 分
数字化转型实战

用设计思维方法。在云迁移过程中，公司希望最大限度地减少对业务的中断。为了为整个平台提供深入的安全防护，计划采用分层安全和最小权限原则。

从数字化转型预见的对价值链的主要影响领域，是弹性可扩展性和高可用性，以满足高峰流量。公司希望通过在云端向客户推出新产品和服务，来变得敏捷并加速创新。利用云和容器，公司希望提高可扩展性，并优化平台的整体性能。利用多节点集群，公司希望提高韧性，并计划通过设计思维来提供增强且一致的用户体验。公司计划利用按需云资源来优化整体成本。

由于XYZ电子商务已选择使用AWS云平台，因此选择了主要的云原生技术。计划使用AWS服务，如Amazon S3、AWS Fargate、AWS CodePipeline、AWS Amplify、Amazon API Gateway、Amazon RDS、Amazon MQ、AWS KMS和AWS WAF。我们在另一个部分详细说明了这些技术。

人员与文化

XYZ电子商务公司计划分阶段进行云迁移。为了确保云迁移过程的顺利进行，公司引入了以下计划和文化变革来支持员工。

云技能培训和认证

XYZ电子商务公司与云供应商合作，安排了正式和非正式的云技术培训。根据员工的角色，他们可以选择追求不同的学习路径，如云架构、云开发、云安全或云DevOps等。培训结束后，员工参加了认证考试，帮助他们深入了解各自的学习路径。

云卓越中心

公司内部的云专家，成立了云卓越中心（Cloud Center of Excellence，CCoE），作为云创新的核心力量。CCoE负责领导云迁移路线图，定义整体的云迁移解决方案，并评估最适合公司需求的云技术。当迁移团队遇到复杂问题时，CCoE的主题专家（Subject Matter Experts，SMEs）也会提供帮助。

协作平台

XYZ 电子商务公司开发了一个知识管理平台,员工可以在这里分享知识文章和学习经验。CCoE 编写了涵盖标准、最佳实践、技术评估和详细设计文档的文件。迁移团队也贡献了他们在云迁移过程中的学习经验和最佳实践。

流程与治理

作为流程与治理的一部分,XYZ 组织利用规划、构建和优化来确保风险最小化和平稳迁移。我们已定义了流程与治理活动的各项活动。

规划

规划流程的第一步,是彻底了解当前状态、潜在挑战、组织的期望和目标,以及作为需求发现阶段一部分的关切问题。需求发现阶段的主要成果,如图 15.2 所示。

在了解背景时,我们确定了当前状态的关键组成部分,如本地基础设施、遗留技术和其他方面。当前基础设施面临的主要挑战包括缺乏灵活性、性能缓慢、基础设施成本高和维护成本高。明确背景有助于我们确定解决方案组件和迁移路线图,以应对这些挑战。我们还确定了作为未来目标一部分的期望和迁移关切问题。XYZ 电子商务公司希望在云上实现更快的创新,并希望利用云原生功能来提供弹性、可扩展性、高可用性和恢复能力。XYZ 电子商务公司希望构建容错系统,并提高整体基础设施的可管理性。云迁移的潜在挑战,包括缺乏内部云技能和云上安全性。主要的挑战,是在不中断业务的情况下执行云迁移。

在了解了云迁移的所有方面后,我们现在定义了云迁移方法论以解决迁移关切问题。我们在图 15.3 中描绘了云迁移路线图。

迁移方法论的第一步是分析和理解需求。我们在图 15.2 中讨论了需求发现阶段的要素,如挑战、期望和当前状态。

第二步是制定迁移原则,我们在图 15.1 中,将其作为战略和愿景阶段的

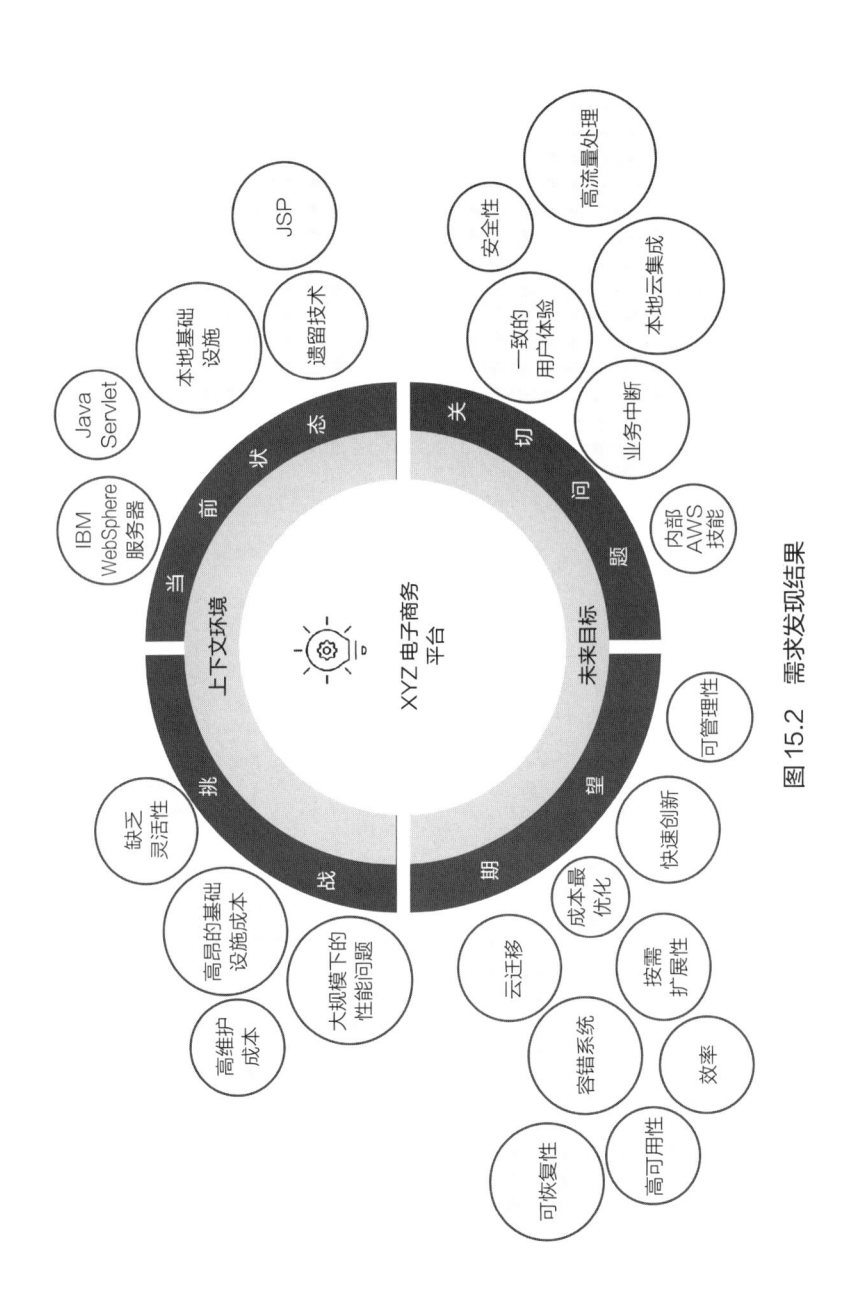

第六部分
数字化转型实战

图15.2 需求发现结果

第一步：按需要分析

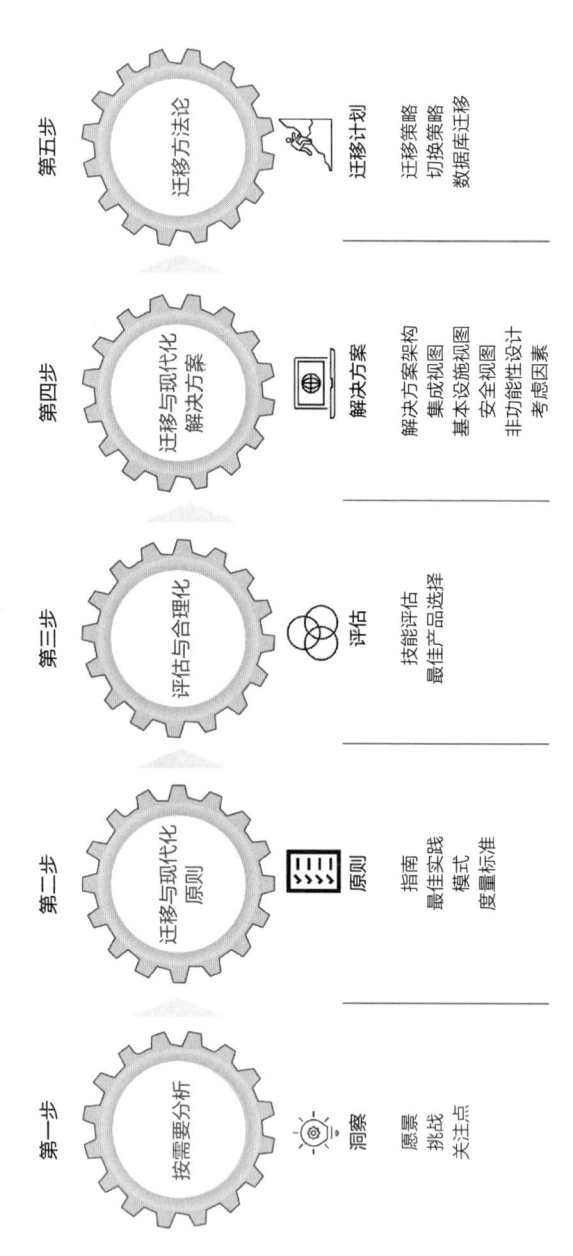

洞察
- 愿景
- 挑战
- 关注点

第二步：迁移与现代化原则

原则
- 指南
- 最佳实践
- 模式
- 度量标准

第三步：评估与合理化

评估
- 技能评估
- 最佳产品选择

第四步：迁移与现代化解决方案

解决方案
- 解决方案架构视图
- 集成视图
- 基本设施视图
- 安全视图
- 非功能性设计
- 考虑因素

第五步：迁移方法论

迁移计划
- 迁移策略
- 切换策略
- 数据库迁移

图 15.3　展示了云迁移方法论

第 六 部 分
数字化转型实战

一部分进行了描述。CCoE 定义了迁移和现代化原则中的指南、原则和模式。CCoE 团队比较和评估技术，以选择迁移所需的最佳产品和技术。一旦确定了技术堆栈，CCoE 就会定义各种架构视图，如解决方案架构、集成视图、基础架构视图、安全视图等。最后，我们定义了迁移计划和切换计划。我们在图 15.4 中详细说明了迁移阶段。

核心规划活动之一，是识别潜在风险，并为每个风险制订缓解计划。我们在表 15.1 中为 XYZ 电子商务公司定义了风险缓解选项。

表 15.1 风险缓解方案

风险缓解方案	
开发人员缺乏足够的 AWS 技能，导致生产率问题，并影响迁移时间表	将对开发人员进行 AWS 服务培训，除了正式培训外，还将鼓励自学
一次性大规模迁移可能导致业务中断或数据丢失	将采用包含迭代迁移冲刺的分阶段迁移策略，我们可以进行一次试点迁移以评估迁移策略，每次迁移冲刺后都会进行全面迁移测试
与计费、支付和奖励平台的本地集成可能存在潜在的性能问题	进行概念验证（PoC），以验证所选集成方法的性能和可扩展性

构建

在构建阶段，我们按照图 15.4 所示进行迭代迁移。

为了最大限度地降低风险和业务中断，XYZ 电子商务公司计划了分三阶段的迁移。初始阶段是评估准备情况。在评估阶段，CCoE 团队评估了现有的技术生态系统并详细阐述了需求。

随后，CCoE 提出了应用合理化计划，确定了可以整合的应用、需要退役的应用，以及需要迁移到云的应用。对于计划进行云迁移的应用，CCoE 团队根据表 15.2 中定义的云原生技术进行了识别。

图 15.4 迁移阶段

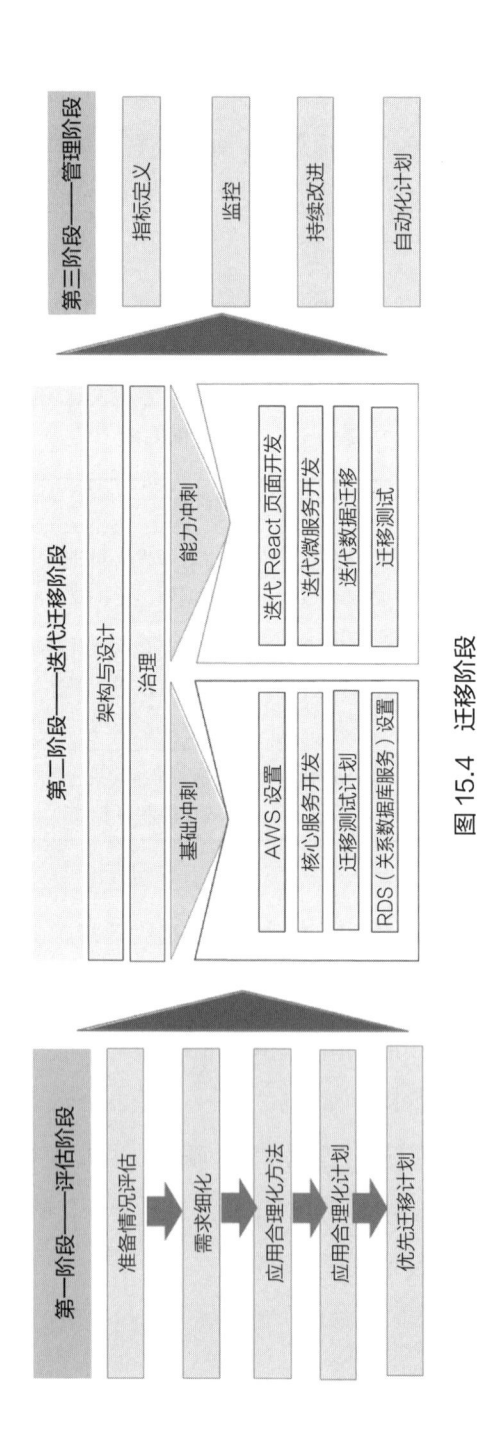

第六部分
数字化转型实战

表15.2 科技评估

本地组件	云原生选项	推荐方案	推荐理由
基于带有状态认证的 Java Servlet 的 Web 组件	容器化微服务 microservices, AWS Lambda, AWS Elastic Beanstalk, Hosted Microservices, Rehosting/lift and shift Java Servlets, AWS AppSync, IaaS model	无服务器 Amazon ECS 容器与 AWS Fargate	符合云优先设计和容器化原则。即用即付模式提供了最佳成本
Java Server Pages（JSP）	React, Angular, JSP, AWS Amplify, AWS AppSync	React 结合 AWS Amplify	与开放标准原则相一致。云原生库提高了开发人员的整体生产率
IBM WebSphere Application Server	Amazon ECS 结合 AWS Fargate IBM WebSphere Server 运行在 Amazon EC2 上 AWS Lambda	AWS ECS 结合 Fargate	设计为容错、进化式设计、容错、无服务器容器可管理、高可扩展性、高性能
Jenins 结合 Maven	AWS CodeBuild, AWS CodeDeploy, AWS CodeCommit, Jenkins, Git Pipeline	AWS CodeBuild, AWS CodeDeploy, AWS CodeCommit	与云优先设计保持一致
Nagios 监控	Amazon CloudWatch Amazon OpenSearch, Nagios	Amazon CloudWatch+ Amazon OpenSearch + Kibana, log monitoring, automated notification	与云优先设计保持一致；自动化监控和通知

续表

本地组件	云原生选项	推荐方案	推荐理由
Oracle Database	Amazon RDS, Amazon DynamoDB	Amazon RDS	与云优先设计保持一致。托管数据库，提供内置备份功能
传统 HTTP/HTTPS/SOAP 协议	REST, GraphQL, HTTPS	REST, GraphQL, HTTPS	轻量级、快速且交互式的响应模型

在第二阶段，XYZ 电子商务公司采用了迭代迁移策略，以最大限度地降低迁移风险。每个迁移冲刺，都包括架构和设计阶段，为特定冲刺设计解决方案组件。初始基础冲刺设置了 AWS 环境和核心服务，如关系数据库服务、网络组件和安全组件。我们还为所有冲刺制定了迁移测试计划。核心功能在能力冲刺中迭代实现；网页开发、基于 GraphQL 的微服务和数据迁移在冲刺中完成。每次迁移冲刺后，都会进行迁移测试，以确保迁移的完整性和数据完整性。

在管理阶段，我们监控定义了指标和关键绩效指标，并持续优化解决方案。

优化

作为持续优化的一部分，我们监控可用性、性能和用户流量等关键指标，以确保迁移后的解决方案按预期运行。我们还分阶段将解决方案迁移到云端，并利用云中的即用即付模型优化基础设施成本。利用云原生特性，我们还提供新的数字产品和服务，如无服务器功能、容器和云管理服务，以充分利用云的全部优势。

案例研究 2　公用事业门户网站的数字化转型

本案例研究，涉及将一个传统的门户网站平台，转变为现代化的网络平台，以更好地服务 B2C 消费者。该公用事业门户网站，允许终端用户查看和支付其公用事业账单，并了解维护计划。该应用还提供了其他功能，如注册、内容创作功能、资料管理、搜索等。该门户网站采用 IBM WebSphere Portal 6.1（WPS）这一传统技术开发，依赖繁重的基于 SOAP 的

第六部分
数字化转型实战

> Web 服务和 WSRP 调用进行集成。该公用事业门户网站解决方案，提供了一个基于 Java Server Pages（JSP）的传统用户界面。由于集成繁重，终端用户经常遇到性能问题。
>
> 组织希望重新构想该解决方案，通过提供以客户为中心的 UI 设计、用户友好的信息架构、更便捷的信息搜索功能以及其他直观特性，使其更加以客户为中心。

作为战略和愿景的一部分，我们总结了关键解决方案原则，以及数字平台的发展趋势。对于复杂的企业平台，我们跟踪了诸如架构转变、技术转变、集成转变等多个维度的趋势，并标出了解决方案的推荐原则。我们已描绘出用于解决方案现代化的主要解决方案原则。

主要焦点是优化客户旅程。这包括直观的信息架构和采用领域驱动模型来设计解决方案。我们还确定了现代化解决方案，将采用关键技术设计模式。如图 15.5 所示，在定义解决方案时，我们将分层微服务、基于标准的开源软件、API 优先设计、平台即服务、分布式数据库、基于特性的交付和 DevOps 作为指导原则。

人员与文化

对于这一大型转型计划而言，与文化相关的主要变化是，在所有团队成员之间建立一种协作环境。本节详细阐述了协作文化的最佳实践。

作为敏捷方法和协作的一部分，我们利用演示和价值验证（PoV）练习，来与客户和业务利益相关者进行频繁协作。我们将在下一节中，详细介绍这些概念。

跨团队协作

这是一个大型项目，因此必须确保多个团队之间的有效协作，如需求详细

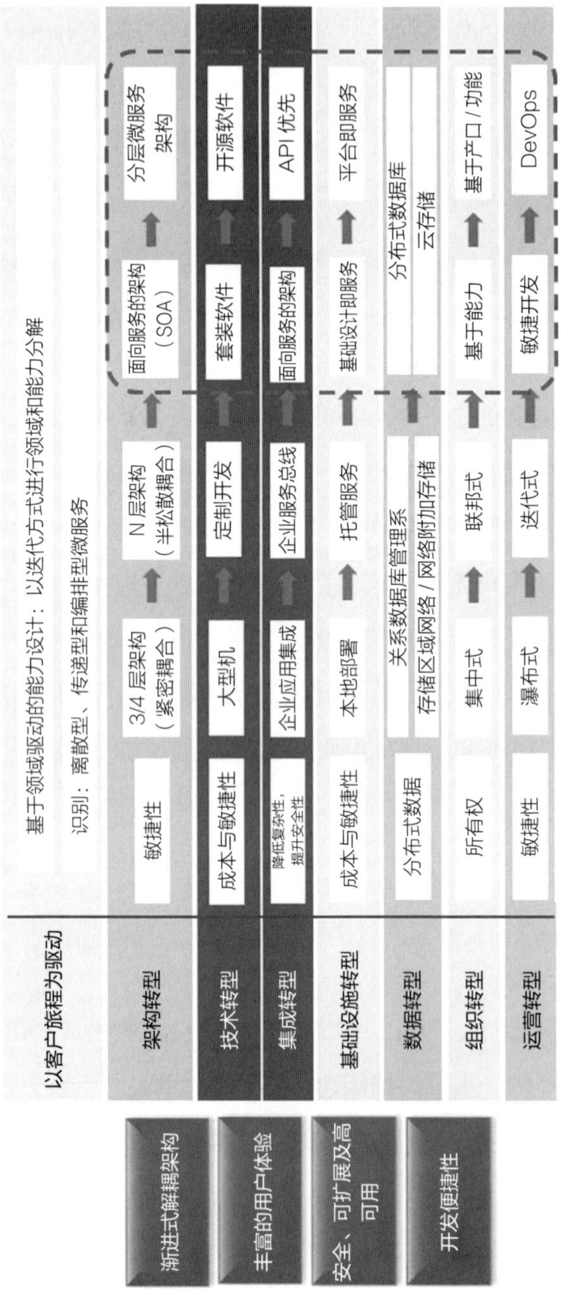

图 15.5 现代平台的数字化转型原则

第 六 部 分
数字化转型实战

说明团队（BAs）、云团队/基础架构团队、安全团队（Okta）、测试团队等。

以下是我们为确保顺利执行而遵循的最佳实践：

- 我们明确界定了每条轨道的角色和责任以及单点联系人（SPOC）。
- 对于任何复杂的故障排除环节，我们都会邀请轨道负责人参与，以加快调试速度。
- 我们建立了开放的沟通渠道，以便任何人都可以联系其他轨道的 SPOC，以寻求支持，从而加快交付速度。
- 项目计划明确规定了每条轨道的时间表和依赖关系。
- 我们每天与所有轨道的负责人召开两次会议。
- 项目经理集中管理每条轨道的日程安排、公开风险和依赖关系。

演示

我们频繁地对正在进行的应用做演示，以主动征求最终用户的反馈。此外，我们还对每月的发布版本进行业务用户验收测试（UAT），以确保在项目结束时不会出现重大漏洞。

价值证明和概念验证

我们进行了以下概念验证（PoC），以帮助我们评估设计的可行性：

- 使用 Drupal 和 ReactJS 的移动端优先体验设计。
- 互联网云集成与安全连接的对比。
- Okta 与 ReactJs 和 Spring Boot 应用的集成。
- 蓝绿部署以实现高可用性。

数字化转型技术和能力

我们仔细考虑了该解决方案的各种技术选择。在表 15.3 中，我们列出了技术选择、所选技术以及选择理由。

表 15.3 公用事业门户现代化技术选择

技术选择	选定技术	选择理由
UI 框架——Angular 与 React	ReactJS	Angular 是一个功能完备的 UI 框架，而 React 能够与 Drupal 技术相辅相成；此外，React 拥有强大的 UI 库，该应用正需要这些库
本地部署与云托管	AWS 云托管	成本优化； 按需配置； 弹性可扩展性
云平台—AWS 与 Azure	AWS	RDS 服务对开源工具和软件的支持更好；Amazon OpenSearch 同时支持 Redis 和 Memcached
基于 REST 的微服务与基于 SOAP 的 Web 服务	基于 REST 的微服务	无状态模型； 解耦架构； 性能优异

流程与治理

我们在此详细阐述了规划与治理阶段的具体活动。

规划

在规划阶段，我们详细阐述了当前面临的挑战、数字化转型的原则，并制定了能力路线图。

了解当前挑战

表 15.4 列出了现有应用中的主要挑战。

数字化转型原则

在分析现有挑战之后，我们明确了数字化转型的基本原则，如图 15.6 所示。

在该图中，我们涵盖了指导原则，并将其分为多个类别，如治理与价值、客户体验、技术与创新以及组织转型。

第六部分
数字化转型实战

表15.4 公用事业门户网站当前面临的挑战

挑战	描述
技术复杂性	● 过多产品增加了整体技术的复杂性 ● 涉及了太多的集成工作
性能和可用性问题	● 过多的集成也导致了网站的性能和可用性问题 ● 前端代码中存在某些效率低下的问题，以及后端服务性能不佳
生产力问题	● 门户网站的固有复杂性导致实施时间延长 ● 缺少通用的、可复用的组件和框架 ● 产品过多导致不同团队之间协调困难
高昂的维护成本	● 软件许可和支持成本高昂 ● 涉及高昂的开发、测试和技能培训成本
高昂的基础设施成本	● 当前的门户平台是相对较重的产品，需要高配置的服务器 ● 缺少一个将整体数字空间功能集于一体的现代产品 ● IBM 和 .Net 基堆栈都需要专用的基础设施

为与整体战略保持一致，我们明确了数字化转型的关键原则。为了提供以客户为中心的体验，我们需要为所有客户提供全渠道自助服务和一致的用户体验。在技术层面，我们定义了以下关键原则：无状态设计、API 化、基于微服务的 API、流程自动化、基于 DevOps 的业务敏捷性、多租户支持、容器化以及使用开放标准进行集成。

路线图定义

我们为传统公用事业门户网站的现代化制定了为期 3 年的路线图。以下是路线图的高级细节。

第一年，我们将迁移关键功能，如注册、登录、静态和关键集成，同时进行数据迁移、云迁移、全面 DevOps 实施、基础自助服务和基础分析。

第二年，我们将实施协作功能，包括基础自动化，并开发移动应用。

第三年，我们将构建业务自助服务、社交媒体集成和高级分析功能。

决胜数字化转型

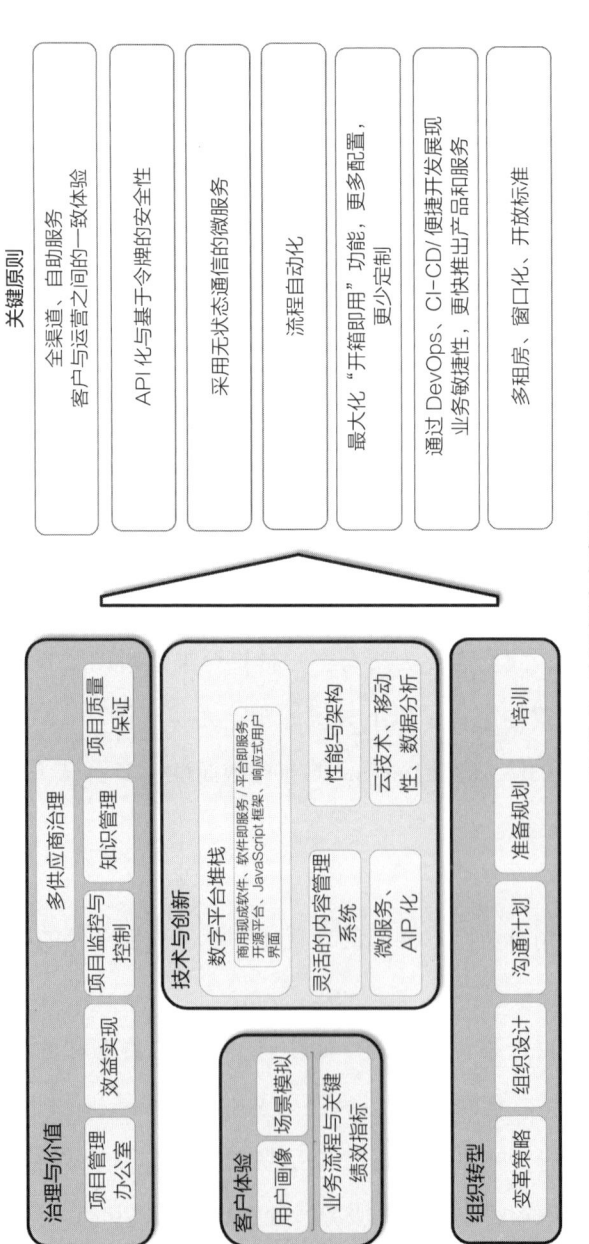

关键原则
- 全渠道、自助服务、客户与运营之间的一致体验
- API化与基于令牌的安全性
- 采用无状态通信的微服务
- 流程自动化
- 最大化"开箱即用"功能，更多配置，更少定制
- 通过DevOps、CI-CD/便捷开发展现业务敏捷性，更快推出产品和服务
- 多租房、窗口化、开放标准

治理与价值
- 项目管理办公室
- 效益实现
- 多供应商治理
  - 项目监控与控制
  - 知识管理
- 项目质量保证

技术与创新
- 数字平台堆栈
  - 商用即成软件、软件即服务/平台即服务、开源平台、JavaScript框架、响应式用户界面
  - 灵活的内容管理系统
  - 微服务、AIP化
  - 性能与架构
  - 云技术、移动性、数据分析

客户体验
- 用户画像
- 场景模拟
- 业务流程与关键绩效指标

组织转型
- 变革策略
- 组织设计
- 沟通计划
- 准备规划
- 培训

图 15.6 高级解决方案层

第 六 部 分
数字化转型实战

构建

本部分详细描述了各种解决方案组件。我们详细介绍了解决方案的各个层次、非功能性需求（NFR）设计考量，以及本阶段的实施策略。

现代公用事业门户的解决方案架构

本部分详细阐述了作为数字化转型一部分的我们所提出的新解决方案。该新解决方案实施了图 15.5 中详细描述的数字化转型原则。

应用层次

图 15.7 展示了新解决方案的高级层次。每个层次都有明确的职责（单一职责原则），且每个层次中的组件都是基于模块化和可扩展性原则设计的。

各层次之间的组件是松散耦合的，以便在未来能够灵活切换和扩展技术和产品。

高级解决方案

我们在图 15.7 中描绘了高级解决方案。

整体解决方案由以下层次组成。

交互系统

在这一层，我们使用了 Drupal 与 ReactJS 的结合。对于静态营销内容，我们使用了 Drupal 的原生内容管理系统（CMS），来管理内容。对于动态内容，我们使用了 React 区块。Drupal 与 ReactJS 的结合，提供了两者的最佳优势。Drupal 提供了内置的内容管理系统功能，如内容创作、多语言内容、分类、搜索、归档、版本控制等。而 ReactJS 则提供了轻量级但功能强大的用户界面框架。

差异化系统

React 框架，通过基于 Spring Boot 的微服务，获取动态数据。这些细粒度的微服务，是根据视图需求进行建模的。Spring Boot 框架，还负责管理基于 Okta 的令牌、请求验证、安全过滤、日志记录、缓存等功能。

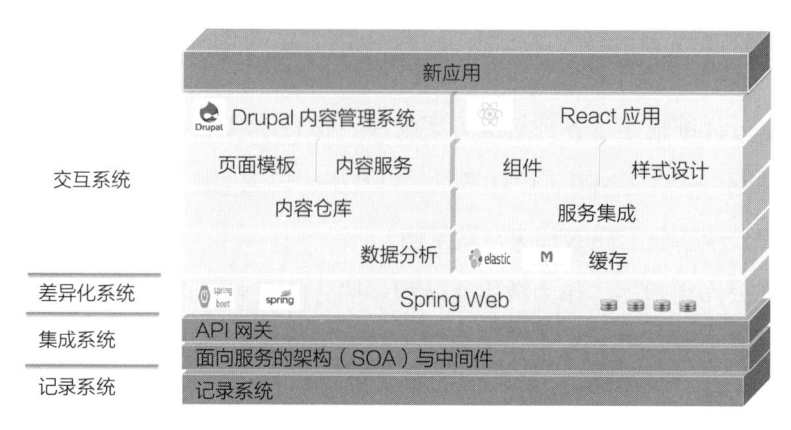

图 15.7 现代公共事业门户的高级解决方案

集成系统

我们使用 API 网关，从后端系统获取数据。

记录系统

核心功能由企业系统实现，客户档案信息、账单信息、报告系统均属于此类。

渐进式解耦架构

我们采用了关注点分离、分层架构和单一职责原则，以实现渐进式解耦架构。每个主要展示组件的关键职责，如图 15.8 所示。

渐进式解耦使我们能够继续利用 Drupal 的渲染系统，同时利用基于 ReactJS 的 JavaScript 框架，来增强客户端交互性，并可能提供更丰富的用户体验。

我们可以，平衡内容编辑器和网站构建者的需求。对于内容编辑器和网站组装者而言，渐进式解耦允许上下文化界面、内容工作流、网站预览，以及其他功能保持可用，并与 Drupal 整体集成。对于前端开发人员而言，将页面的一部分专用于 JavaScript 框架，使他们能够在保持网站组装者不受阻碍的同时追求自己的开发速度。

我们使用 Spring Boot 来开发微服务。根据 UI 的需求，我们创建了细粒度的 API，并采用了"前端后端分离"的模式。我们设计了分层架构，每一层都处理

第六部分
数字化转型实战

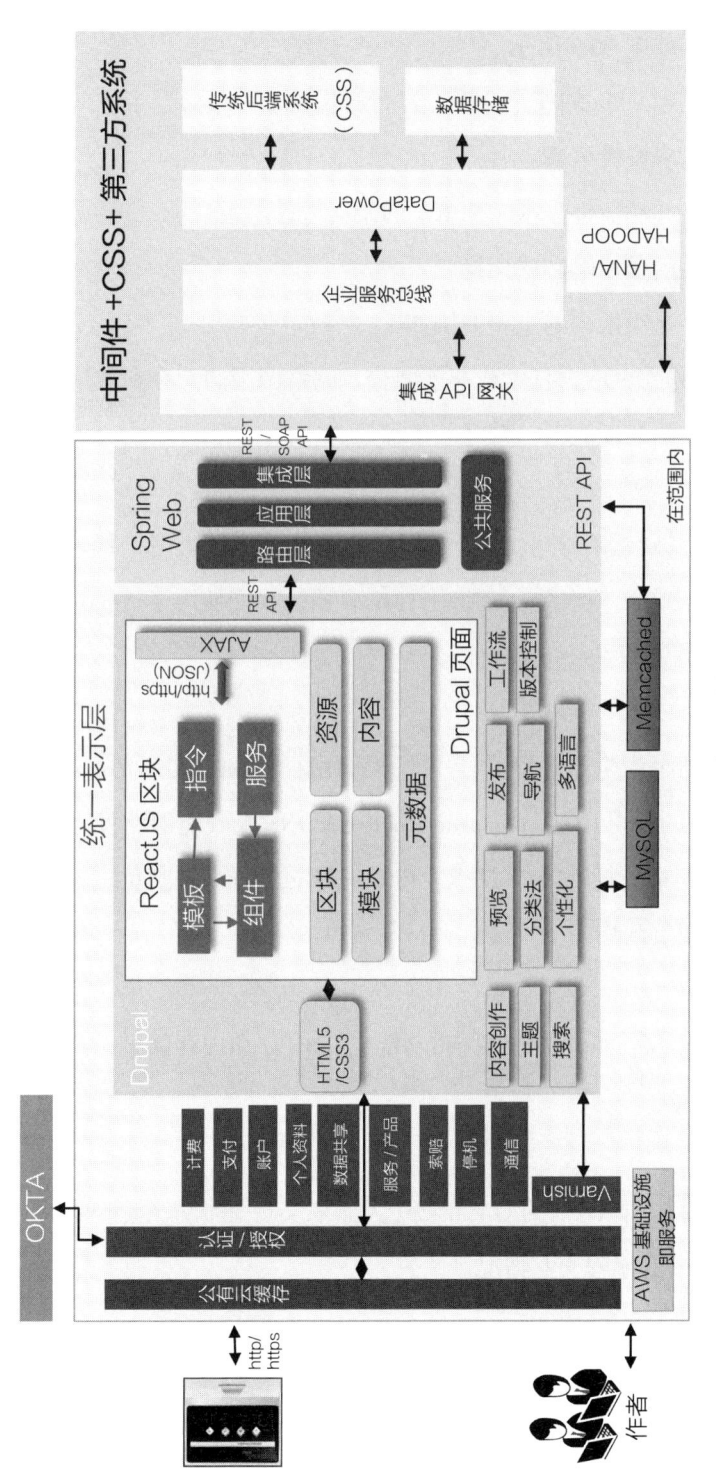

图15.8 各层关键职责

不同的关注点，如图 15.9 所示。

我们使用基于 Okta 的安全令牌，进行身份验证和单点登录（SSO）。

非功能性需求设计考虑

以下是满足非功能性需求（NFR）的架构考虑因素。

模块化、轻量级、响应式架构

模块化和轻量级架构的主要原则如下：

- 利用较小的 JSON，有效载荷来减少，网络调用的大小和数量。
- 利用客户端处理能力，减轻服务器压力。

性能

我们使用多层缓存来实现高性能。Memcached 框架用于缓存后端数据，Varnish 则作为反向代理来缓存 CMS HTML 页面。我们使用了 Amazon CloudFront CDN 来缓存静态资源。

高可用性

我们可以通过为生产环境设计一个多可用区（Availability Zone）解决方案，来实现 AWS 云的高可用性。Amazon Route 53 DNS 服务能够在发生灾难时，自动故障转移到灾难恢复（DR）站点。Elastic Load Balancer 则负责跨服务器组分发流量，并实现负载均衡。

自动扩展

我们利用 Kubernetes 的自动调整功能，在 CPU 和内存阈值，达到较高水平时增加 Pods 数量。

安全架构

我们采用了基于 Okta 的 OAuth 2.0 认证来实现无状态令牌架构，图 15.10 展示了基于 Okta 的流程交互情况。

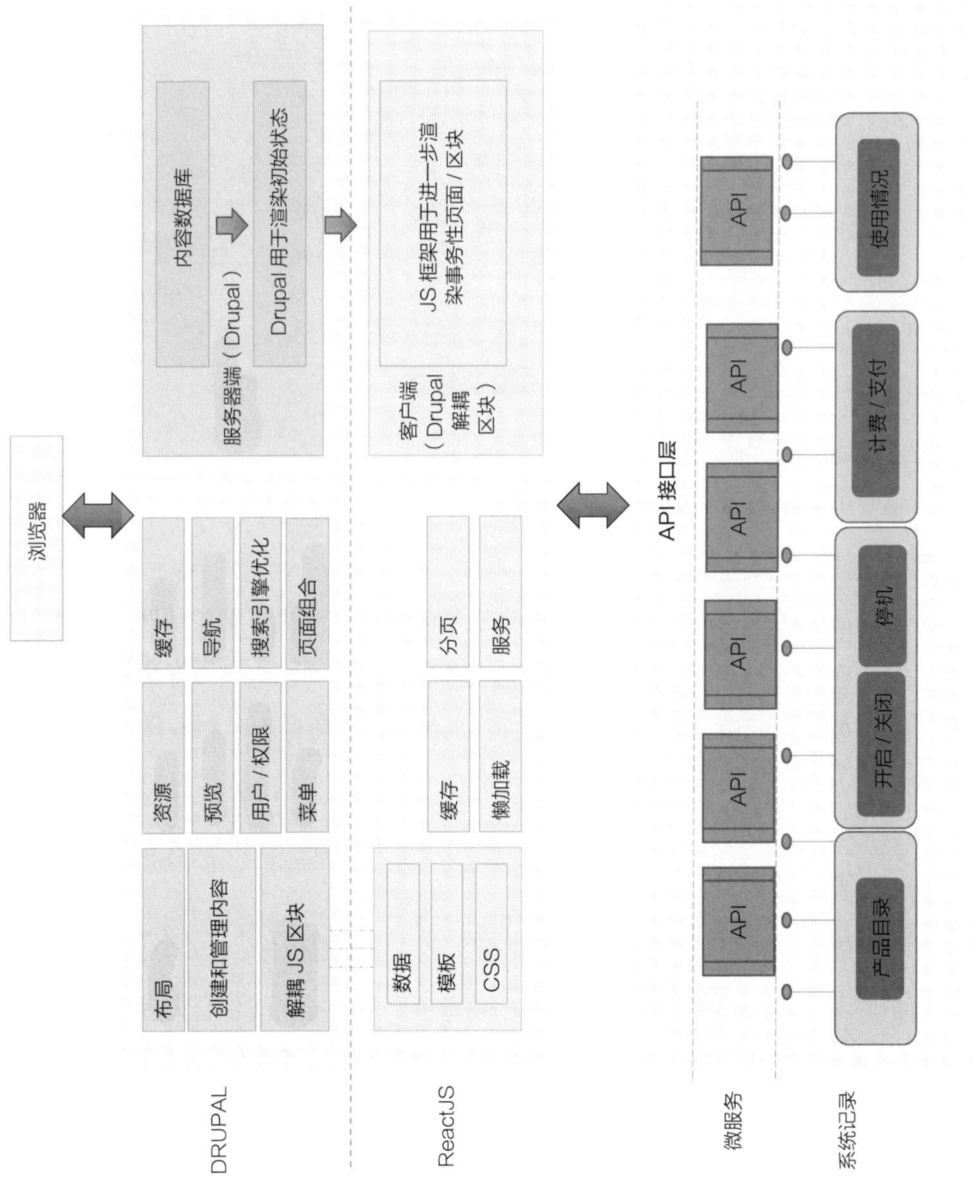
浏览器
DRUPAL
布局
创建和管理内容
解耦 JS 区块
资源
预览
用户 / 权限
菜单
缓存
导航
搜索引擎优化
页面组合
服务器端（Drupal）
内容数据库
Drupal 用于渲染初始状态
ReactJS
数据
模板
CSS
缓存
懒加载
分页
服务
客户端（Drupal 解耦区块）
JS 框架用于进一步渲染事务性页面 / 区块
API 接口层
微服务
API
系统记录
产品目录
开启 / 关闭
停机
计费 / 支付
使用情况

图 15.9　分层体系结构

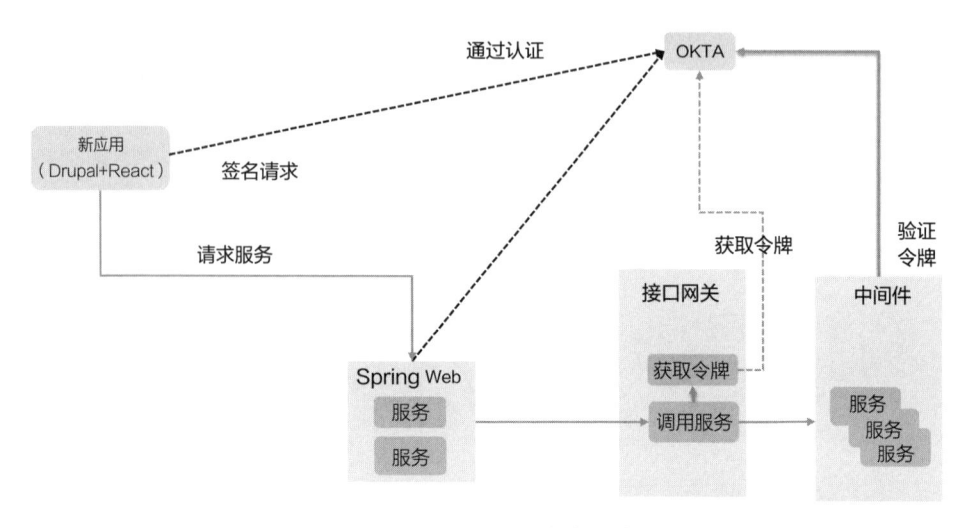

图 15.10　Okta 安全设计

推出策略

在本节中，我们详细阐述了推出策略。

部署设计

为确保高可用性、高恢复能力和灾难恢复能力，该解决方案被部署在不同区域。非生产环境（开发、测试、系统集成测试及预生产）与生产环境均托管在同一个虚拟私有云中，并在子网级别进行隔离。为了将数据中心连接到 AWS 云，我们使用了 AWS Direct Connect，它提供了 AWS 与数据中心之间的专用链路。

蓝绿部署模型

在将微服务部署到生产环境时，我们采用了蓝绿部署模型。在生产环境中，我们维护了两个完全相同的环境——蓝色和绿色。只有绿色实例会处理实时互联网流量。在部署过程中，我们将流量路由到蓝色实例，将更新后的代码部署到绿色实例，然后将互联网流量切换到绿色实例。之后，我们再将代码部署到蓝色环境。

双状态推出计划与初期共存

由于新的数字化转型平台需要与旧平台共存一段时间，我们设计了迭代推

第六部分
数字化转型实战

出策略。我们在图 15.11 中展示了共存模型。

我们使用单点登录，无缝登录到旧平台和新解决方案。我们根据路线图逐步向新平台添加功能。在完全迁移完成之前，我们会将用户重定向到旧的遗留平台。

优化

在本节中，我们讨论了各种优化活动，如用户体验优化。我们还详细介绍了解决方案带来的成本优化和自动化优势。

重塑用户体验

由于现代化的主要目标是构建一个以客户为中心的平台，我们在数字化转型的过程中提出了以下改进列表。这些改进将在每次发布时迭代进行。

信息架构

- 确保主菜单结构在不同布局中保持简单且一致，确保它直观易用。
- 根据用户需求和心理模型，对菜单导航进行分组。
- 将内容组织成相关组 / 分类，以提高可查找性。

布局

- 确保布局一致，对相同 / 相似的内容进行适当的分类，以提高可查找性。
- 保持布局简洁的同时，我们还需要确保不同元素易于识别，如主要按钮、次要操作项，以及类似的非必要选项。

移动性

- 确保平台在不同设备和平台间使用时能提供相似的体验。
- 纳入移动应用，并尽可能让用户在跨平台时能够轻松继续他们的操作（即能够在一个平台上中断后，在另一个平台上继续，而无须重新走一遍所有步骤）。

内容

- 根据用户的产品和网站使用模式，提供定制内容。
- 确保错误消息易于理解，并显示问题解决方案。

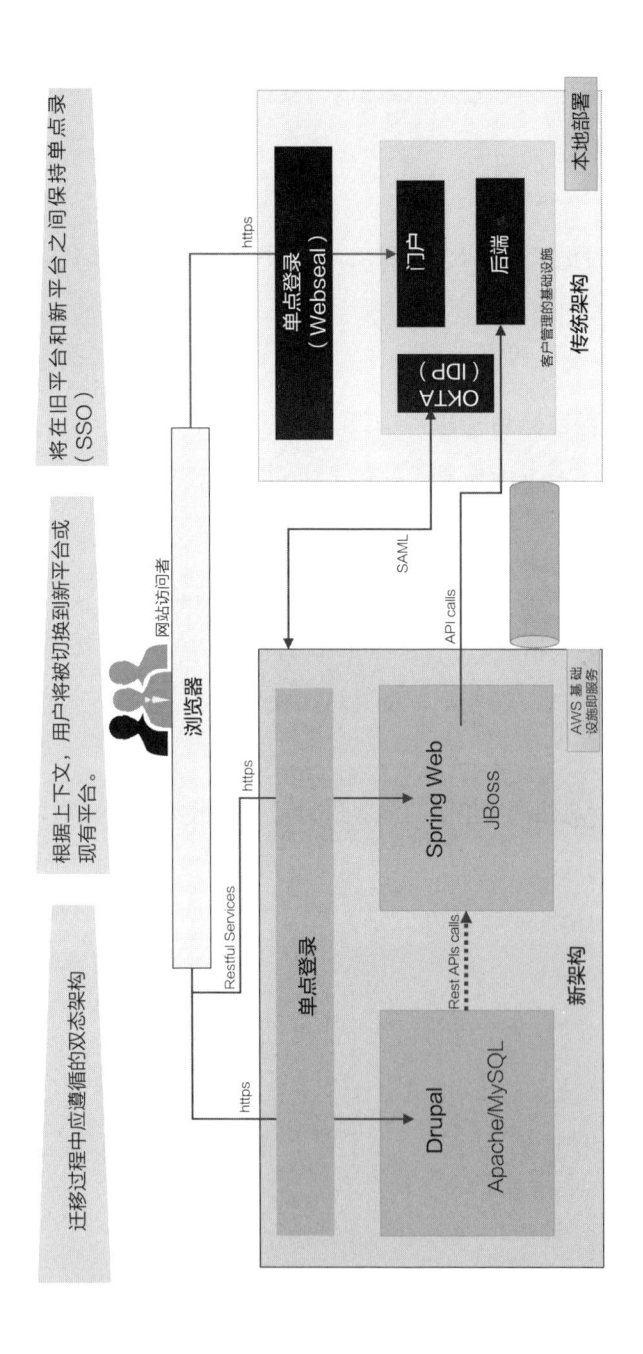

图 15.11 新平台与旧平台共存计划

第六部分
数字化转型实战

- 在前端直接展示新的有用信息（如推荐、入门指南、帮助等）。
- 确保在适当的位置显示基于上下文的相关信息。
- 尽可能提供基于任务的信息（如工具、优惠）。
- 在主页上提供关键政策信息。

导航

- 确保页面和布局之间的导航一致，以便用户轻松导航。
- 尽量减少当前对面包屑导航的过度依赖，在可能的情况下移除多级面包屑导航。
- 使导航流程与用户心理模型相匹配。

总拥有成本（TCO）和业务收益

我们列出了该项目的业务收益和总拥有成本。我们优化了平台，以便通过每次迭代，逐步提供这些收益。

核心业务收益

表 15.5 详细阐述了关键业务收益。

表 15.5　新解决方案的业务效益

业务效益	简要详情	新解决方案如何助力实现业务效益
提升客户自助服务能力	客户无须与公用事业呼叫中心交流即可轻松获取客户数据/服务的便捷性	直观的信息架构帮助快速找到相关信息，搜索是关键的信息发现工具
通过不同交付渠道（移动/语音/社交媒体）提供客户服务	账单/警报/客户数据可通过多种/安全渠道轻松获取	响应式设计和针对移动设备的视图提供全方位渠道体验。采用 CSS 3 媒体查询
改进维护服务请求	客户能轻松获取公用事业公司提供的预防性/纠正性服务请求	预防性维护的主动沟通模块提供警报，调度模块提供即将进行的所有维护活动的详细信息
提供新服务（可再生能源/分布式发电）	新服务能够轻松融入现有的面向客户的渠道	新平台与所有业务部门集成，为计量和计费提供一站式解决方案

续表

业务效益	简要详情	新解决方案如何助力实现业务效益
公用事业公司向客户的主动沟通与警报	支付/停电警报	预防性维护的主动沟通模块提供警报，通知模块通过电子邮件、短信等多种渠道发送通知，提升客户满意度，减少服务电话数量，监控客户保留与流失情况
成功指标与监控	客户满意度、服务电话减少量、客户保留与流失数量	利用分析工具衡量这些指标

DevOps 商业效益

我们实施了敏捷交付模式，以及基于 Jenkins 的 DevOps。表 15.6 列出了此次转型带来的商业效益。

表 15.6　DevOps 效益

类别	流程	指标	DevOps 实施前	DevOps 实施后
质量	代码质量	代码质量提升百分比：实现了代码质量的显著提升	<60%	>80%
	单元测试	执行并向开发团队发布结果所需时间：显著缩短了从执行到向开发团队发布结果的时间	>1 小时	<10 分钟
	回归测试	执行并向开发团队发布结果所需时间：显著缩短了从执行到向开发团队发布结果的时间	>22 小时	<7 小时
可追溯性	仪表盘	结果/报告覆盖率百分比	无	>90%
	电子邮件通知	邮件通知中覆盖的结果百分比	无	100%

敏捷交付商业效益

我们采用了敏捷交付方法，通过冲刺阶段交付解决方案。表 15.7 详细列出了采用敏捷方法带来的好处。

第六部分
数字化转型实战

表15.7 敏捷方法论的益处

度量标准	价值
提高生产力——持续集成/持续交付	● 回归测试套件，执行时间减少约68%（CI/CD与手动执行相比）。 ● 开发操作手动部署时间，减少约50%（包括自动化代码质量检查、单元测试、构建和部署）
上市时间缩短——采用敏捷方法	● 发布周期时间从4个月缩短到2个月 ● 服务响应时间提高约15%
遵循计划——采用敏捷方法	● 100%
缺陷密度	● 连续三次发布无UAT（用户验收测试）缺陷

云转型商业效益

我们逐步实现了以下商业效益：

■ 动态可扩展的供应、高效的环境管理、缩短上市时间、降低总拥有成本，并使用适当大小的服务器。

■ 在云环境中，我们可以根据需求部署虚拟机，从而大幅缩短供应时间。

■ 更快速且按需的资源供应，减少了空闲时间，加速了应用程序开发的生命周期，并缩短了上市时间。

■ 整合了各项目请求环境的多个渠道，从而优化了服务器和应用程序的效率，并提高了虚拟化/云平台的管理效率。

■ 由于虚拟化带来的环境共享能力提高了资源利用率，降低了硬件和软件许可费用。

自动化措施

作为数字化转型的一部分，我们逐步实施了以下自动化功能。

■ 在开发层面及DevOps流程中，利用SonarQube进行自动化代码审查。

■ 使用Jenkins进行自动化发布管理和部署。

■ 通过Kubernetes集群的自动扩展配置，实现自动化扩展性。

■ 通过Amazon CloudWatch实现自动化警报和通知。

- 通过 Prometheus 进行 Kubernetes Pod 的自动化监控。
- 自动化性能与健康检查监控。
- 自动化日常数据同步作业和批处理作业。
- 通过 Splunk 进行自动化日志监控。

总结

我们以 XYZ 电子商务平台的混合云之旅为技术导向的案例研究。数字化转型的策略是利用云原生特性、轻量级微服务、设计思维和分层安全来增强安全性并优化成本。在人员与文化方面，涉及云培训、建立云卓越中心、协作平台，以及创新黑客马拉松等活动。数字化转型技术主要涉及云原生服务，如容器、DevOps 工具，以及基于开放标准的 GraphQL。在规划阶段，我们深入了解当前状态、面临的挑战及未来愿景，并据此制定路线图方法。同时，在规划阶段，还制订了风险缓解计划。在建设阶段，我们采取迭代迁移的方式进行。优化阶段则包括基于指标的监控和持续改进。

我们详细阐述了公用事业门户的数字化转型，作为以客户为中心行动的一个实例。在战略与愿景阶段定义了诸如分层微服务、开源、API 优先设计及 DevOps 等关键解决方案原则。在数字化转型技术和能力方面，选择了 ReactJS 等现代 UI 框架和基于 REST 的微服务。在流程与治理轨道上，我们在规划阶段理解当前挑战，并定义数字化转型原则和路线图；在建设阶段，我们明确解决方案视图和推出策略；在优化阶段，则阐述业务效益和成本效益。

第十六章
内网平台的数字化转型

简介

传统的内网平台主要服务于组织内部的员工，提供政策文件、自助服务工具及其他资源。然而，这些传统内网平台在员工参与度方面存在明显不足，如缺乏个性化、搜索功能、移动支持等特性。当前一代员工的期望，深受流行社交媒体平台和电子商务平台的影响。

现代体验平台则通过提供移动应用、直观的信息发现等众多功能，为用户带来个性化且引人入胜的体验。企业因此踏上了从传统网络平台（如内网）向体验平台转型的数字化变革之旅。

在本章中，我们将探讨将传统网络平台转型为现代体验平台所涉及的各种因素。

数字化转型实践

在本节中，我们将详细讨论，将传统内网平台转型为个性化员工体验平台所需考虑的各种因素。

驱动因素

让我们从员工、技术和业务三个方面，理解数字化转型的驱动因素。

员工驱动因素

使用内网平台的员工希望提高生产率，并期待有工具能帮助他们实现随时

第六部分
数字化转型实战

随地灵活办公。员工还希望，自助服务工具能通过移动应用获取并希望平台体验富有吸引力。信息个性化（基于部门）、直观搜索以快速发现信息，是员工的其他主要期望。实现工作与生活的平衡，以及增强协作能力，是员工的关键期望。

技术驱动因素

移动应用的普及，迫使组织开发移动应用来吸引员工。聊天机器人、虚拟助手和其他基于人工智能的技术，重新定义了信息发现、自助服务和客户服务。基于云的桌面即服务（DaaS）和虚拟桌面接口（VDI）技术，使桌面采购和配置流程更高效。

图 16.1 展示了塑造员工体验的技术演变。

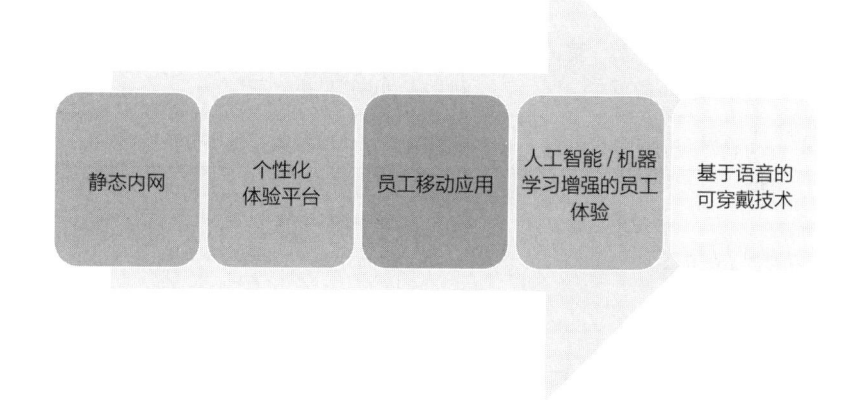

静态内网 → 个性化体验平台 → 员工移动应用 → 人工智能/机器学习增强的员工体验 → 基于语音的可穿戴技术

图 16.1　与员工体验相关的技术演变

业务驱动因素

企业需要吸引员工，以提高员工满意度和生产率。高员工满意度能吸引人才并有助于留住现有人才。组织也努力保持敏捷性，以应对市场动态，因此希望创建精简、灵活且简化的流程。组织还计划降低基础技术的基础设施成本和维护成本。

重新构想传统内网平台的机会

基于上述驱动因素，表 16.1 提供了员工体验平台重新构想的机会。

表 16.1 员工体验平台重新构想的机会

标准	传统内网平台	员工体验平台的重新构想机会
交付渠道	主要通过桌面访问的网页平台	主要通过移动设备访问的网页和移动平台
用户体验	主要是静态内容	个性化内容，以员工为中心的体验，期望体验类似于流行的社交媒体平台
员工流程	复杂、耗时的多步骤流程	自动化的、简化的流程，包含自动审批
沟通	单向沟通	多向沟通，整合社交媒体平台、调查和民意测验，以获取员工反馈
内容传递	主要是静态内容	个性化和情境化的内容
服务与工具	用于管理休假、报销等事项的网页表单	情境搜索、支持灵活工作的工具、移动应用、聊天机器人和虚拟助手
信息发现	耗时的信息发现过程	智能和个性化的搜索，基于分析的建议

重塑员工体验

数字化转型涉及流程、技术、治理等多个方面。在本节中，我们将探讨将传统内网平台转变为现代员工体验平台所涉及的关键要素。

在图 16.2 中，我们确定了员工体验的 4 个关键要素。员工旅程（员工参与的各个阶段）优化、技术优化、流程优化和治理，是将传统网站转变为现代数字平台所需的 4 个维度。

作为员工旅程优化的一部分，我们识别出当前步骤，以及员工在组织内部旅程各阶段面临的挑战，如员工入职、员工导向、员工学习和培训以及员工参与等。

第六部分
数字化转型实战

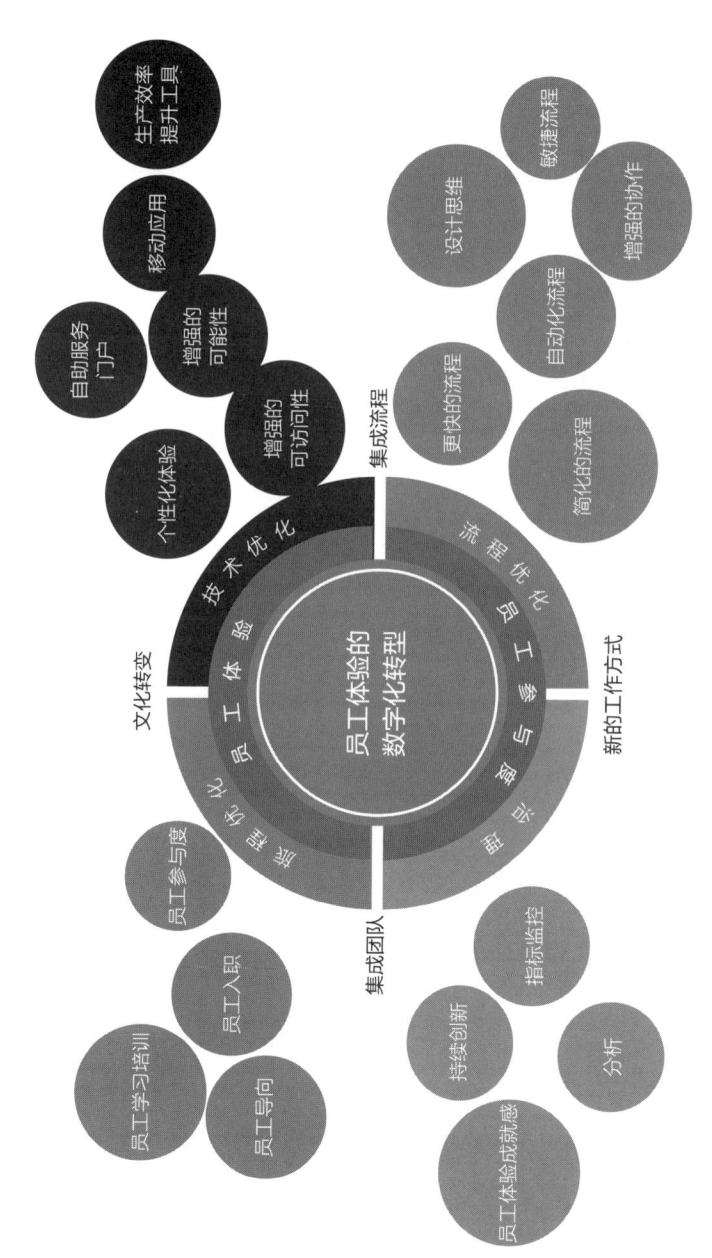

图16.2 员工体验数字化转型的要素

技术优化涉及使用现代数字技术来推动和支持数字化转型。我们根据员工的角色、技能集、偏好和其他因素来个性化员工体验。我们提供自助服务门户和移动应用，使员工能够快速完成任务，并提高工作效率。同时，提升平台的可用性和可访问性，以吸引员工的参与。

现有流程经过优化，旨在提升员工的整体体验。流程简化和流程自动化是优化流程的最有效方法。例如，一个多步骤的审批流程可以被简化为自动自助审批流程，从而快速完成整个流程。我们采用设计思维方法，识别现有流程中的障碍点。利用论坛、社交媒体渠道、聊天机器人、集中式知识库等类似方法，促进员工之间的沟通与协作。

我们通过指标和监控来定义流程的治理。利用反馈工具和分析工具，监控与员工满意度和员工参与度相关的指标，并根据结果持续改进参与模型。

在后续章节中，我们将详细讨论员工体验转型的各个要素。

员工体验旅程优化

员工体验的 360 度数字化转型，应优化组织内员工旅程的所有阶段，并优化所有接触点的体验。

我们在图 16.3 中描绘了员工旅程每个阶段的关键活动，及其体验提升点。员工旅程的第一步，是员工入职，包括面试、筛选和评估。在这个阶段，我们可以使用简历筛选工具和简化的面试流程来加快面试进程。快速完成所有必要的面试轮次，并公布结果，对用户（即应聘者）产生积极影响。

在员工入职培训期间，人力资源团队，会向员工介绍组织的所有流程和政策。同时会为员工提供所需的资源，如笔记本电脑和访问权限。在此阶段，虚拟桌面基础架构（VDI）或桌面即服务（DaaS）有助于更快地为员工配置机器。移动应用程序和个性化的员工门户，可帮助员工快速访问相关文件，并确保员工入职培训过程顺畅且高效。

作为员工学习和培训的一部分，员工可以通过内部学习门户，进行跨技能培训和技能提升。我们可以为员工提供工具，如集中式知识库、智能搜索、

第 六 部 分
数字化转型实战

主要活动

员工入职
- 员工面试
- 员工筛选
- 员工评估

员工导向
- 向员工介绍组织政策和流程
- 任系统中提升员工详细信息

员工学习与培训
- 员工跨技能与技能提升
- 学习评估
- 员工技能跟踪器

员工参与度
- 员工沟通与协作
- 员工职业发展
- 员工福祉
- 绩效评估

体验提升

员工入职
- ✓ 简化并加速面试流程
- ✓ 简历筛选机器人
- ✓ 智能表单

员工导向
- ✓ 智能表单
- ✓ 员工移动应用
- ✓ 用于更快入职的DaaS/VDI工具
- ✓ 个性化搜索

员工学习与培训
- ✓ 智能搜索
- ✓ 集中式知识库
- ✓ 基于AR/VR的培训
- ✓ 学习游戏化
- ✓ 可访问性

员工参与度
- ✓ 聊天机器人与虚拟助手
- ✓ 员工认知门户
- ✓ 自助服务工具和应用（包括时间表、报销、标务系统等）
- ✓ 反馈管理工具
- ✓ 保险与健康门户
- ✓ 民间调查、问卷调查
- ✓ 标务系统
- ✓ 奖励与认可工具

图16.3　员工旅程中的体验提升

343

基于增强现实/虚拟现实的培训和游戏化学习，以改善员工的学习体验。

员工参与度是一个持续不断的事项，我们可以在沟通、职业发展、绩效管理、协作等多个阶段提升员工体验。我们可以利用聊天机器人和虚拟助手等更快地响应员工的查询。自助服务门户和工具（如时间表、票务系统等）可以加快员工的日常工作流程。同时，我们可以利用反馈管理工具、奖励和认可工具来表彰员工。此外，还可以通过投票、调查和社交媒体工具来掌握员工的脉动。

员工体验（EX）治理

治理是员工体验各阶段中贯穿始终的一项横向关注点。

广义上，治理定义了员工体验的流程、角色与责任。在本节中，我们将讨论员工体验成熟度模型，该模型定义了组织为构建强大工作场所而准备的各个阶段。同时，我们还将定义用于衡量员工体验有效性的关键指标。

员工体验成熟度模型

员工体验成熟度模型定义了组织为构建强大数字工作场所而准备的各个阶段。我们已将员工体验成熟度模型，划分为四个阶段（如图16.4所示）。在基础员工体验阶段，技术生态系统包含多个互不关联的应用程序，业务流程复杂且沟通孤立。此时没有标准化或统一的技术栈，导致员工需不断切换工作上下文，从而降低工作效率。在集成员工体验阶段，技术和工具实现标准化，同时服务和功能得到整合。

组织采用统一的搜索与协作策略，为员工提供全面而一体化的体验。在优化的员工体验阶段，通过用户旅程规划、角色定义以及个性化的数字工作场所工具，员工体验将得到优化。组织提供多种生产力提升自助工具，并持续监控其效果。同时部署完善的治理机制，以参与并提升员工体验。在智能EX阶段，组织采用创新且尖端的技术，如认知计算、高级分析、语音搜索以及包括人工智能、增强现实/虚拟现实在内的对话式界面，为员工提供持续吸引人的体验。

员工体验的投资回报率（ROI）指标

我们需要通过明确的指标，来衡量员工体验的有效性。图16.5描绘了衡量

第六部分
数字化转型实战

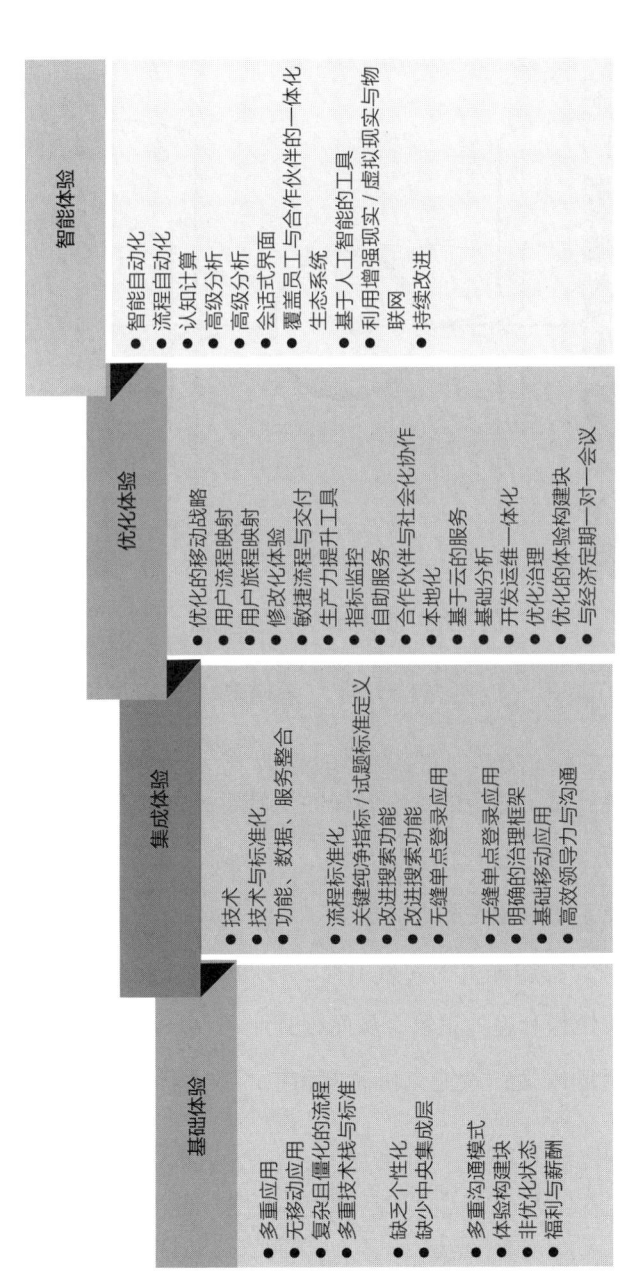

智能体验
- 智能自动化
- 流程自动化
- 认知计算
- 高级分析
- 会话式界面
- 覆盖员工与合作伙伴的一体化生态系统
- 基于人工智能的工具
- 利用增强现实/虚拟现实与物联网
- 持续改进

优化体验
- 优化的移动战略
- 用户流程映射
- 用户旅程映射
- 修改化体验
- 敏捷流程与交付
- 生产力提升工具
- 指标监控
- 自助服务
- 合作伙伴与社会化协作
- 本地化
- 基于云的服务
- 基础分析
- 开发运维一体化
- 优化治理
- 优化体验构建模块
- 与经济定期一对一会议

集成体验
- 技术
- 技术与标准化
- 功能、数据、服务整合
- 流程标准化
- 关键竞争指标/试题标准定义
- 改进搜索功能
- 无缝单点登录应用
- 无缝单点登录应用
- 明确的治理框架
- 基础移动应用
- 高效领导力与沟通

基础体验
- 多重应用
- 无移动应用
- 复杂且僵化的流程
- 多重技术栈与标准
- 缺乏个性化
- 缺少中央集成层
- 多重沟通模式
- 体验构建模块
- 非优化状态
- 福利与薪酬

图16.4 员工体验成熟度模型

有效员工体验 ROI 的关键指标。

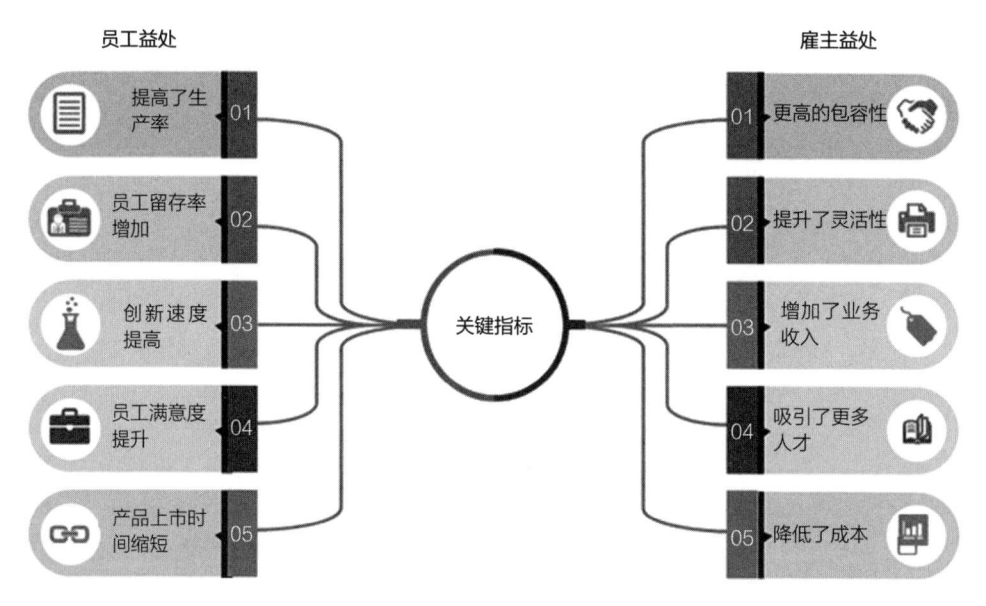

员工益处
- 01 提高了生产率
- 02 员工留存率增加
- 03 创新速度提高
- 04 员工满意度提升
- 05 产品上市时间缩短

关键指标

雇主益处
- 01 更高的包容性
- 02 提升了灵活性
- 03 增加了业务收入
- 04 吸引了更多人才
- 05 降低了成本

图 16.5　员工体验的关键指标

生产率提升：员工完成更多任务且质量提高，是衡量员工生产率提升的标准。

更高的包容性：员工队伍的更大多样性，是更高包容性的体现。

总体成本降低：通过优质的员工体验，可以降低基础设施、应用维护、员工培训，以及与员工流失相关的总体成本。

■ 业务收入增长：如果组织为员工提供自助服务和分析工具，他们将利用这些工具进行交叉销售和追加销售，从而提升业务收入。

■ 市场响应时间缩短：敏捷交付模型和生产效率提升工具有助于加速产品和服务推向市场。

■ 创新速率：共享的知识中心、创新文化和自主权，加速了员工的创新。

■ 客户满意度提升：配备适当工具，并能快速访问相关信息的员工，能够带来更高的客户满意度。

■ 组织敏捷性和灵活性增强：生产效率提升工具，帮助员工更迅速地响应

第 六 部 分
数字化转型实战

组织和业务变化。

- 人才吸引力提高：品牌形象和高效的面试流程，有助于吸引人才。
- 员工留存率提升：提高员工参与度，能够增加员工留存率。
- 员工满意度提升：员工友好型政策、个性化和灵活性，提高了员工的整体满意度。
- 业务流程时间：此指标衡量与员工相关的业务流程所需的时间。
- 达到生产力时间：此指标衡量新员工达到完全生产力所需的时间。
- 数字工作场所的采用率：此指标衡量使用数字工作场所工具的知识工作者的百分比。
- 自动化百分比：此指标用于确定已自动化的规则，驱动流程的数量。
- 知识库利用率：包括多个指标，如避免的事件百分比和共享的文章数量，以了解知识库的有效性和搜索效率。
- 员工敬业度评分：通过员工敬业度调查，了解员工的整体敬业度。

技术优化

我们已定义了 4 个优先阶段，旨在将现有平台转变为智能数字工作场所，以获取最大的业务价值，并缩短产品上市时间如图 16.6 所示。我们可以开始采

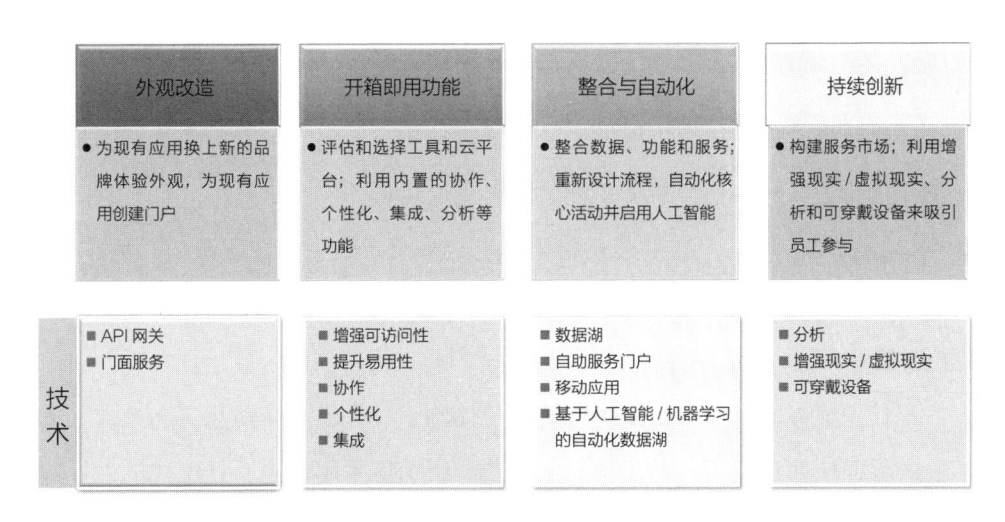

	外观改造	开箱即用功能	整合与自动化	持续创新
	● 为现有应用换上新的品牌体验外观，为现有应用创建门户	● 评估和选择工具和云平台；利用内置的协作、个性化、集成、分析等功能	● 整合数据、功能和服务；重新设计流程，自动化核心活动并启用人工智能	● 构建服务市场；利用增强现实/虚拟现实、分析和可穿戴设备来吸引员工参与
技术	■ API 网关 ■ 门面服务	■ 增强可访问性 ■ 提升易用性 ■ 协作 ■ 个性化 ■ 集成	■ 数据湖 ■ 自助服务门户 ■ 移动应用 ■ 基于人工智能/机器学习的自动化数据湖	■ 分析 ■ 增强现实/虚拟现实 ■ 可穿戴设备

图 16.6　将内网转变为员工体验平台的阶段

用"换肤法",即用新体验重新设计现有平台,并为现有的企业应用程序提供门户。由于我们可以快速重用现有流程,因此这是一个容易实现的初步成果。在第二步中,我们评估各种商业工具和云平台,以选择最适合定义下一代员工体验的平台。我们可以确定使用所选工具,可以快速实现的短期胜利。

随后,我们利用所选平台的内置功能,如协作、安全、个性化、集成和分析,来启用现代化的员工体验功能。通过使用开箱即用的功能,我们可以在短时间内获得最大的业务价值。在下一阶段,我们整合数据、功能和服务,以最大化为员工提供的信息价值。同时,我们自动化核心活动,重新设计流程,并启用人工智能来构建智能数字工作场所。旅程的下一步是持续创新,我们在此阶段在平台上构建服务市场,并利用前沿技术,如人工智能、增强现实/虚拟现实、可穿戴设备等,积极与员工互动。

流程优化

在本节中,我们定义了员工体验的流程优化最佳实践和改进指南。

减轻员工的认知负担:员工体验平台应提供直观的信息架构、个性化、上下文信息和智能搜索,以减轻员工的整体认知负担。员工应能够快速找到相关信息。

企业社交媒体:启用企业社交媒体平台,让员工能够发表意见、建立联系并分享信息。

优化信息价值:组织应能够为员工提供相关、及时且可靠的信息,以最大化信息的价值。这些信息对员工而言既可用又可操作。由于员工大部分时间都花在寻找相关信息上,组织必须简化员工在多个系统中查找所需信息的难度。这包括提供直观的信息架构、智能搜索、个性化内容推送、个性化推荐、元数据标签等。

最佳用户体验:数字工作场所的用户体验,应提供整体性和"一站式"的体验。界面应简洁明了,易于导航和查找。组织应采用快速,且迭代的设计原则,以持续改进用户体验。

第六部分
数字化转型实战

统一安全性：在所有应用程序中启用单一员工身份。这有助于员工在所有应用程序中获得一致的访问权限。

分析：组织可以利用员工调查和反馈，分析员工的声音，以识别并解决存在的问题。基于员工旅程映射，我们可以确定热门的接触点，并优化员工旅程。

全渠道助手：员工体验平台，应在所有渠道上，为员工提供聊天机器人和虚拟助手。

数据驱动决策：员工体验平台应提供计算器等工具，帮助员工做出明智且基于数据的决策。

游戏化：可以采用游戏化的概念来引导、激励员工实现组织目标。游戏化可用于排行榜、销售仪表板、健康倡议、员工健康目标、协作功能等多个方面。

创意中心：员工应能够通过博客、文章、操作指南等方式为组织的知识库做出贡献。创意中心作为一种创新工具，促进了员工之间的创新和知识共享文化。我们还可以利用创意中心来集思广益，策划各种内部活动和项目，以及推动流程改进。通过利用员工的集体智慧，组织可以更快地创新，更加灵活。

员工安全、健康与福祉：员工体验平台应提供工具，以促进和鼓励员工的整体福祉。

洞察与分析：员工体验平台应了解员工行为，并向员工和管理层提供重要见解。本质上，认知型数字工作场所通过分析员工数据，推荐提高工作质量所需的工具。

消除障碍：组织应主动消除所有限制员工生产力的障碍。在没有障碍的情况下，员工将更加投入和积极，从而提高生产力。

奖励与认可：组织应能够认可和奖励员工，并庆祝他们的贡献、参与和成就。营造一种欣赏和认可的文化氛围。通过奖励员工来体现组织价值观。

减少复杂性与追求简约：组织应简化业务流程，以免影响员工的工作效率。

工具与技术：提供工具、技术和流程，使员工能够随时随地工作。通过引入自带设备（BYOD）、在职学习和培训机会等政策，使工作再次变得愉快。

明确组织目标：明确并传达组织的目标和愿景，并为每位员工设定可量化的指标以实现这些目标。超过一半的员工认为，传达核心价值观，有助于改善与管理者的积极关系。

协作文化：在整个组织中定义、设计、建立和采用协作文化。鼓励管理者与员工之间进行定期的一对一讨论。管理者可以定期提供反馈、表达赞赏、跟踪进度、识别成长机会、制定双方共同认可的未来目标，并增强与员工之间的信任。定期的一对一会议是向员工表达关切和收集政策问题的开放沟通机制。有定期一对一会议的员工，报告了积极的员工体验。

团队建设：鼓励员工之间的团队建设和职业联系。例如，在工作中拥有最好的朋友的员工表现更佳。投资于团队发展，可以提高组织的整体效率。

在职学习：为员工提供在职学习的机会，作为职业成长的关键激励因素，从而提高员工绩效。激励学习、培训和成长最终会带来积极的员工体验。

工作与生活平衡：组织应制定政策为员工提供正确的工作与生活平衡，包括可预测的带薪休假、灵活的工作时间、照顾家庭承诺的假期等。拥有可预测休假时间的员工离职率更低。

创新文化：培养创造力文化，鼓励员工创新和承担风险。当员工更具创造力并分享创新想法时，团队表现会更好。

持续监控：制定以结果为导向、基于指标的员工进度监控机制。建立定期的360度反馈渠道，并为每位员工制定可量化的目标并进行跟踪。

工作方式：定义"工作方式"，为每个职位提供共同的术语、流程、工具、标准和协议。管理者应明确阐述每个职位的职责。同时解决并消除工作中的障碍，包括语言障碍、复杂流程、多级审批等。

数字化工作场所生态系统：数字化工作场所应惠及供应商、合作伙伴、卖方、承包商和合作方，使所有参与者都能做出贡献、分享知识并参与无缝流程。

职业流动性：提供新的角色和工作职责有助于员工拓宽技能，提升参与度、生产力和团队协作能力。

第 六 部 分
数字化转型实战

员工体验的测量与改进

员工体验可以从5个维度来衡量：归属感（作为团队一员的感觉）、目的感（理解自己工作的重要性）、成就感（完成工作后的满足感）、幸福感（工作环境中的总体愉悦感）和活力感（工作中的能量、兴奋和热情）。根据研究，构建组织信任、工作关系、有意义的工作、认可反馈与成长、授权以及工作与生活的平衡等员工友好型实践，对员工体验的各维度有着重大影响。这些维度最终会影响工作绩效和员工留任率。

根据研究，为了创造有效的员工体验，需要以下实践。

个性化：员工应能根据自己的需求个性化工作空间。组织应能在工作中提供个性化的学习、培训和发展机会。同时，组织还应通过数字化工作场所，为员工提供基于其需求和目标的个性化工具和信息。

透明度：员工希望了解自己的工作对组织目标所做的贡献，组织也应在政策和沟通方面积极主动、保持开放。

简单性：组织应消除障碍和非增值流程，以改善员工体验。组织应为员工提供简单且相关的信息访问渠道，并简化流程。

真实性：员工体验应成为组织文化和价值观体系的一部分。组织应实施有利于员工的实践。

响应性：员工应向组织提供并寻求关于自身表现的反馈。组织可以利用员工的声音了解问题和预警信号，并主动采取措施以提高生产力、表现和整体员工体验。

总结

内网平台数字化转型的主要驱动力包括员工相关、业务相关和技术相关。员工相关的主要驱动力包括提高生产力、个性化、直观搜索、工作与生活平衡，以及增强的协作能力。技术相关的主要驱动力包括启用移动应用程序、为员工提供聊天机器人和虚拟助手，以及为员工提供 VDI（虚拟桌面基础架构）。业务相关的主要驱动力是提高员工满意度和员工生产力。将传统网站转变为现代数字平台需要的 4 个维度：员工旅程（员工参与的不同阶段）优化、技术优化、流程优化和治理。员工旅程优化包括优化员工入职、员工导向、员工学习和培训，以及员工参与等阶段的体验。员工体验成熟度模型定义了组织构建强大数字工作场所的准备程度的不同阶段，包括基础员工体验、集成员工体验、优化员工体验和智能员工体验。衡量员工体验的关键指标，包括更高的包容性、增强的敏捷性、增加的业务收入、更高的人才吸引力、成本降低、生产力提高、员工保留率提升、创新速度加快、员工满意度提高，以及更快的市场反应时间。将内网转变为员工体验平台的主要 4 个阶段：外观改造、利用现成功能、整合与自动化以及持续创新。

附　录

数字化转型操作手册

决胜数字化转型

我们列出了数字化转型过程中每个阶段的关键活动、成果以及可使用的工具/框架机制。企业可以将其作为参考文档和数字化转型过程中的检查清单。

阶段	活动	成果	工具/框架/机制
战略与愿景	识别业务流程变革（如库存管理重塑、供应链自动化等）	量化业务成果	流程简化、数字化、设计思维
	确定关键优化领域（如加速上市时间、成本优化、维护优化等）	定义成功指标	设计思维
	业务流程转型	改进业务流程，采用敏捷流程，优先转型业务能力	设计思维、敏捷交付模型、业务流程评估
	识别核心客户互动领域（如移动应用参与、高度个性化）	客户互动指标	以用户为中心的设计、自助服务、自动化、虚拟助手、数字角色、人工智能驱动搜索、客户反馈与调查工具
	识别自动化领域（如自动查询解决、基础设施自动化提供等）	定义自动化指标	流程自动化、机器人流程自动化
	确定需要改进的核心业务指标（如客户终身价值、订单价值、工单解决时间、客户满意度指数、生产率提升等）	定义自动化指标	跟踪指标的分析工具、实时监控工具、智能推荐工具、个性化

附　录
数字化转型操作手册

续表

阶段	活动	成果	工具/框架/机制
战略与愿景	识别新的收入来源和货币化机会（如数据即服务），调整组织结构以适应数字化转型	新产品和服务领域，修订组织结构	数字市场、API市场
	加速创新	竞争优势	快速失败，快速学习
	深入了解客户体验	改进客户互动方式	用户旅程映射、用户分析工具、原型制作工具、与客户共同创新
	数字成熟度评估	加速数字化转型	能力映射、差距评估
人员与文化	培训员工掌握新流程和技术	拥有新技能集的员工，提高学习能力	培训和学习研讨会、自学工具、技能差距评估
	建立集中式知识库，利用集体智慧	提高用户生产力，增强用户权限	协作工具、生产力跟踪工具、基于人工智能的搜索工具
	文化再定位	改善协作、加快实验、以客户为中心	工作方式
	重新定义敏捷文化	敏捷心态	敏捷研讨会
技术	确定合适的技术	提高自动化水平、提高生产力、加快创新	产品评估、技术评估、概念验证
	确定优化计算资源的方法	提高可扩展性、降低成本、灵活集成	云计算、开源工具
	确定利用技术进行自动化的方法	提高自动化水平、提高生产力	云计算、开源工具
	确定改善客户互动的技术	改善客户互动	虚拟助手、数字角色、对话界面、移动应用、增强现实/虚拟现实平台
	向现代技术栈迁移	减少技术债务、降低成本、提高可扩展性	自动迁移工具、试点迁移
治理	确定改进监控的方法	实时监控和通知	监控工具、分析工具
	确定改进监控的方法	加快交付、缩短上市时间	敏捷交付模型

决胜数字化转型

续表

阶段	活动	成果	工具/框架/机制
治理	确定改进监控的方法	加快交付、缩短上市时间	敏捷交付模型
	变更管理	快速处理变更	事件管理工具
	运营数字化	自动化操作、提高生产力、加快响应时间	机器人流程自动化、人工智能/机器学习模型
	流程数字化	优化流程	低代码/无代码工具、公民开发工具、业务流程管理工具

参考文献

第一章

1. Te CSuite News Team. (April 18, 2017). "Why CIOs Have to Do More Tan Just Keeping the Lights On."

2. Forrestor consulting commissioned by Accenture Interactive. (October, 2015). "Digital Transformation in the Age of the Customer."

3. Vanson Bourne on behalf of Dell. (2020). "Digital Transformation Index 2020."

4. Futurism Technologies. (November 6, 2019). "Te Meaning and Importance of Digital Transformation."

5. RedHat team. (March 16, 2018). "What Is Digital Transformation?"

6. Gurusamy, K., Srinivasaraghavan, N., & Adikari, S. (2016). "An integrated framework for design thinking and agile methods for digital transformation." *International Conference of Design, User Experience, and Usability*. Springer, Cham, 34–42.

7. Sriram, N. (2015). *Agile IT Organization Design – For Digital Transformation and Continuous Delivery.* Addison Wesley, Reading.

8. Baker, M. (2014). *Digital Transformation—4th Edition*. Buckingham Monographs. CreateSpace Independent, Scotts Valley, CA.

9. Goerzig, D., & Bauernhansl, T. (2018). "Enterprise architectures for the digital transformation in small and medium-sized enterprises." *Procedia Cirp* 67, 540–545.

10. Matt, C., Hess, T., & Benlian, A. (2015). "Digital transformation strategies." *Business & Information Systems Engineering* 57, 339–343.

11. Schallmo, D. (2016). *Jetzt Digital Transformieren*. Wiesbaden: Springer.

12. Pihir, I., Tomičić-Pupek, K., & Furjan, M. T. (2018). "Digital transformation insights and trends." *Central European Conference on Information and Intelligent Systems*. Faculty of Organization and Informatics Varazdin, 141–149.

13. Westerman, G., Bonnet, D., & McAfee, A. (2014). *Leading Digital—Turning*

Technology into Business Transformation. USA: Harvard Business Review Press.

14. Evans, N. (2017). "Assessing Your Organization's Digital Transformation Maturity."

15. Matt, C., Hess, T., & Benlian, A. (2015). Digital transformation strategies. *Business and Information Systems Engineering.* 57(5), 339–343.

16. Ebert, C., & Duarte, C. H. C. (2018). "Digital transformation." *IEEE Software* 35(4), 16–21.

17. Gudergan, G., & Mugge, P. (2017). "Te gap between practice and theory of digital trans-formation." *Proceeding Hawaii International Conference of System Science, Hawaii*, 4–5.

18. Tabrizi, B. et al. (2019). "Digital transformation is not about technology." *Harvard Business Review* 13, 1–6.

19. Kane, G. C., et al. (2015). "Strategy, not technology, drives digital transformation." *MIT Sloan Management Review and Deloitte University Press* 14, 1–25.

20. Westerman, G., Bonnet, D., & McAfee, A. (2014). "Te nine elements of digital transformation." *MIT Sloan Management Review* 55(3), 1–6.

21. Schwertner, K. (2017). "Digital transformation of business." *Trakia Journal of Sciences* 15(1), 388–393.

22. Reis, J., et al. (2018). "Digital transformation: a literature review and guidelines for future research." *World Conference on Information Systems and Technologies*. Springer, Cham, 3–4.

23. Fitzgerald, M., Kruschwitz, N., Bonnet, D., & Welch, M. (2013). Embracing Digital Technology: A New Strategic Imperative. MIT Sloan Management Review, Research Report.

24. McDonald, M., & Rowsell-Jones, A. (2012). *Te Digital Edge: Exploiting Information & Technology for Business Advantage.* Gartner Inc., Stamford, CT.

25. Solis, B., Lieb, R., & Szymanski, J. (2014). *Te 2014 State of Digital Transformation.* Altimeter Group.

26. Martin, A. (2008). "Digital literacy and the 'digital society'." *Digital Literacies Concepts Policies Practices* 30, 151–176.

27. Westerman, G., Calméjane, C., Bonnet, D., Ferraris, P., & McAfee, A. (2011). *Digital Transformation: A Roadmap for Billion-Dollar Organizations*, pp. 1–68. MIT Sloan Management, MITCenter for Digital Business and Capgemini Consulting, Cambridge, MA.

28. Stolterman, E., & Fors, A. (2004). "Information Technology and the Good Life." *Information Systems Research*, pp. 5–6.

29. Dremel, C., Wulf, J., Herterich, M., Waizmann, J., & Brenner, W. (2017). How AUDI AG established big data analytics in its digital transformation. *MIS Quarterly Executive* 16(2), 81–100.

30. Zaoui, F., & Souissi, N. (2020). "Roadmap for digital transformation: a literature review." *Procedia Computer Science* 175, 621–628.

31. Chanias, S., Myers, M. D., & Hess, T. (2019). "Digital transformation strategy making in pre-digital organizations: the case of a fnancial services provider." *Te Journal of Strategic Information Systems* 28(1), 17–33.

32. Eling, M., & Lehmann, M. (2018). "Te impact of digitalization on the insurance value chain and the insurability of risks." *Te Geneva Papers on Risk and Insurance-Issues and Practice* 43(3), 359–396.

33. Savastano, M., Amendola, C., & D'Ascenzo, F. (2018). "How digital transformation is reshaping the manufacturing industry value chain: the new digital manufacturing ecosystem applied to a case study from the food industry." *Network, Smart and Open*. Springer, Cham, 127–142.

34. Dawson, A., et al., (2016). "Te economic essentials of digital strategy." *McKinsey Quarterly*, April.

35. Gürkan, G. Ç., & Gülsel Ç. (2020). "Developing a supportive culture in digital transformation." *Digital Business Strategies in Blockchain Ecosystems*. Springer, Cham, 83–102.

36. Frankiewicz, B., & Chamorro-Premuzic, T. (2020). "Digital transformation is about talent, not technology." *Harvard Business Review* 6(3), 3–4.

37. Reier, S. (2000). "Half a century later, economist's 'Creative Destruction' Teory is apt for the internet age: Schumpeter: the Prophet of Bust and Boom." *Te New York Times*.

38. Hemerling, J., et al. (2018). "It's not a digital transformation without a digital culture." *Boston Consulting Group*, 1–11.

39. Hartl, E.va, & Hess, T. (2017). "Te role of cultural values for digital transform-ation: Iinsights from a Delphi study." *Conference: Proceedings of the 23rd Americas Conference on Information Systems (AMCIS 2017)*, Boston, MA.

40. Kane, G. (2019). "Te technology fallacy: people are the real key to digital transform-ation." *Research-Technology Management* 62(6), 44–49.

41. Del, R. S. (2017). "Digital transformation needs to happen: the clock is ticking for

companies that have been unwilling to embrace change." *CRM Magazine*, 21 (10).

42. Fuchs, C., & Hess, T. (2018). "Becoming agile in the digital transformation: the process of a large-scale agile transformation."

43. Ulas, D. (2019). "Digital transformation process and SMEs." *Procedia Computer Science* 158, 662–671.

44. Ivančić, L., Vukšić, V. B., & Spremić, M. (2019). "Mastering the digital transformation process: business practices and lessons learned." *Technology Innovation Management Review* 9(2), 3–4.

45. Gens, F. (2013). "Te 3rd Platform: Enabling Digital Transformation." USA: IDC 209.

46. Yoo, Y., Boland Jr, R. J., Lyytinen, K., & Majchrzak, A. (2012). "Organizing for innovation in the digitized world." *Organization Science* 23(5), 1398–1408.

47. Holotiuk, F., & Beimborn, D. (2017). Critical success factors of digital business strategy.

48. Unruh, G., & Kiron, D. (2017). Digital Transformation On Purpose. MIT Sloan Management Review, 6th November 2017.

49. Wade, M. (2015). *Digital Business Transformation: A Conceptual Framework*. International Institute for Management Development.

50. Nylen, D., & Holmstrom, J. (2015). "Digital innovation strategy: a framework for diagnosing and improving digital product and service innovation." *Business Horizons* 58(1), 57–67.

51. Hess, T., Matt, C., Benlian, A., & Wiesböck, F. (2016). "Options for formulating a digital transformation strategy." *MIS Quarterly Executive* 15(2), 123–139.

52. Udovita, P. V. M. V. D. (2020). "Conceptual review on dimensions of digital transformation in modern era." *International Journal of Scientifc and Research Publications* 10(2), 520–529.

第三章

1. Knoche, H., & Hasselbring, W. (2018). "Using microservices for legacy software modernization." *IEEE Software* 35(3), 44–49.

2. Chiang, C. C., & Bayrak, C. (October, 2006). "Legacy software modernization." In 2006 IEEE International Conference on Systems, Man and Cybernetics 2, 1304–1309. IEEE.

3. Comella-Dorda, S., Wallnau, K., Seacord, R. C., & Robert, J. (2000). A Survey of Legacy System Modernization Approaches. Carnegie-Mellon University Pittsburgh P Software Engineering Institute.

第四章

1. Apostu, A., Puican, F., Ularu, G., Suciu, G., & Todoran, G. (2013). Study on Advantages and Disadvantages of Cloud Computing–Te Advantages of Telemetry Applications in the Cloud. Recent advances in applied computer science and digital services.

2. Jamshidi, P., Ahmad, A., & Pahl, C. (2013). Cloud migration research: a systematic review. *IEEE Transactions on Cloud Computing* 1(2), 142–157.

3. Rai, R., Sahoo, G., & Mehfuz, S. (2015). Exploring the factors infuencing the cloud computing adoption: a systematic study on cloud migration. *SpringerPlus* 4, 1–12.

4. Business value on AWS – Amazon Web Services, inc. (n.d.). Retrieved March 12, 2023.

5. Carvalho, L., & Marden, M. (2015). Quantifying the business value of Amazon Web services. *IDC White Paper*, 1–15.

第五章

1. What are microservices? (n.d.). microservices.

2. Fowler, M. (June 29, 2004).

3. Wiggins, A. (n.d.).

4. OWASP Top Ten | OWASP Foundation. (n.d.). In *OWASP Top Ten | OWASP Foundation*.

第六章

1. Bracht, U., & Masurat, T. (2005). Te digital factory between vision and reality. *Computers in Industry* 56(4), 325–333.

2. Shariatzadeh, N., Lundholm, T., Lindberg, L., & Sivard, G. (2016). Integration of digital factory with smart factory based on Internet of Tings. *Procedia Cirp* 50, 512–517.

第七章

1. Charette, R. N. (2005). Why software fails [software failure]. *IEEE Spectrum* 42(9),

42–49.

2. Zhivich, M., & Cunningham, R. K. (2009). Te real cost of software errors. *IEEE Security & Privacy* 7(2), 87–90.

3. Viega, J., & McGraw, G. R. (2001). *Building Secure Software: How to Avoid Security Problems the Right Way, Portable Documents.* Pearson Education.

4. Morrison, D. (2003). *E-Learning Strategies: How to Get Implementation and Delivery Right First Time.* John Wiley & Sons.

第八章

1. Gentile, C., Spiller, N., & Noci, G. (2007). How to sustain the customer experi-ence: an overview of experience components that co-create value with the customer. *European Management Journal* 25(5), 395–410.

2. Gartner identifes Top Digital Experience Trends for 2020. Gartner. (n.d.). Retrieved January 28, 2023.

3. Razzouk, R., & Shute, V. (2012). What is design thinking and why is it important?. *Review of Educational Research* 82(3), 330–348.

4. 2022 consumer innovation survey insights. CapTech. (n.d.). Retrieved January 28, 2023.

5. Demery, P. (February 20, 2017). Why an omnichannel strategy matters. Digital Commerce 360. Retrieved January 28, 2023.

6. Te future of digital experiences. Forrester. (n.d.). Retrieved January 28, 2023.

第九章

1. Galletta, D. F., Henry, R., McCoy, S., & Polak, P. (2004). Web site delays: how tolerant are users? *Journal of the Association for Information Systems* 5(1), 5–6.

2. Shopzilla: faster page load time = 12% revenue increase.

3. Google. (April 9, 2010). Using site speed in Web search ranking.

4. Lohr, S. (March, 2012). For Impatient Web Users, an Eye Blink Is Just Too Long to Wait.

5. Souders, S. (July, 2009). Velocity and the Bottom Line.

6. Palmer, J. W. (2002). Web site usability, design, and performance metrics. *Information Systems Research* 13(2), 151–167.

7. For Impatient Web Users, an Eye Blink Is Just Too Long to Wait.

8. Rempel, G. (2015). Defning standards for Web page performance in business applications. *Proceedings of the 6th ACM/SPEC International Conference on Performance Engineering – ICPE '15*, 4–5.

9. Galletta, D. F., Henry, R., McCoy, S., & Polak, P. (2004) Web site delays: How tolerant are users? *Journal of the Association for Information Systems*, 5(1), 1.

10. Hoxmeier, J. A., & DiCesare, C. (2000). System response time and user satisfac-tion: an experimental study of browser based applications. Proceedings of the Americas Conference on Information Systems, Association for Information Systems, Long Beach, CA, USA., 140–145.

第十一章

1. Fowler, M., & Highsmith, J. (2001). Te agile manifesto. *Software Development* 9(8), 28–35.

2. State of Agile. (n.d.). State of Agile.

第十五章

Loonam, J., et al. (2018). "Towards digital transformation: lessons learned from traditional organizations." *Strategic Change* 27(2), 101–109.

第十六章

1. Findwise. (2012). Enterprise Search and Findability Survey 2012. Retrieved July 15, 2014.

2. PRWeb. (February 21, 2018). PRWeb.

3. Making Time Of Predictable and Required. (October 1, 2009). Harvard Business Review.

4. Lesser, E., Mertens, J., Barrientos, M. P., & Singer, M. (2016). *Designing Employee Experience: How a Unifying Approach Can Enhance Engagement and Productivity*. IBM Institute for Business Value.